영주 대승사 원인스님의
화엄경 요점해설

KB191330

청정법신 비로자나부처님

[서시]

❋ 천진묘용 天眞妙用

고요하고 맑은 숲속에
산새들은 제각기 소리 내어 지저귀고

아침 햇살이 온 산을 비추니
나뭇잎은 어느새
황금색으로 빛나고 있습니다.

산창을 열고 밖을 보니
풀벌레 소리 들리는 속에
따사로운 미풍이 불어옵니다.

아 ~ 중중무진한 화엄세계여!

위대한 자비광명은
언제나 시공을 초월하여
이렇게 대천세계를 비추고 있습니다.

경자년 가을 태백산에서 원인 합장

[서문]

화엄경 요점 해설을 출간하면서

산승이 어린 시절 강당에 들어가 경학을 배울 당시 교학에 밝았던 승가대학장스님이 말하기를 "80권본 대방광불화엄경은 뜻이 깊고 장대하여 다겁생에 선근 없이는 배울 수 없으며 설사 배웠다 해도 이치를 터득하는 일은 천재가 평생을 공부해도 알 수 없으니 여기에서는 청량국사의 화엄경현담만 보는 것으로 하겠다." 라고 했습니다.

산승은 그때 마음속으로 '나는 언젠가 80화엄 전체를 한번 공부해 보겠다'는 생각을 했는데 강당을 마치고 선원에 다니다보니 어느덧 세월은 흘러 출가 50년이 넘었습니다. 그러나 원願이 있는 곳에 길이 있다고 지금부터 4년 전 나의 오랜 숙원이었던 화엄경 공부와 함께 강설할 기회가 있었습니다.

그때 당시 산승은 『화엄경 요점해설』을 하기 위해 매달 한 품씩 본문을 보고 요점정리 한 다음, 그것을 프린트하여 한 장씩 청중들에게 나누어주고 강설한 지 3년 만에 80화엄 강설을 모두 마치고 바로 태백산으로 들어와 지낸 지 1년이 지났습니다.

얼마 전 '큰마음(大乘)' 총무가 간혹 산승이 강설한 교재를 찾는 사람이 있으니 프린트한 내용물을 복사해서 배포하겠다고 하기에 프린트 물을 그대로 복사하면 수정할 수 없으니 내 비록 토굴에서 결사 중이지만 경전의 중요성이 있으므로 다시 자세히 보고 수정보완을 거친 후 이렇게 화엄경해설집을 책으로 간행하게 되었습니다.

본 화엄경 요점해설은 80화엄을 대본으로 요점을 발췌하고 강설했으며, 본 책자에는 화엄경 입제와 해설 그리고 화엄경 제목강설 이렇게 3편은 교재 없이 강설했으므로 녹음파일을 풀어 책자에 실었고, 화엄경 본문의 요점을 강설한 음성파일은 아직 문자화 하지 못해 우선 정리된 화엄경 요점해설만 간행하게 되었습니다.

이렇게 화엄경강설 종강 1년을 맞이하여 본 책이 나오게 된 것은 '큰마음' 회원들의 지극한 신심과 공덕이지만 산승은 이 모든 일이 다 부처님 뜻으로 알고 기쁜 마음으로 출간하게 되었습니다. 아무쪼록 이 심심미묘甚深微妙하고 위없이 거룩한 화엄보살도정신으로 이 어려운 시절을 잘 극복하고 밝은 광명이 충만한 세상 되기를 축원합니다.

목 차

1 화엄경 서시(천진묘용) **3**
2 화엄경 요점해설을 출간하면서 **4**
3 화엄경 요점강설 입제법문 **8**
4 화엄경 요점총설법문 **26**
5 화엄경 제목해설(원효소 서문강설) **42**
6 제1품 세주묘엄품 **62**
7 제2품 여래현상품 **73**
8 제3품 보현삼매품 **83**
9 제4품 세계성취품 **89**
10 제5품 화장세계품 **95**
11 제6품 비로자나품 **102**
12 제7품 여래명호품 **108**
13 제8품 사성제품 **114**
14 제9품 광명각품 **120**
15 제10품 보살문명품 **129**
16 제11품 정행품 **139**
17 제12품 현수품 **149**
18 제13품 승수미산정품 **159**
19 제14품 수미정상게찬품 **163**
20 제15품 십주품 **170**
21 제16품 범행품 **178**
22 제17품 초발심공덕품 **182**
23 제18품 명법품 **187**
24 제19품 승야마천궁품 **196**

25 제20품 야마천궁게찬품　　200

26 제21품 십행품　　212

27 제22품 십무진장품　　221

28 제23품 승도솔천궁품　　228

29 제24품 도솔천궁게찬품　　234

30 제25품 십회향품 1　　243

31 제25품 십회향품 2　　250

32 제25품 십회향품 3　　258

33 제26품 십지품 1　　267

34 제26품 십지품 2　　277

35 제27품 십정품　　286

36 제28품 십통품　　291

37 제29품 십인품　　294

38 제30품 아승지품　　300

39 제31품 여래수량품　　304

40 제32품 제보살주처품　　306

41 제33품 불부사의법품　　310

42 제34품 여래십신상해품　　315

43 제35품 여래수호광명공덕품　　318

44 제36품 보현행품　　321

45 제37품 여래출현품　　326

46 제38품 이세간품　　330

47 제39품 입법계품 1　　337

48 제39품 입법계품 2　　344

49 제39품 입법계품 3　　354

50 제40품 보현행원품　　364

✿ 화엄경 요점강설 입제법문

화엄의 세계

대방광불화엄경이여!
끝없는 태허공(太虛空) 가운데
무수한 깨달음의 빛들이
찬란하게 피어나는 모습이네.

이보다 뛰어난 장엄 어디 있으며
이보다 거룩한 빛 어디 있으리.

하나 가운데 일체요.
일체 가운데 하나이니
부사의 한 화엄의 경계가
중중무진하게 펼쳐지네.

사물 속에 이치가 있고
이치 속에 사물이 있으니
일념이 곧 무량겁이라
있는 그대로 화엄이치 아님 없도다.

이와 같이 빛나는 화엄의 세계여!
시방세계에 두루 빛나는구나.

화엄경 입제법문

먼저 삼보 전에 귀의 하옵고.

높고 맑은 가을하늘 속에 온 산의 나뭇잎은 물들어가는 이 좋은 계절에, 우리 모두는 부처님의 지혜와 원력을 배우기 위해 이 자리에 모였습니다. 부처님의 지혜는 더 없이 높고 깊어 아무도 측량할 수 없는 무궁무진한 이 가르침을 우리는 어떻게 배우고 실천하여 진정한 삶을 살아갈 수 있을까요. 산승은 이를 해결하기 위해 화엄경요점강설이라는 법석을 마련했습니다.

오늘날 우리 한국불교는 대단한 위기를 맞이하고 있습니다. 불교의 근본정신은 참으로 위대하고 훌륭하지만 그것을 배우는 제자들의 무능력으로 오늘날 한국불교는 헤쳐 나오기 어려운 깊은 수렁에 빠져 있습니다. 이처럼 위기에 처한 불교를 어떻게 다시 옛날 신라불교처럼 중흥시킬 수 있을까요? 그것은 대방광불화엄경에서 답을 얻을 수 있습니다. 팔만대장경 가운데 최고가는 경전인 화엄경 이 사원융무애理事圓融無碍정신의 바탕에서 나오는 보현의 보살도만이 현대인들의 모든 문제점들을 해결할 수 있기 때문입니다.

그러나 이렇게 위대한 화엄경은 인간의 능력으로 상상할 수 없는 광대무변한 초우주적인 경전이라 그 줄거리를 찾기가 매우 어렵고 설사 껍데기를 보았다 해도 내용을 살피는 일은 더 더욱 어려울 것입니다. 그러나 산승은 오랜 선수행적禪修行的인 바탕에서 강설하고자 합니다.

화엄경은 언어와 문자가 일어나기 전 불립문자不立文字의 도리를 엄청난 문자를 통해 나타내고 있습니다. 이에 대해 혹자는 "문자를 세우지 않고 어떻게 법을 이해할 수 있는가"라고 하지만 불립문자의 진정한 뜻은 '문자를 통해서 문자 넘어선 뜻을 가리키고 있는 것입니다. 즉 문자는 달을 가리키는 손가락과 같아 손가락을 잊어야 손가락으로 가리킨 곳을 볼 수 있는 것과 같은 이치입니다. 이렇듯 문자를 통하지만 문자를 잊을 때 문자의 뜻에 도달할 수 있습니다.

우리는 경을 통해서 경의 뜻을 보아야 합니다. 그럼 경의 뜻은 어디에 있는가요? 바로 '마음달'을 보기 위함입니다. 이렇듯 화엄경의 뜻은 이 마음을 바로 가리키고 닦아 증득하는데 있습니다. 그래서 화엄의 주제는 마음이요, 마음을 통해서 만법의 이치를 가르치고 있습니다. 우리가 닦는 선禪 또한 마음을 보기 위함이므로 선과 마음과 부처는 다르지 않습니다. 이 때문에 화엄은 학문과 지식만으로 배우기가 어려운 이유입니다.

화엄과 선禪은 그 뜻이 한 길로 통하므로 선禪을 수행한 사람은 반드시 화엄에서 나아갈 길을 보아야 합니다. 만일 선禪 수행자가 화엄의 세계에 들어가지 않으면 선禪의 생명력을 유지할 수 없고 따라서 선禪은 궁극으로 나아갈 길을 잃을 수밖에 없다는 점을 알아야 합니다. 중국 선종이 육조에서 시작하여 1,000년간 명맥이 이어지다가 더 이상 선禪수행은 나아갈 길을 잃었을 때 그 자리를 염불선念佛禪이 들어서게 되었습니다. 그것은 선종이 점점 개인수행에만 치중하여 화엄의 보살도 정신을 잃었기 때문입니다.

우리나라 역시 선종사를 보면 중국과 마찬가지로 대략 선이 들어

온 지 천년 만에 염불선으로 변화되어가는 것을 볼 수 있습니다. 일찍이 선종의 비조 격인 달마선이 육조를 거쳐 통일신라시대에 들어와 구산선문을 일으켜 약 천년간 이어지다가 조선 중기부터 쇠퇴하여 그 자리를 화엄선이 차지했으며, 화엄선의 수행방법은 결국 염불선이 되므로 조선 말 경허스님이 선을 중흥하기 전에는 염불선이 대세로 내려왔던 것입니다.

오늘날 한국불교의 문제는 선禪수행자들의 이기화利己化입니다. 이렇게 선종이 점점 이기화가 심화되어 가는 모습을 보면 필경 선종의 쇠락으로 이어질 수밖에 없다는 사실을 알 수 있습니다. 분명히 말하지만, 보살심 없이 대접만 받으려하는 개인수행은 마침내 나아갈 길이 막힌다는 사실을 직시해야 합니다. 고래로부터 이러한 문제는 항상 있어 왔기 때문에 부처님께서 화엄경과 모든 대승경전에서 보살행을 많이 강조했습니다. 특히 법화경에서 부처님께서는 삼대 아승지겁 동안 보살도를 닦지 않고는 누구도 성불할 수 없다고 설했던 이유가 여기 있는 것입니다.

화엄의 세계는 그 깊이가 무궁무진하여 인류를 초월한 초우주적인 가르침이라, 오늘날 같이 이기적이고 혼란스런 말세에는 이 가르침에 의지하지 않고 인류의 문제를 풀어나갈 수 없을 것입니다. 이 때문에 산승은 평생을 선禪 수행자로서 살아왔지만 수행의 행로(길)에서는 오로지 초발심자경문, 금강경, 화엄경, 이 세 가지 경전에 의지하여 수행의 방향을 삼아 왔습니다. 이처럼 내가 가는 길은 오로지 부처님 경전과 조사들의 가르침에 의지했을 뿐 격외구만 남발하는 선사들의 말에는 그다지 관심 갖지 않았습니다.

초발심자경문은 산승이 처음 출가하여 이 가르침 속에서 진정한 발심을 하게 되었고 초발심 그 인연으로 인해 내 평생 옆길로 가지 않고 앞으로 나아갈 수 있었습니다. 이렇게 중요한 초발심자경문의 구성은 초심(고려 보조국사) 발심(신라 원효대사) 자경(고려말 야운비구) 등 세 분의 가르침을 합친 글인데, 수행자에게 이 보다 도움 주는 도반은 없을 것입니다. 금강경은 수행자가 바른 길을 가지 못하고 사구死句에 떨어지는 것을 바로잡아주는 역할을 하는 경전입니다.

오늘날 수행자들이 수행의 증과가 없는 것은 금강반야 정신에 투철하지 못했기 때문입니다. 수행자는 반드시 금강경에 깊이 천착하여 아상我相, 인상人相에서 벗어나야 합니다. 어찌 오염된 물을 가지고 감로수 맛을 느낄 수 있겠습니까. 그러므로 한국불교에서 도인을 배출하고자 한다면 좀 더 금강의 정신에 철저하지 않으면 안 됩니다. 이와 같이 대승의 수행을 닦는 자가 금강에 의지하지 않고 정진한다면 이것은 수행을 하되 모래를 가지고 밥을 지으려는 것과 같아 끝내 밥을 만들지 못할 것입니다. 때문에 금강과 화엄의 정신에 투철하다면 저절로 수행은 향상의 길로 나아갈 수 있습니다.

왜냐하면 금강에서 자기를 비울 줄 알아야 하고 화엄에서 보살도 정신으로 나아갈 줄 알아야 진정한 수행자가 될 수 있기 때문입니다. 그래서 금강경과 화엄경은 우리들 수행에 필수적인 정신입니다. 그리고 이 모든 수행은 마침내 부처님의 원력으로 돌아가야 합니다. 그래야 십우도에서 말하는 기우귀가(騎牛歸家) 반본환원(反本還源) 입전수수(入廛垂手)의 경지에 들어갈 수 있습니다.

이와 같이 수행의 단계를 바로 알면 옆길로 빠지지 않고 곧장 깨달음의 동산으로 들어갈 수 있습니다. 때문에 수행자라면 앞서 열거한 세 가지 경전의 가르침을 가지고 수행할 때 길을 바로 갈 수 있습니다.

화엄경은 내용과 뜻에서 이 세상 어떤 경전과도 비교할 수 없는 경전으로써 이 가르침의 광대함은 우주를 뛰어 넘고 그 깊이는 바다보다도 깊다 했습니다. 이렇게 위대한 대방광불화엄경 80권본 40품의 요점을 산승이 청량국사 화엄소를 참고하면서 매월 한품을 기본으로 강설하고자 합니다.

부처님께서 설하신 팔만대장경 안에는 모든 존재들이 나아갈 길을 보여주고 있습니다. 그러나 후대의 못난 우리는 이 위대한 경을 옆에 두고도 현실적인 문제에 방황하며 고통스런 삶을 살아가고 있습니다. 만일 이 경을 배운다면 행복의 원천이 어디에 있는지 알 것이며 내가 나아갈 길은 스스로 알아 누구에게 의지하지 않고 갈 수 있는 지혜를 얻을 수 있을 것입니다.

화엄경이란 이름 그대로, 온갖 꽃으로 장엄한 진리요 그 길이란 말입니다. 그럼 여기에서 꽃이란 무엇을 말하는가요? 일체 만법이 나타나는 현상을 말하는 것입니다. 화엄은 있는 모습 그대로 진리로 보는 가르침입니다.

옛사람들이 "선시불심禪是佛心이요 교시불어教是佛語라" 했습니다. 즉 선禪은 만법의 근본이니 부처의 마음이 되고, 교教란 부처님의 말씀이니 천백억 화신으로 나타난 온갖 작용이므로 부처님의 묘유적妙有的 행을 뜻합니다.

그래서 화엄에서는 다른 경전과 조금 다른 점이 있으니 부처님은 자리에 앉아 계시고, 한량없는 보살들은 나와서 부처님 가피를 받고 설법하는 내용입니다. 여기에서 부처님은 청정법신 그 당체로써 언어와 문자를 떠난 도리이므로 법신을 증명해 보이셨고, 여러 보살은 부처님의 천백억 화신이 되어 일체 만법을 보여주는 것입니다. 그래서 화엄에서는 선(禪=불심)과 교(敎=가르침)가 혼연일체渾然一體 되어 원융무애하고 이치와 사리가 둘 아닌 이치를 잘 보여주고 있습니다.

이제 우리는 화엄의 세계에서 진정한 자기 자신을 발견해야 됩니다. 자신의 참모습을 보는 순간, 나와 대상이 혼연 일체 되어 한마음으로 돌아가게 됩니다. 즉 나를 찾는 주관과 대상이 되는 객관이 둘이 아니므로 안과 밖이 없으며 '나'가 없으니 '나'의 대상이 되는 '남'도 없기에, 생사심이 끊어지고 현상 그대로 묘하게 존재하는 진공묘유가 됩니다. 그러나 진공과 묘유는 다르지 않으므로 생사와 열반도 둘이 아니고, 생사와 열반이 둘이 아니므로 번뇌가 곧 보리요 생사가 곧 열반입니다.

부처님께서 처음 하근기를 위해서 끊어야할 번뇌를 말하고, 증득해야할 열반을 말했지만, 번뇌를 바로 보면 공적하여 어디에도 존재하지 않기에 따로 열반을 말할 필요가 없는 것입니다. 소멸해야할 번뇌를 보지 않는데 얻어야 할 열반을 다시 말해 무엇 하겠습니까. 번뇌를 바로 보면 그것이 곧 열반이기 때문에, 이 밖에 따로 증득할 것이 없다는 것입니다. 그러나 문제는 아직 근기가 얕은 중생은 어떻게 해야 번뇌를 열반으로 바로 볼 수 있을까요. 여기에 수행이 필요하고 닦아야 하며 밝혀야 한다는 것입니다. 이 말 속에 불법의 핵심이 있으니 이 이치를 잘 보지 못하면 수행이 옆길로 갈 수 있습니다.

근본에서는 시공을 떠나고 이원적 상대성을 초월했으며 나와 남이란 높은 산을 넘어 무아無我·무인無人·무중생無衆生·무수자無壽者가 되지만 미혹에 빠져있는 중생에게는 닦음이 있고 증득해야할 도道가 있습니다. 비록 근본을 떠나지 않고 천백억 화신을 보이지만 중생에게는 이것이 만물 만법이 되고, 성인에게는 이것이 이사원융무애한 사사원융무애事事圓融無礙라 법보화法報化 삼신三身이 그대로 청정무구淸淨無垢하여 있는 그대로 진공묘유眞空妙有요 청정묘법신淸淨妙法身이 됩니다. 이러한 이치를 화엄에서는 여러 가지 차원에서 자세하게 밝혔으며, 이에 80권 화엄이라는 장광설長廣舌이 있게 됩니다.

흔히 "불교는 참 나를 찾아가는 종교"라고 말을 하는데 참된 '나'는 무엇이고 무아無我는 무엇인가요? 중생은 거짓 '나'에 집착하므로 각종 생사가 생겼습니다. 그래서 그것은 당연히 부정되므로 무아가 됩니다. 이렇게 청정묘법신인 무심·무아無我가 되었을 때 그것은 진정한 '나' 즉 진아眞我가 됩니다. 때문에 진아眞我와 무아無我는 상충되는 말이 아니라 같은 뜻을 지닌 말이 됩니다. 왜냐하면 진아이기 때문에 무아가 되고, 무아이기 때문에 진아가 되는 것입니다. 여기서 가장 중요한 것은 '이원성을 떠난 그 자리'는 같은 표현이라도 말과 글에 떨어지면 안 된다는 것입니다. 즉 달은 하나인데 달을 가리키는 방법은 많이 있습니다. 중생은 무지하여 그 가운데 한 가지 방법에만 집착하므로 본래 뜻을 놓치게 되었습니다.

대개 중생들이 무아의 의미를 잘 알지 못하는 것은 허상에 집착하여 유·무라는 양변적이고 상대적 개념에 빠져 있기 때문에 무아를 알 수 없습니다. 이처럼 무아가 아니면 생사를 넘어설 수 없으므로 관무량수경에 '이 마음이 곧 부처'(是心是佛)라

했고 마조대사는 '마음이 곧 부처'(卽心卽佛)라 했습니다. 이것은 무아라는 절대성경계에서 법신의 도리를 보인 것입니다.

금강경에서는 무아의 이치를 잘 설명하고 있습니다. 때문에 금강경에 대한 확고한 견해를 가지지 못하고 화엄의 이치에 들어갈 수 없을 것입니다. 왜냐하면 금강의 바탕에서 화엄의 묘용을 설하고 있기 때문에 수행자들은 이 점을 명심해야 잘못된 길을 가지 않습니다. 대개 사람들은 무아에 대해 견해를 내고 분별심을 일으키기 때문에 마조대사는 그것을 무너뜨리고자 "마음도 아니고 부처도 아니다(非心非佛)"라고 했습니다.

화엄이 마음을 주제로 보살도를 펴는 가르침이라는 것은 이제 알 수 있을 것입니다. 여기 신라시대 원효대사가 평소 화엄경을 공부했는데 화엄경 사구게에 나오는 "일체유심조一切唯心造(이 세상 만법은 오직 마음작용이다)" 라는 구절을 보고 이것을 도저히 믿을 수도 없고 이해할 수도 없으니, '내 마땅히 중국에 가서 화엄을 전공한 종사를 찾아 배워야하겠다' 생각하고 길을 가는 도중에 날이 저물어 무덤가에서 잠을 자다 목이 말라 어두운 가운데 물을 찾던 중 마침 옆에 물이 담긴 바가지를 발견하고 그것을 마신 다음 갈증을 면했습니다. 다음날 아침 그릇을 보니 해골바가지에 담긴 빗물이었음을 알고 구토를 하다가 홀연히 마음을 깨치고 보니 '이 세상 모든 것은 마음작용 아님이 없다'는 이치를 체득하고 다음과 같은 **오도송悟道頌**을 읊었습니다.

한 생각 일어나니 가지가지 법이 나오고
한 생각 사라지니 가지가지 법이 소멸하네.
마음과 육체와 해골 바가지는 본래 둘이 아니구나.

그래서 삼계는 오직 마음이고, 만법은 오직 생각뿐이라.
마음 밖에 법이 없으니, 어찌 따로 구할 것 있으랴.

心生卽種種法生　心滅卽種種法滅　髑髏不二

三界唯心　萬法唯識　心外無法　胡用別求

이렇게 원효대사는 마음법을 깨치고 나서 감탄하기를 "부처님 말씀의 진실함이여! 나를 속이지 않았도다"라고 외쳤습니다. 원효대사는 이 큰 깨달음의 바탕에서 화엄경의 해설인 화엄소疏를 지었다고 했습니다. 화엄은 이렇게 마음의 이치를 밝혔으며 이 바탕에서 만법의 걸림 없는 도리를 보여주고 있습니다. 이처럼 화엄정신은 일심을 바탕으로 만법을 전개하는 경전이라고 볼 수 있습니다.
그러면 화엄경의 총체적 대의는 무엇일까요?
화엄경의 대의는 화엄경 사구게에서 그 뜻을 보아야 합니다.

누가 만일
삼세 모든 부처님을 알고자 한다면
먼저 법계의 성품을 보라.
일체법이 마음의 작용인 줄 알게 되리라.

若人欲了知　三世一切佛　應觀法界性　一切唯心造

여기에서 화엄은 우리의 청정본래심을 드러내기 위한 유심론적唯心論的인 가르침이라는 것을 알 수 있습니다. 그래서 조선시대 묵암선사는 화엄의 대의를 "명일심 통만법明一心 通萬法"이라 했습니다. 즉 "일심을 밝혀 만법과 통한다"는 것입니다. 여기에서 일심으로 만법을 통한다는 것은 일심이 곧 만법이요 만법이 곧 일심이라는 뜻과 같은 것입니다. 때문에 화엄을 보는 자는 세상을 바로 볼 수 있고 따라서 세상을 바로 본다면 만법의 근본을 바로 볼 수 있습니다.

옛 사람들은 모든 경전을 볼 때 먼저 그 경전의 대의가 무엇인지 살펴보았습니다. 그래야 경의 뜻을 이해하는데 도움이 되기 때문입니다. 사실 모든 경전의 대의를 밝힌 사구게를 보면 대개 일심의 도리를 밝혔다고 할 수 있습니다.
금강경 사구게에 이르기를

"무릇 형상이 있는 것은
모두가 다 허망하다.
만약 모든 형상을 볼 때 아상을 두지 않으면
곧 여래를 보리라.
凡所有相 皆是虛妄 若見諸相非相 卽見如來"

여기에서 마음과 부처가 차별 없으니 "일체상에 아상을 두지 않으면 곧 부처를 본다(離一切相 卽名諸佛; 금강경 제14장)"라는 이 말과 일체유심조一切唯心造는 같은 뜻이기 때문입니다.
뿐만 아니라, 법화경 사구게에 이르기를

"모든 법은 본래부터
항상 스스로 적멸의 모습이니
수행자가 이런 도를 수행하면
오는 세상에 성불하리라."
諸法從本來 常自寂滅相 佛子行道已 來世得作佛

이 가르침도 근본은 모든 법이 적멸상인 줄 바로 보면 성불한다. 했으니, 일심이라는 부처의 도리를 보여준 말과 다르지 않습니다.

열반경 사구게에 이르기를

"모든 현상은 항상 변화무상하니
이것이 생멸하는 법이다.
만일 생멸하는 법을 바로 보면
곧 그것이 열반이고, 이 법이 진정한 낙이 된다"

諸行無常　是生滅法　生滅滅已　寂滅爲樂

이처럼 모든 경이 일심의 도리를 여러 차원에서 설했기 때문에 말은 달라도 뜻은 같다고 할 수 있습니다.
화엄경은 온 우주 법계를 천백억조로 변화한 묘한 꽃으로 보고, 나타난 수많은 꽃의 근원을 일심으로 보는 경입니다. 따라서 화엄경은 강의하는 것이 아니라 현상 그대로 보고 느끼고 하나 되어 가는 것을 배우고 닦는 경이라 할 수 있습니다.
이 때문에 화엄경을 만일 지식으로 습득하려 한다면 무한 세월을 공부해도 끝을 낼 수 없을 것입니다. 왜냐하면 일심一心이 곧 선禪이기 때문입니다. 이렇게 화엄은 체험하는 수행이고 체득해야 하는 것이라면 우리는 먼저 마음의 모든 사심과 아상과 욕심을 버리고 순수하고 고요한 마음으로 경을 배우지 않으면 안 됩니다.

만일 그렇다면 화엄의 길이 보입니다. 누구에게 배우지 않아도 스스로 깨우쳐 갈 수 있습니다. 그래서 옛 스님은 말하기를 "정극광통달(淨極光通達)"이라 했습니다. **"지극히 맑고 고요하면 저절로 통달한다"**는 말입니다. 즉 청정무구한 맑고 고요한 마음에 화엄의 이치는 드러난다는 것입니다. 이제 우리는 여기에서 화엄을 대하는 자세를 깊이 살펴보고 정립할 수 있습니다. 그럼 어떻게 해야 우리들의 마음을 맑고 고요하고 순수하게 하며, 함께 듣고 함께 생각하

고 함께 머물고 함께 믿고 가지며 함께 짓고 함께 닦아 함께 체득
할 수 있을까요?

여기에서 우리는 질문과 답이 동시적으로 진행되고 있음을 알아차
릴 수 있습니다. 이와 같이 머물고 이와 같이 닦으며 이와 같이
나아가야 합니다. 이 길을 화엄에서 잘 보여주고 있습니다. 여기에
대해 옛 사람의 유명한 시구가 있는데 이 역시 화엄의 세계와 정
신에 깊은 감응을 가진 글이라 할 수 있습니다.

**"고요히 앉아 차를 마시니 차는 아직 남아 있는데 향기는 처
음과 같고 순수한 작용 속에 물은 흐르고 꽃은 피는구나."**

靜坐處茶半香初　妙用時水流花開

이 시구에서 화엄의 정신을 잘 표현했다고 볼 수 있습니다. 이 때
문에 본 시는 고래로부터 많은 사람들에게 회자되고 있는데, 왜 이
짧은 한 구절이 그렇게 오래도록 사랑받고 있을까요?
여기에 대해 산승이 선禪적인 차원에서 살펴보겠습니다.

이 시에 첫 구는 깊이 좌선삼매에 들어가니 온갖 존재계에서 공간
성을 초월한 선禪의 무심·무념이라는 진공眞空의 경지를 보인 것
입니다. 뒷구절에서는 무심·무념이라는 진공의 경지(바탕)에서 묘
한 작용이 일어나니, 모든 존재계의 시간성을 초월한 모습을 보여
주고 있습니다. 그래서 이 시구는 진공묘유라는 절대적 진리를 잘
보여주고 있습니다. 뿐만 아니라 화엄 금강 법화 열반 또한 이 도
리와 다르지 않습니다.

우리는 차와 밥을 먹은 지 오랜 세월이 흘렀지만 아직 '고요함'을

얻지 못했는데 어찌 단정히 앉을 수 있으며, 고요히 앉지를 못했는데 어찌 차향을 시간과 공간을 넘어 영원하게 처음처럼 느낄 수 있을까요. 만일 현상계 있는 그대로에서 시공을 넘어서지 못했다면 물은 흐르고 꽃은 피어도 무상無常을 면할 수 없습니다. 그러나 고요히 앉을 줄 안다면 차를 먹은 지 오래 되었지만 차향은 영원히 남아있고, 그 가운데에 현상계 모든 존재는 있는 그대로 절대계의 모습으로 영원히 물은 흐르고 꽃은 피고 질뿐입니다.

우리는 여기에서 '일체유심조'와 '진공묘유'와 '무심무념'과 '정좌처 다반향초 묘용시수류화개'가 다 같은 뜻임을 알 수 있습니다. 이처럼 화엄경은 중생이 발심하여 수행하고 보살행을 통해 성불하는 전 과정을 밝혀 놓았으니, 이제 우리는 화엄법회를 통해서 중생의 삶에서 맑고 고요한 수행의 삶으로 나아가야 하며 수행의 삶에서 다시 보살의 삶으로 바꾸었다가 마침내 부처의 삶으로 회향해야 합니다. 이것이 보살이 중생계에 회향하는 완전한 길입니다. 화엄에서는 이와 같은 과정으로 나아가기를 가르치고 있습니다.

화엄은 우리에게 진정한 자유가 무엇인지, 인생이 무엇인지에 대한 가장 완벽한 답을 인간들의 사유능력 밖에서 말하고 있습니다. 그래서 화엄을 초우주적 가르침이라 말합니다. 그러나 끝없이 높아 보이는 이 모든 초우주적인 가르침도 '나'라는 한계점을 넘어서면 바로 만나는 곳입니다. 왜냐하면 '나'를 넘어서면 '남'을 넘어서고 초우주적 이치와 만나기 때문입니다. 그럼 어떻게 해야 '나'라는 늪에서 벗어나 삼계를 초월하고 열반을 얻을 수 있을까요. 화엄의 길은 무아상無我相이라는 일체개공一切皆空의 도리에서 시작됩니다.

이와 같은 이치에서 금강경은 대승불교의 시작점에 해당하니 식물로 말한다면 대승의 종자가 발아된 상태라 볼 수 있고, 화엄은 줄기가 자라 백화가 만발한 상태를 말하고, 법화 열반은 그 꽃의 열매에 해당합니다. 이처럼 위대한 화엄을 이제 여러분과 산승이 함께 배우는 마음으로 강설하고자 합니다. 그러므로 여러 불자님들과 산승은 이 강설에 앞서 마음을 고요히 해야 하며 다음 순수한 마음으로 공부해야 합니다. 왜냐하면 그릇을 갖추어야 내용을 담을 수 있기 때문입니다. 고요한 마음에는 길이 보입니다. 바로 백화가 찬란한 화엄의 길이 보인다는 것입니다.

산승이 말세의 불교를 위해 강설할 내용을 화엄경으로 선택한 이유는 대략 세 가지 뜻이 있습니다. 첫째 화엄은 만법의 근본인 유심사상이므로 이 마음에 대해서 어떤 가르침보다도 가장 완벽하고 광범위하게 설했기 때문입니다. 오늘날 온갖 외도 잡설이 난무한 시대에 우주와 인생을 화엄정신으로 해결하고 나아갈 수 있기 때문입니다.

둘째, 화엄은 백화가 피어나는 이치를 설했으니 오늘날 물질과 사상이 최고조로 개화된 시대에 화엄은 물질과 사상을 초월하는 가르침이 있기 때문입니다. 그 어떤 가르침보다도 현실적인 문제를 초월적으로 가르치고 있으니, 우리는 여기에서 자아로부터 벗어나 광대무변한 부처님의 세계에 들어갈 수 있습니다.

셋째, 화엄은 초월적인 가르침이지만 가장 현실적인 가르침입니다. 즉 대승보살도를 가르쳤다는 것입니다. 수행자가 경전의 이치만 추궁하고 현실생활 속에서 실현하지 않으면 경전은 한낱 공허한 말만 될 수 있습니다. 때문에 화엄에서는 무수한 보살행을 가르치고 있습니다. 그리고 법을 위해 목숨까지 초월하는 투철한 위법망구爲

法亡軀정신을 가르치고 있습니다.

오늘날 물질문명시대에 각종 모든 종교는 극도로 타락되어 있기에 이제라도 변화하고 개혁하지 않으면 우주적인 삼재三災가 일어나 세상은 괴멸할 수 있습니다. 우리는 오랜 역사를 통해 보았듯이 시대에 맞는 개혁과 혁신 그리고 조화로움을 이루지 못하면 그 시대에서 사라지고 말 것입니다. 지금 한국의 모든 종교는 극심한 폐습에 안주하여 개혁을 외면하고 있습니다. 그리고 전통적인 대형 교단마저 사이비화 되어 어리석은 맹신과 잘못된 신앙(광신)과 온갖 비리가 난무하고 있습니다.

모든 종교가 대부분 종교라는 이름으로 물질을 취하고 사람들을 현혹하고 있으며 맹신자들은 여기에 빠져 잘못된 길을 가는 사람이 너무나 많아 세상은 어느새 사이비가 전통으로 자리 잡았습니다. 산승이 화엄강설을 하게 된 동기는 이처럼 잘못되어가는 교단을 바로잡고 파사현정(破邪顯正)하며 진공묘유眞空妙有적 좋은 삶을 살아가기 위함입니다.

특히 한국불교는 속히 개혁해야 합니다. 너무나 비불교적인 모습에 할 말을 잊은 지 오래 되었습니다. 이제 불자들도 하루속히 깨어나야 합니다. 아무런 생각 없이 관습에 따라가는 행태에서 한국불교는 깊은 병이 들었습니다. 사람들은 자신의 이익을 위해서는 용감하나 타인을 위하는 일에서는 몸을 사리고 있습니다. 이와 같은 소인배적인 자세가 자신을 죽이고 세상을 불행하게 만든다는 것을 생각하지 않고 있습니다.

이에 산승은 오늘날 비뚤어진 현실에 개탄을 금치 못하고 이제 화엄을 통해 정법을 구현하고자 합니다. 우리는 나라를 위하고 중생을 위하고 자신을 위해 변화하고 개혁해야 합니다. 그러기 위해 불자들은 깨어나야 합니다. 그리고 "부처님의 가르침을 잘 듣고, 생각하고, 실천수행(聞思修)"해야 합니다. 화엄은 이 모든 종교적인 문제와 사회적인 문제, 시대적인 문제에 대해 충분한 답을 주고 있습니다. 때문에 우리 모두 다 함께 화엄경 공부를 열심히 하시길 바랄 뿐입니다.

이렇게 하는 나의 본원은 오직 '큰마음' 대승원력으로 침체되어 가는 이 시대 불교를 살리고 모든 사람이 부처님의 정법 속에서 안락하고 참다운 삶을 살아가게 하는데 뜻이 있습니다. 이 인연으로 부처님의 법이 더욱 빛나고 남북이 통일되며 세계가 평화로워지길 축원합니다.

영주 대승사 보탑의 아미타부처님 상.

❀ 화엄경 요점총설

화엄의 정신

법성이 비어있어 크고 작음 떠났으니
무엇이라 부른다면 거짓된 이름이고

참 성품 오묘하여 선악을 떠났지만
있다 없다 한다면 본래마음 저버린다.

깊고 묘한 그 자리 일체를 넘었으니
모든 사물 그대로 절대성이 되었다.

여기 생사와 열반도 잠꼬대이고
부처와 중생도 이름일 뿐이다.

있고 없음 떠났으나 분명하고
주고받음 없지만 일체를 이룬다.

한 생각에 삼천을 뛰어 넘으니
삼라만상 우주법계 한마음뿐이로다.

청정법신 그 자리에 법계연기여!
이것이 대방광불화엄경이로다.

대방광불화엄경 요점총설

화엄경은 이 세상에 있는 그대로 보는 큰 가르침입니다. 여기에는 나도 없고 남도 없는 절대성 세계가 있습니다. 우리가 만일 이 화엄의 바다에서 바른 깨달음을 얻는다면 일체를 초월한 절대경의 안락을 얻을 수 있습니다.

그럼 화엄의 근본은 무엇인가요?

그것은 다음과 같은 화엄경 사구게에서 그 뜻을 볼 수 있습니다.

만약 사람이 부처님을 알고자 한다면
법계성을 관하라. 일체가 다 마음작용이니라.

若人欲了知 三世一切佛 應觀法界性 一切唯心造

이 게송은 화엄경뿐만 아니라 불교의 핵심이기도 합니다. 왜냐하면 "일체 만법이 한마음에서 나왔다"는 이것이 부처님이 고행 끝에 새벽별을 보고 깨달은 내용이기 때문입니다. 그럼 일체유심조라는 이 한마음은 도대체 무엇이기에 부처님의 근본이 되는가요? 그것은 과거 부처님도 이 마음을 깨달았고, 미래 부처님도 이 마음을 깨달을 것이며, 오늘날 수행자들도 이 마음을 깨달기 위해서 수행을 하기 때문입니다. 이 화엄경 속에는 내가 무엇이며 어디서 와서 어디로 가는지, 인간과 우주와 만물에 대한 근본적인 질문에 완전한 답을 주고 있습니다.

화엄경 사구게 가운데 "응당히 법계성을 관찰해 보라. 일체가 다 마음에서 짓는 바라"고 하는 이 구절을 바로 깨달으면, 인생과 우주의 근본을 깨우칠 수 있습니다. 즉 법계성이 모든 존재의 참모습이요 진아이기 때문에 법계성을 보는 자 마음이 곧 일체법인 줄 깨닫게 됩니다. 그러나 중생은 이 사실을 개달지 못하므로 가상 속에서 살아가고 있습니다. 즉 모든 존재는 참 속에 살면서 참모습을 보지 못하고 있습니다.

중생들은 이처럼 정신적 가상과 착각에 의해 윤회가 나타나지만 참나와 하나 된다면 자연히 윤회는 허공의 꽃이 될 것입니다. 때문에 윤회가 있느냐 없느냐 하는 것은 망견妄見이 있느냐 없느냐 하는 차이일 뿐입니다. 즉 망견妄見이란 꺼꾸로 된 견해를 말하는데, 모든 인간의 불행과 괴로움의 원천은 망견에서 일어난다는 사실을 알아야 합니다. 그래서 법계성을 관찰할 줄 안다면 즉, 실상을 바로 본다면 이 모든 법계는 한마음을 떠난 것이 아닌 줄 알게 된다는(일체유심조)것입니다. 쉽게 말한다면 모든 현상은 마음이 지어낸 허상이라는 것입니다.

대방광불화엄경은 중생이 전도몽상에서 깨어나 참된 삶을 살아가게 해주고자 일심과 법계를 설하고 있습니다. 그래서 화엄경을 배우는 자는 반드시 일심이라는 도리와 법계의 이치를 잘 알아야 합니다. 근본에서 본다면 일심과 법계는 둘이 아니지만 중생을 이해시키고자 나누어 설명하게 됩니다.

화엄경의 대의란 "일심에 의지하여 만법을 본다."는 것입니다. 여기에서 일심이란 만법의 근본을 뜻하므로 청정법신이라 합니다. 이러한 일심에 만법이 있지만, 그것 또한 마음의 경계라 일체유심조가 됩니다. 그리고 마음의 경계가 법계이므로 이 말을 잘 이해하면 일심을 이해할 수 있습니다. 그러면 법계란 무엇인가요? 옛 사람은 화엄의 법계를 이해하기 위해 삼종법계와 사종법계를 말했습니다.

(두순화상의 삼종법계설 三種法界說)

삼종법계란 중국 화엄종의 초대 조사이신 두순화상께서 정리한 내용인데 진공관眞空觀, 이사무애관理事無碍觀, 주변함용관周邊含容觀입니다. 진공관이란 만법의 근본을 말하는 것이고, 이사무애관이란 이치와 현실이 둘이 아니므로 걸림 없다는 말이며, 주변함용관이란 이사무애라는 바탕에는 공간성과 시간성이 이치에서 서로 걸림 없으므로 사리에 응용자재하다는 말입니다. 두순화상 이후 규봉종밀 선사는 좀 더 이해하기 쉽게 진공관 앞에 사법계를 두어 사종법계를 말했는데, 후대인들은 대체로 규봉의 사종법계설을 화엄법계관으로 적용하고 있습니다.

(규봉의 사종법계설 四種法界說)

화엄사법계란 이법계理法界 사법계事法界 이사무애법계理事無碍法界 사사무애법계事事無碍法界라는 중중무진重重無盡한 법계의 꽃으로 장엄한 것을 말하는 것입니다. 이 사법계 가운데 앞에 두 법계는 세속적 현실세계를 말했고 뒤에 두 법계는 출세간적 도의 정신세계를 말한 것입니다. 우리는 화엄을 통해서 중생의 세계를 완전히 진리의 세계로 승화될 수 있습니다.

그럼 여기에서 이법계와 사법계란 무엇인가요? 두순화상의 진공관眞空觀 가운데 공관空觀법계를 이理법계라 하고 진관眞觀법계를 사事법계라 합니다. 이법계理法界는 현상의 이치를 말하고 사법계事法界는 현상을 있는 모습 그대로, 참모습으로 보는 것입니다.

이사무애법계란 이치와 현실이 둘이 아니기에 그것은 서로 걸림 없음을 뜻하고, 사사무애법계란 이치와 현실이 둘이 아니므로 사물의 이치 간에 어긋나거나 서로 장애되거나 차별됨이 없듯이 현실 또한 있는 그대로 절대성 평등으로 존재한다는 것입니다. 그러면 과거에 화엄종의 큰 도인들이 어째서 화엄의 법계관을 이렇게 세 가지와 네 가지로 분류했을까요. 여기에 깊은 뜻이 있습니다. 이와 같은 일심과 법계를 잘 이해하면 바른 견해로써 온갖 허상과 무명에 떨어지지 않고 초월적 인생관과 세계관으로 미혹으로 인한 삼계윤회의 고초에서 벗어나 절대적 자유와 해탈을 얻게 하기 위함입니다. 만일 수행자가 화엄의 일심법계를 바로 알고 정진한다면 이 자체가 지견智見이 되어 삿된 길로 빠지지 않고 정법 속에서 빨리 증과를 얻을 수 있습니다.

화엄에서 말하는 일심법계란 만법의 체성은 존재 그대로 공空하여 무심 무아 무념 무작이기에 선종에서는 이것을 "일념불생전一念不生前 소식이요, 부모미생전父母未生前 소식"이라 하고 금강경에서는 무아 무상이라 했으며 반야심경에서는 이것을 "무안의비설신의無眼耳鼻舌身意 무고집멸도無苦集滅道 무지역무득無智亦無得"이라 했습니다. 이러한 모든 가르침은 일심의 묘한 이치를 여실하게 보인 것입니다. 이처럼 일심법계의 이치는 모든 존재들의 인생관과 세계관이므로 중생을 위해 사법계를 좀 더 자세하게 설명한다면 다음과 같습니다.

[화엄의 네 가지 법계]
첫째, 이법계理法界란 인생과 우주 만법의 이치가 응당 그러한 것을 이법계라 할 수 있습니다. 여기에서 이무애理無碍법계가 있으니, 이것은 마음의 이치를 깨달으면 법을 보는데 막히지 않는다는 것입니다. 이것을 선에서는 산을 보되 산이 아니고 물을 보되 물이 아니므로 일체를 모두 부정하고 있습니다. 그러나 절대부정은 결국 절대긍정이 되므로 이무애理無碍법계가 됩니다. 즉 일체가 마음 아님이 없음을 보는 단계입니다. 이것을 화엄에서는 일체유심조라. 마음과 부처와 중생이 차별 없다고 했으며 선禪에서는 심즉불心卽佛을 아는 지무생사知無生死 경계입니다.

둘째 사법계事法界란 중생이 알고 모르는 것과 관계없이 있는 그대로의 현상법계를 말하는 것입니다. 즉 만물 만법이 존재하는 현상으로서 좋고 나쁨이 일어나기 전 단계의 천진묘용을 뜻하는 말입니다. 이것을 선에서는 "산은 산이요 물은 물이라" 하는데, 있는 그대로의 모습을 말하는 것입니다. 사무애事無碍란 선에서는 이것이 계무생사契無生死 단계로서, 무생사 이치에 어느 정도 계합했다는 말입니다. 즉 사물을 대함에 어떤 선입견 없이 있는 그대로, 사실 그대로 보는 지극히 순수하고 무심한 절대긍정의 경계입니다.

셋째 이사무애理事無碍법계란 이법계와 사법계를 바로 보면 이법계가 곧 사법계요 사법계가 곧 이법계라, 이사가 둘이 아니고 걸림 없는 경계이니, 선에서는 이것을 산을 보되 산이 아니고 물을 보되 물이 아니니, 산과 물과 마음이 차별 없고 무애자재하다 했습니다. 본래 법계에는 이치와 사물이 서로 다르지 않으니 법을 씀에 걸림이 없고 아我·인人 사상四相이 없는 곳에 둥근 달이 일천 강에 두루 나타나는 것과 같습니다. 절대부정과 절대긍정이 하나 되니 본래 이치와 사물이 걸림 없이 자재함을 뜻하는 경계로서 선에서는 이것을 증무생사證無生死 라고 합니다.

넷째 사사무애事事無碍법계란 이치와 현실이 둘이 아니기에 응용자재하여 큰 것과 작은 것이 차별 없어 산이 물 되고 물이 산 되며 거대한 산과 넓은 바다가 미세한 티끌 속에 들어가되 비좁지도 넉

넉하지도 않아 큰 것이 작은 것이고 작은 것이 큰 것과 다름없습니다. 또 고요한 그대로 시끄러움과 다름없으니 고요함과 시끄러움이 둘이 아니고 만물과 만법은 둘 아닌 그대로 존재하니 크고 작음이 따로 없습니다. 이와 같은 사사무애이치로 중생을 제도하니 불 속에 연꽃이 피어나고 물속에서 불이 나온다는 이치입니다. 선에서는 이것이 용무생사用無生死 즉, 생사에 자재하다는 뜻입니다. 이러한 사사무애 속에 이사자재하니 비로소 청정법신비로자나라는 온전한 대자연을 이루었습니다.

이렇게 우주가 한 생각 속에 들어가고 또 우주가 한 생각 속에서 나온다는 이것이 일체유심조인데, 우리는 이 마음의 작용을 잘 살펴봐야 합니다. 그러면 이 마음 가운데에서 청정미묘한 지혜를 얻을 수 있고 이 지혜가 우리를 편안하게 해 주게 됩니다. 우리는 화엄을 통해서 이러한 지혜를 얻어야 합니다. 그러기 위해 산승이 다시 화엄의 사종(四種)법계를 요약정리 한다면 다음과 같습니다.

시간과 공간은 둘 아니니　　　(理無碍法界)
이理와 사事는 다르지 않고　　(事無碍法界)
만법과 근본은 둘 아니니　　　(理事無碍法界)
현실 그대로 절대성의 자재로다 (事事無碍法界)

앞에 두 종류 법계는 현상세계의 모습이고 뒤에 두 종류 법계는 정신세계를 표현했습니다. 그러나 이 네 가지 법계가 일심의 작용이므로 서로 원융무애하게 존재하는 것입니다.
이처럼 시간과 공간은 둘이 아니니, 이것이 이무애법계입니다. 현실이 곧 이치인 줄 보는 것이 사무애법계입니다. 만법의 근본은 둘 아니기에 서로 장애가 없으니, 이것이 절대부정의 이사무애법계입니다. 이와 같은 이사무애 속에 참된 경계가 있으니 이사무애하므로 절대긍정으로 다시 살아나오는 사사무애법계입니다. 이 네 가지 법계에는 현실 그대로 절대성 자재인데 무슨 생사가 있겠습니까? 생사가 없는데 나고 죽음을 논하는 것은 착각이요, 망상일 뿐입니다.

증도가에 "미혹할 때는 육도윤회가 분명했는데 깨달은 후에는 대천세계도 존재하지 않는다(覺後空空無大千)"라고 했습니다.

이와 같은 절대긍정과 절대부정이 원융하게 존재하니 여기에는 중생도 부처도 없습니다. 이와 같은 절대무심 속에 만법을 응용함에 살활자재 하는 것을 사사무애라 합니다. 이러한 네 가지 무애법계 도리는 오직 지극히 순수하고 청정무구한 속에 있는 대자유 해탈 경계일 뿐입니다.

화엄경은 부처님이 대승근기를 위해 설하신 법문을 용수보살이 정리하여 80권 화엄경을 편찬한 경입니다. 용수보살이 이렇게 화엄의 대법을 편찬하면서 이렇게 이사무애 사사무애의 이치를 잘 밝혔으니 우리는 이러한 이치를 통해서 일심의 미묘한 자리로 곧 바로 들어갈 수 있습니다.

옛사람들이 이르기를 "이즉돈오理卽頓悟나 사비돈제事非頓除"라고 했습니다. 이 말은 "이치는 문득 깨달으나, 습관은 바로 제거되지 않는다"는 말입니다. 이것을 쉽게 말한다면 이치를 보았다고 바로 이치 그대로 현실 속에 실현되지 않기 때문에, 보임保任을 통해 오래도록 숙성해야 된다는 것입니다. 만일 이치를 보고 바로 현실 속에 실현된다면 굳이 화엄경에서 이무애 사무애를 따로 말하지 않았겠

지요. 성철선사는 이것을 해오와 증오 차이로 설명했고 내외명철이 되었을 때 진정한 돈오라고 말을 할 수 있다 했습니다.

그러나 산승은 내외명철을 돈오요 부처로 본다면 그 경지에 가기까지는 여러 수행 점차와 경지가 있다는 차원에서 돈오점수를 인정해야 하며, "돈오 후 내외명철 확철대오하면 완전한 견성이요 성불이라" 말할 때, 사람들이 오히려 도를 깨달아 가는 과정에서 경험하는 견처(知無生死)에 오류를 범하지 않게 될 것이라 생각합니다.

즉 화엄의 첫 단계인 이무애법계를 선禪에서는 본래 이치와 사리에 생사 없는 도리를 깨달은 견처를 초견성(知無生死; 이무애)으로 보고 사무애를 계무생사契無生死로 보며, 이사무애를 증무생사證無生死로 보고, 생사에 자재하는 사사무애를 용무생사用無生死로 보는 것이 선과 교의 합일점이라 볼 수 있습니다. 이처럼 수행단계를 선에서는 네 단계(知無生死 契無生死 證無生死 用無生死)로 설명했고, 임제선사는 사료간四料揀으로 표현했으며, 금강경에 서는 네 가지 상(四相)을 떠나라고 했으며, 화엄경에서는 이것을 사법계로 표현했습니다.

현실이 바로 이치이므로 이치와 현실을 나눌 수 없고 몸과 마음이 둘이 아니므로 화엄경 제20 야마천궁게찬품 게송에 "마음과 부처와 중생, 이 세 가지는 차별이 없다(心佛及衆生 是三無差別)"라고 했습니다. 이 이치를 알지 못하면 바로 사구로 떨어져 몸은 허망하지만 마음은 영원하다는 잘못된 견해를 짓게 됩니다. 그러나 몸과 마음은 본래 시간성과 공간성을 초월했으므로 몸과 마음은 영원한 것도 아니고 짧은 것도 아니며, 모양 있고 없는 것도 아니기에 눈앞에 나타났다 순식간에 사라지는 빛과 그림자와 저녁연기와 흘러가는 흰 구름 또한 있는 그대로 절대성으로 존재하는 것입니다.

실상에서 보면 그 자리는 시간성과 공간성을 초월했기에 이와 사가 둘이 아니고 몸과 마음은 둘이 아닙니다. 모든 유형·무형의 존재는 있는 그대로 영원성으로 존재하니, 이 가운데 살아가는 모든 중생 또한 일심만법을 벗어나지 않았으니 무엇을 걱정하고 무엇을 좋아하며 무엇을 얻으려 할 것 있겠습니까. 화엄의 세계에 입각하여 본다면 현실 그대로 진리라 얻고 잃는 성질이 본래 없습니다. 바로 여기에서 우리는 화엄을 통해 원만구족을 깨우쳐 더 이상 어려움에 떨어지지 않아야 합니다. 이와 같은 화엄의 사법계관 속에는 시간과 공간적 개념을 완전히 벗어난 진정한 해탈의 도리를 보여주고 있습니다.

일찍이 임제선사는 일심법계와 사종법계를 사료간四料揀으로 구분하여 수행자들에게 가르쳤으니, 이 가르침에 의하여 자신의 수행을 점검해야 합니다. 그럼 여기에서 임제사료간四料揀을 먼저 살펴보고 화엄의 사법계와 연계하여 설명해보고자 합니다.

　(임제선사의 사료간과 화엄의 사법계관과 관계)
① **탈인불탈경奪人不奪境:** 사람은 빼앗고 경계를 빼앗지 않는다 하는 것은 주관은 없애고 객관은 둔다는 뜻인데, 수행의 경계로 본다면 마음만 다스릴 뿐 대상은 내버려 둔다는 것입니다. 화엄법계에서는 이것을 이법계理法界로써 수행자가 잘못된 견해에 빠지지 않게 하기 위함입니다. 그래서 임제선사는 수행자를 대할 때 "어떤 때는 사람은 빼앗고 경계는 빼앗지 않는다(有時奪人不奪境)"라고 말

했습니다. 이것은 근본만 볼 뿐 선정과 지계는 논하지 않는다는 말입니다.

② **탈경불탈인奪境不奪人**: 경계를 빼앗고 사람을 빼앗지 않는다 하는 것은 객관을 없애고 주관은 둔다는 말이니, 대상을 통해 마음이 반연하므로 대상에 끌리는 마음을 없애면 바로 무아 무념으로 나아갈 수 있기 때문입니다. 이것은 화엄의 사법계를 넘어서기 위한 가르침으로 임제선사는 여기에 대해 "어떤 때는 경계는 빼앗고 사람은 빼앗지 않는다(有時奪境不奪人)"라고 했습니다. 이 말은 주관을 없애버렸으니 객관을 살려둘 이유가 없기 때문입니다. 사실 객관이란 주관에 의한 것이니, 근본을 통해서 현실을 초월하자는 뜻입니다.

③ **인경구탈人境俱奪**: 사람과 경계를 함께 빼앗는다는 것은 수행의 세 번째 단계로써 비로소 도문道門에 들어섰다는 뜻입니다. 마음과 경계를 함께 잊었으니 **주관과 객관이 사라진 그 자리를 진공眞空의 도리라고 할 수 있습니다**. 이 절대부정의 경계가 참된 진리이며 모든 성인들의 안심입명처가 됩니다. 이것을 화엄에서는 이사무애법계라고 하며 임제선사는 말하기를 "어떤 때는 사람과 경계를 모두 빼앗는다(有時人境兩俱奪)"라고 했습니다. 선禪적인 차원에서 본다면 화두 타파된 상태에서 이때 선사와 법거량이 가능하고 득도 인가 받는 단계입니다. 이것을 화엄에서는 이사무애법계라고 합니다.

④ **인경구불탈人境俱不奪**: 사람과 경계를 함께 빼앗지 않는다고 하는 것은 수행자가 주관·객관이 사라진 다음 다시 주객을 활용하는 단계이니, 절대부정을 통해 절대긍정에 들어가는 경계로서 절대

적 자재의 힘으로 보살행을 하는 경계입니다. 임제선사는 이것을 "때로는 사람과 경계를 다 빼앗지 않는다(有時人境俱不奪)"라고 했습니다. 이 말은 주객이 있고 없음이 둘이 아니니, 일체처에 무애자재하여 모든 하늘도 이 경계를 측량할 수 없습니다. 이 경계에서 무량한 방편으로 중생을 제도하되 때로는 옳고 그름을 말하고 선악을 응징하며, 때로는 근기에 따라 선악을 넘어선 경계를 보여주기도 하고 살활殺活을 자유자재로 한다는 것입니다.

앞서 세 번째 단계가 완전히 죽어있는 단계라면 네 번째 단계인 여기에서는 살리는 단계이니, 죽기만 하고 살아있지 못하면 환에 빠진 중생을 구제할 수 없으므로 "흙 머리 재 얼굴로 천하를 횡행하는 절대자유의 무애보살행"이라 할 수 있습니다. 이 경계를 화엄에서는 사사무애법계라고 합니다. 모든 부처님과 관세음보살 문수보살 보현보살 지장보살 등 역대조사들도 이 경계에서 살활자재하고 무애소요하며 중생제도 하는 마지막 단계입니다.

의상대사의 법성게法性偈를 보면 "한 개 작은 티끌 속에 온 우주가 들어가고(一微塵中含十方)이라" 했습니다. 이것은 공간성을 초월한 법문이고 "한 생각 짧은 순간이 곧 무량한 세월이다(一念卽是無量劫)"이라고 했는데 이것은 시간성을 초월한 뜻입니다.

이와 같이 시간과 공간이 둘이 아니므로 이사무애가 되고 이사무애하므로 사사무애가 됩니다. 만법을 모으면 일심이 되고 펼치면 만법인데 일심을 나열하는 것은 중생을 위함이요, 만법을 거두는 것은 수행자를 위함입니다.

모든 수행자들은 이 네 가지 무애법계 이치를 잘 관찰하므로써 정견에 들어갈 수 있고 수행이 잘못 되지 않습니다. 이 바탕에서 신심과 원력으로 수행한다면 누구보다도 빠른 수행점차에 들어설 수 있습니다. 마치 봉사가 아무것도 모르는 상태에서 길을 찾는 것 보다 길을 알고 길을 가는 것이 빠른 것과 같습니다.

우리가 수행이란 이치를 알고 정진한다면 마음을 빨리 쉴 수가 있지만 모르면 현상경계(탐진치)에 물이 들어 앞으로 나아갈 수 없습니다. 그렇기 때문에 수행이라는 것은 망념으로부터 마음이 쉬어야 빨리 도에 나아갈 수 있으며, 현실에 빠져있으면서 수행한다는 것은 마치 물을 헤치면서 물속의 달을 구하는 것과 같아 이런 상태로 30년, 40년, 50년 수행해도 끝내 달을 보지 못하는 것과 같은 것입니다.

우리는 부처님의 법을 통해서 흔들림 없는 정진을 닦을 줄 알아야 합니다. 그것은 바로 화엄의 정신을 통해서 가능한 일입니다. 만일 어떤 상황에서도 수행이 흔들리지 않고 나아갈 수 있다면 이사무애 정신에 바탕을 두고 정진하기 때문입니다. 그러므로 수행이란 단순히 이해만 하는 것이 아니라 실현하기 위한 노력을 해야 합니다. 그러면 거기서 큰 공덕이 따라옵니다. 그러나 이 이치를 모르면 허공중에 나타난 허상에 집착하여 무엇을 얻으려 하는 것처럼 필경 아무런 소득이 없는 것과 같은 것입니다. 만일 수행자가 어떤 이상한 현상도 모두 허공에 나타난 꽃이라 보고 모든 집착을 놓는다면 가는 길은 한결 가볍게 빨리 나아갈 수 있고 흔들리지 않는 지혜를 얻을 수 있을 것입니다.

오늘날 수행자들이 대체로 공부의 견처를 얻었다 해도 수행이 완전하지 못하므로 다시 번뇌에 물들고 업력의 장애를 받기 때문에 더 이상 진전이 없다 보니 도리어 퇴보하게 됩니다. 그러나 만일 이 상황에서 화엄의 정신에 투철한 마음으로 나아간다면 몇 생을 앞당겨 성불할 수 있을 것입니다. 이렇게 화엄의 일심법계와 사종법계를 선과 교, 차원에서 살펴보았습니다. 그러나 아직 화엄의 내용을 잘 이해하지 못한 사람을 위해서 산승이 다시 화엄경 전체 줄거리를 알기 쉽게 일곱 가지 주제로 정리해 볼 수 있습니다.

첫째, 만법의 근본은 오직 일심이라는 근본명제를 갖고 있다.
둘째, 일심을 바탕으로 만법을 설하고 있다.
셋째, 법계연기를 통해서 우주와 인생의 근본은 하나이므로
 아집과 이기주의가 허망함을 보여주었다.
넷째, 광대한 부처님 공덕과 문수의 지혜를 설하고 있다.
다섯째, 화엄의 보살사상에 의한 수행점차를 보여준다.
여섯째, 선재동자를 통해 보살도의 정신을 보여준다.
일곱째, 보살도는 궁극엔 보현행으로 일체에 회향한다.

선재동자는 마지막 입법계품에서 53선지식을 차례로 순례하며 단 한 가지 질문만을 했는데 거기에서 각각 다른 53가지 답을 들었습니다. 그럼 선재동자가 질문한 내용은 무엇인가요?

"보살은 어떻게 보살행을 배우고 보살행을 닦으며
어떻게 보현행을 원만히 갖출 수 있습니까?"

선재동자는 상기 질문을 53선지식에게 했는데, 그 답은 각각 다른 차원에서 답변을 들었습니다. 그 중에 어떤 분은 침묵의 답을 한 분도 있었습니다. 왜 화엄경에서는 마지막에 무엇이 보살행인지 질문과 답으로 경의 대미를 장식했을까요? 그것은 바로 이 부분이 화엄경을 설한 동기이며 결론이기 때문입니다.

화엄은 최종적으로 보살사상을 펴기 위함이고 보살행을 실천하라는 뜻이 입법계품에 선재동자를 통해서 설하고 있습니다. 그런데 흔히 스님들은 화엄경은 유심론이라고 하지만, 화엄경 전문을 통해 흐르는 뜻은 일심과 만법을 통해 보살행을 실천하고 보현행으로 회향하라는 뜻이 본 경의 결론임을 알 수 있습니다. 그래서 화엄경은 유심론이 아니라 보살도와 보살행만이 성불의 지름길임을 강조했다고 할 수 있습니다.

돌이켜보면 화엄경은 한 편의 화려하고 장대한 드라마 같은 경전으로써 마지막에 보살행을 강조한 것은 마치 오늘날을 예견한 것처럼 우리에게 매우 엄중한 경고를 하고 있습니다. 지금 세계 각국은 국가이기주의로 치닫고 있으며 그 속에 살아가는 70억 인류는 각기 개인 이기주의로 살아가고 있습니다. 이렇게 전 세계가 자본이기주의의 폐해로 전 우주에 있는 산과 바다, 허공이 모두 공해에 오염되어 사람과 만물이 살아갈 수 없는 지경에 이르렀습니다. 이 같은 환경파괴의 과보로 각종 재앙이 생겨나고 마침내 파멸로 치닫게 되는 것입니다.

여기에서 벗어나는 길은 오직 화엄정신에 입각하여 나를 비우고 이타적 보살행하는 것만이 온 우주적 파멸을 막을 수 있을 것입니다. 그래서 화엄경은 초우주적이고 초인류적이며 초만물적인 가르침이라 오늘날 같은 말세에는 반드시 의지해야 하는 경으로 받들어 모셔야 할 것입니다.

끝으로 화엄의 결론이 보살사상이므로 보현보살 10대원을 잘 명심하고 실천해야 하며 육바라밀을 통해 보살도를 완성할 때 화엄의 진정한 뜻이라 할 수 있습니다.

성불하십시오.

✸ 대방광불화엄경 제목강설(화엄경원효소 서문강설)

대방광불화엄경

진리의 바다에
한량없는 꽃으로 장엄된 경이여!
여기 일체만법을 포함 했으니
온 천하가 화엄도리 아님 없도다.
크다고 한다면
끝이 없으니 태허공 보다 크고
작다고 한다면
극소하여 어떠한 모양도 없다.
대방광불이여!
이것은 일심진공一心眞空을 표방했고
화엄경이여!
항상 천백억 묘유妙有를 나타냈도다.
한마음 가운데 큰마음이여!
이것이 대방광불화엄경이네.

오늘 화엄경 강좌에 오신 여러 불자님들 참으로 반갑습니다.
우리는 이제 지혜의 배를 타고 화엄이라는 진리의 바다를 향해 첫
출발을 했습니다. 이것은 우리에게 크나큰 변화의 시작이며 우리의
삶을 크게 바꿀 수 있는 좋은 기회가 되리라 생각합니다. 사실 화
엄경 하면 모든 대승경전 가운데 가장 난해하여 누구도 쉽게 접근

할 수 없는 불교철학이고 사상이며 진리라고 할 수 있습니다. 이와 같은 화엄경이 비록 어렵기는 하지만 그렇다고 배우지 않으면 우리는 최고의 가르침을 통해 최상의 길로 나아갈 길을 등지는 것이 되니 어찌 지혜인이라 할 수 있겠습니까. 산승은 이 때문에 여러분과 함께 위대한 화엄의 세계에 들어가고자 화엄경 요점강설을 하게 되었습니다.

화엄경은 모든 면에서 가장 완전한 경전이라 생각합니다.
왜냐하면 모든 경이 다 위대하지만 특히 화엄경은 우주 만법의 모든 세계와 이치를 언어로서 표현할 수 있는 곳까지 가장 온전하게 표현했기 때문입니다. 이렇게 위대한 화엄경을 같이 공부할 수 있다는 것은 다겁생을 함께 같이 선근을 닦고 수행한 인연이 아니면 이러한 법회에 같이 할 수 없었을 것입니다. 이에 산승은 부족하지만 우리 불자님들과 함께 부처님의 큰 원력을 함께 실현하고 이 나라의 불교가 중흥되기를 바라는 마음으로 강설을 하겠습니다.

오늘은 본문에 들어가기 전에 대방광불화엄경이라는 제목강설을 먼저 하겠습니다. 모든 경제목에는 본문의 뜻을 함축했기 때문에 경제목을 통해 본문의 전체적인 뜻을 개략적이라도 이해를 하기 위함입니다.

화엄경의 본 명칭은 대방광불화엄경大方廣佛華嚴經이며 줄여서 화엄경華嚴經이라 합니다. 그럼 대방광불大方廣佛이란 무엇인가요? 그것은 본각本覺을 의미하고, 다음 화엄경華嚴經이란 시각始覺을 뜻하는데, 이 경제목 전체를 해석한다면 본각本覺과 시각始覺으로 장엄한 중중무진법계重重無盡法界로 가는 길經이라고 할 수 있습니다. 이것을 더 간략하게 표현한다면 일심一心의 도리로 만덕萬德을 장엄한다는 뜻입니다.

여기에서 본각本覺이란, 본래부처의 뜻이니 일체만물의 본성을 말합니다. 중생마다 불성이 있으니, 이것은 태초에 누구에 의해 만들어진 것이 아니므로 생겨남이 없고 따라서 소멸할 것도 없기 (無生無滅) 때문에 그 자리는 본래청정하고 본래청정한 마음을 줄여 본각本覺이라 부릅니다.

시각始覺이란 중생이 미혹하여 본각本覺을 등지고 오랜 세월 허상에 떨어져 지내다가 어느날 선지식을 만나 발심하고 수행하여 마침내 본각本覺에 계합하면 이것은 '닦아 이룬 부처'라 합니다. 그리고 석가모니부처님이 6년 동안 고행하다가 새벽에 별을 보고 깨달음을 얻었다는 것은 시각始覺에 해당합니다. 다시 말한다면 어느 누구나 본래 청정한 불성은 가지고 있지만, 무명에 의해서 본각을 미혹하고 생사윤회가 생겨났으나 후천적인 수행으로 인해 다시 본각에 계합할 때 그것을 시각이라 합니다.

그러므로 대방광불大方廣佛이란 청정법신 비로자나불이라 하고 이 본래부처라는 일심一心의 도리를 경에서는 도道의 체성體性이라합니다. 이 체성본불體性本佛의 공덕을 도道의 체상體相이라 하며, 이 도道의 체상體相에서 묘한 작용이 있는데 이것을 천백억 묘용의 화엄경 도리라고 합니다. 그래서 화엄경은 도道의 묘용妙用으로써 십조구만오천사십팔가지 만행의 꽃으로 장엄된 가르침이란 뜻이 됩니다. 이것을 쉽게 말한다면 일체만법이 화엄의 세계를 벗어나지 않았다는 뜻입니다.

여기에서 중요한 것은 마음心이라는 체성體性과 체상體相과 체용體用으로 오랜 세월 수행하여 32상과 80종호를 갖춘 부처님의 공덕상이 될 때 청정법신淸淨法身과 원만보신圓滿報身과 천백화신千百化身이란 완전무결한 경지에 들어 일체법을 총섭하고 일체중생을 해탈의 세계로 인도하게 됩니다. 마찬가지로 대방광불화엄경 제목 속에는 무념·무상·무주라는 근원적인 체성 속에 광대무변한 원만보신의 공덕을 지니고 천백억화신의 대자대비 묘용妙用으로 팔만사천 화엄華嚴세계를 완성한다는 뜻이 있습니다. 이처럼 화엄경華嚴經에는 중중무진한 이사무애의 세계가 끝이 없으니 불보살의 원력도 끝이 없습니다.

화엄경을 공부할 때 먼저 이해해야할 두 개의 단어가 있으니 하나는 유심唯心이라는 말과 법계法界라는 말입니다. 흔히 사람들은 화엄경은 유심사상唯心思想이라고 하는데 부처님의 법문에서 유심唯心 아닌 것이 없으므로 화엄경만 유심론이라고 하는 것은 맞지 않는 일입니다. 이럼에도 불구하고 유독 화엄을 유심사상이라 말하는 것은 법계法界를 이해시키기 위해서입니다. 그럼 여기에서 화엄의 유심唯心이란 무엇인가요. 화엄에서는 우주만법의 본질을 마음으로 보기 때문입니다.

본래 마음이 곧 법계이므로 이理법계와 사事법계가 원융무애하여 일심으로 돌아가기 때문에 일심이 법계요. 법계가 곧 일심이라, 둘 아닌 도리가 되므로 화엄사구게에 "법계성을 관하면 일체는 다 마음 작용이다." 라고 하는 겁니다. 여기에서 법계와 일심의 도리를 좀 더 쉽게 설명한다면, 법계성을 보는 법계 또한 마음으로 짓는 것이므로 마음 작용 아닌 것이 없다는 것입니다. 그래서 만법은 마침내 마음으로 돌아가니, 마음에서 만법을 내기도 하고 거두기도 합니다. 때문에 만법과 일심을 이理와 사事로 구분하는데 이것은 중생들의 이해를 위해 말한 것일 뿐, 이치와 사리는 원융무애하므로 일심(理)과 법계(事)는 차별이 없습니다.

우리는 어떻게 화엄의 법계성法界性을 관하고 일심이라는 진공묘유의 경계에서 이·사에 걸림 없는 참삶을 살아갈 수 있을까요? 먼저 옛 선사들의 법어를 살펴보겠습니다. 임제선사는 "수처작주隨處作主요 입처개진立處皆眞이라" 했으니, 이 말은 일심법계一心法界에서 만법에 마음이 뺏기지 아니하고 있는 그대로 무심無心 무아無我 무념無念 무주無住라는 주체적인 삶을 살아가면 그대로 진정한 삶이 되어 저절로 이사무애를 이루게 된다는 법문입니다.

법에는 두 가지 이치가 있으니 이법계理法界는 유심唯心의 이치를 말하고, 사법계事法界는 묘유妙有의 이치를 말합니다. 어떠한 현상에도 마음이 고요함을 가지고 현실을 대한다면 이理와 사事는 자연스럽게 조화를 이루어 갈 것입니다. 중생은 이理를 보지 못하고 현실을 대하므로 어리석음에 떨어지고 있습니다. 화엄에서 마음을 주제로 많은 가르침이 있습니다. 그런데 이 마음은 오직 선禪으로 들어갈 수 있으니 정진을 하지 않고는 불심을 증득하지 못합니다.

선禪을 마음으로 본다면 교敎 또한 선禪의 눈으로 보아야 뜻을 체득할 수 있습니다. 그래서 선禪은 날마다 비우는 일이요, 교敎는 날마다 키우는 것이며, 율律은 부처님의 가르침을 실천 수행하는 일입니다. 이렇게 선과 교와 율은 솥의 세 발과 같아 서로 의지하고 있습니다. 이것을 다시 말한다면 무심無心은 선禪이고, 묘유妙有가 교敎이며, 정진精進은 율律이라 할 수 있습니다. 우리 불자들은 이렇게 선·교·율을 동시적으로 수행할 때 화엄의 법계성에 들어갈 수 있습니다. 팔만사천 법계가 중중무진하게 펼쳐져도 일심을 벗어나지 않았으니, 일심에 의지하여 수행할 때 삼계를 벗어날 수 있습니다. 이처럼 화엄은 우리를 이사무애理事無碍의 세계로 인도하고 있습니다. 그러므로 우리는 현실경계에서 이사원융무애의 이치를 통해 자유로운 삶을 살아야 하며, 그러기 위해 먼저 생활 속에서 마음을 내려놓는 자세를 연습해야 합니다. 만일 자기라는 아상我相의 늪에서 벗어나면 화엄의 무애한 자유를 이루게 됩니다.

여기 옛날 마조대사의 사대 제자 가운데 한 분인 염관제안선사에게 어느 날 화엄경만 전문으로 공부하는 법사가 찾아와 차를 나누다가 문득 제안선사가 화엄경전문법사에게 물었습니다. "화엄경에 법계가 몇 개 되는가?" 법사가 말하기를 "크게 네 종류가 있고 펼치면 거듭거듭 다함이 없습니다." 선사가 이에 불자를 세우고 "이것은 몇 번째 법계인가?" 하니 법사가 말을 못했습니다. 선사가 말하기를 "생각으로 헤아려 알려고 하면 사구死句에 떨어지니, 오로지 진실한 수행으로 체득해야 한다"고 했습니다.

만일 여기에서 산승이 사족을 부처 본다면 이렇게 말할 수 있을 것입니다. 선사가 불자를 들어 산승에게 "이것은 몇 번째 법계인가?"라고 묻는다면 "거기 일심법계의 오묘한 도리가 원융무애하여 능히 죽이고 능히 살리기도 합니다"라고 했다면, 염관선사에게 따끔한 질책을 받지 않았을 것입니다.

오늘 여러분들은 어떤 법계에 머무르고 있습니까? 혹시 이 순간에도 세속의 경계에 끄달리고 있지 않은가요. 누가 만일 산승에게 "무슨 법계에 머물러 있느냐?"고 묻는다면 "근본자리에는 어떤 법계도 용납하지 않지만, 펼치면 높은 하늘에 가을바람 불어오니 온 산천의 초목이 물들어갈 뿐이다"라고 할 것입니다. 오늘 화엄을 배우는 불자님들, 진실로 이와 같은 화엄의 원융무애 법계도리에 입각하여 움직인다면 가는 곳마다 백화가 피어나는 화엄동산이 되어 마음달을 희롱하고 청정무위 불국정토에서 쾌락하게 소요하리라 생각합니다.

여기 화엄정신의 뜻을 펼친 매우 귀중한 글이 있으니, 그것은 바로 한국이 낳은 세계적인 성자 신라 원효대사의 『화엄경소』 서문序文입니다. 이 글을 통해 화엄의 위대한 세계를 느낄 수 있으므로 산승이 지금 원효의 『화엄경소』 서문을 강설하고자 합니다. 원효대사는 안목이 특출했기 때문에 대사의 화엄경 서문을 보면 명쾌한 글에 감탄을 금하지 못할 것입니다. 그러므로 여기 불자님들은 본 글이 비록 어렵더라도 일단 듣는 것만으로도 선근공덕이 되고 업장이 소멸되어 다음 생에 깨달음을 얻을 수 있는 인연이 되기에 산승의 강설을 정신 바짝 차리고 들으시기 바랍니다.

다음 글은 도반스님에게 우연히 원문을 받았는데 매우 귀한 자료이므로 먼저 원문 전체를 올리고 다음 강설하고자 합니다.

❀ 華嚴經 元曉疏 序文(全文)

原夫無障無碍法界法門者　無法而無不法　非門而無不門也　爾乃非大非小非促非奢 不動不靜　不一不多　由非大故作極微而無遺　以非小故爲大虛而有餘　非促之故能含 三世劫波　非奢之故擧體入一刹　不動不靜故生死爲涅槃

涅槃爲生死　不一不多故　一法是一切法　一切法是一法　如是無障無礙之法　乃作法
界法門之術　諸大菩薩之所入也　三世諸佛之所出也　二乘四果之聾盲　凡夫下士之所
笑驚　若人得入是法門法　卽能不過一念　普現無邊三世　復以十方世界　咸入一微塵
內　斯等道術　豈可思議

(然依彼門　用看此事　猶是一日三出門外　十人共坐堂內　倥然之域　有何奇特　況乎
須彌入於芥　子者　稊來入於大倉也　方丈內乎衆座者　宇宙內於萬物也　內入甚寬　何
足　爲難乎哉　若乃鳳皇翔于靑雲　下觀山岳之卑　河伯屆乎大海　顧羞川河之狹　學者
入乎此經普門　方知會學之齷齪也　然短翮之鳥　庇山林而養形微之魚　涓流而安性所
以淺近教門　亦不可已之耳)

今是經者　斯乃圓滿無上　頓教法輪　廣開法界法門　顯示無邊行　德　行德無畏而示之
階　階故可以造修　矣　法門無涯開之的　的故可以進趨矣　趨入彼門者　卽無所入故無
所不入也　修行此德者　卽無所得故無所不得也　於是三賢十聖　無行而不圓　三身十
佛　無德而不備　其文郁郁　其義蕩蕩　豈可得而稱焉

所言大方廣佛華嚴者　法界無限大方廣也　行德無邊佛華嚴也　非大方無以廣佛華　非
佛華無以嚴大方　所以雙擧方華之事　表其廣嚴之宗　所言經者　圓滿法輪　周聞十方
無餘　世界遍轉　三世無際　有情極焉窮常　故名曰經　擧是大意　以標題目　故言道大
方廣佛華嚴經也

❀ 신라국 원효대사 화엄소 서문 강설

본래 무장무애無障無碍법계법문이라 하는 것은

原夫無障無碍法界法門者

[강설] 본 글은 화엄의 이사무애理事無碍 사사무애事事無碍의 도리를 보여주는 부분입니다. 원효대사는 화엄의 서문 첫 구절에 본 경의 핵심을 보여주고 있습니다. 여기에서 무장무애법계법문이라는 것은 이사무애 사사무애를 가르키는 것인데 왜 법계법문이 무장무애라고 하는가요. 그것은 법이라 하면 법상에 빠지므로 법은 곧 무법이 되고 비록 무법이라 하나 법아님도 아니므로, 걸림 없는 무장무애 법문이라 합니다.

여기서 우리가 잘 생각해야 하는 것은 법이 없다 해서 무無에 떨어지면 그것이 바로 유위법이 됩니다. 즉 없다는 것은 바로 있다는 것이 되니, 유위법이 된다는 것입니다. 그래서 불법佛法이란 유무有無를 떠나 있으니, 유무의 개념으로 법의 무장무애를 이룰 수 없기 때문에 법이라 하면 그것은 곧 법이 아니지만 그렇다고 법 아닌 것도 없다는 뜻을 원효는 무장무애법계법문이라고 부르는 것입니다.

문門이 아니지만 문門 아님도 없다.

非門而無不門也

[강설] 이것은, 깨달음에 들어가는 문門을 따로 설정할 수 없지만 그렇다고 문門이 없다는 견해를 내면 안 된다는 말입니다. 바로 지금 이렇게 화엄경을 배우고 무장무애의 이치를 배우는 이 자리가 문 없는 문이기 때문입니다. 그러므로 화엄의 문이란 본래 청정하여 거래도 없고 모양도 없으니 이 당체는 문이라 하나 문이 아니고, 들어간다고 하나 따로 들어가는 문이 존재하는 것은 아니라는 것입니다.

그렇다고 화엄의 세계가 역력한데 문門 없다는 생각에 떨어지면 곧 그것이 장애의 문이 되므로, 원효대사는 문 아님도 없다 했습니다. 만일 수행자가 이렇게 문 없는 문으로 들어가 들음 없이 듣고 행함 없는 행을 한다면 저절로 무애자재한 행으로 원융무애한 불국토를 장엄하게 되니, 이것을 이사무애한 화엄세계라고 할 수 있습니다.

그것은 큰 것도 아니요 작은 것도 아니고, 척박한 것도 아니요 사치스러운 것도 아니며, 움직이는 것도 고요한 것도 아니요, 하나도 아니고 많은 것도 아니다.

爾乃 非大非小 非促非奢 不動不靜 不一不多

[강설] 무장무애無障無礙한 일심一心의 도리는 사사무애事事無碍하니 당연히 큰 것도 작은 것도 아니며, 뻑뻑한 것도 사치스런 것도 아니고, 움직임과 정숙함도 아니며, 많고 적음도 아니라는 것입니다. 여기서는 일심의 미묘한 법문은 원융무애하여 공간성을 초월하여 절대경의 무애도리를 보여주는 것입니다.

그것은 큰 것을 말미암지 않은 까닭에 극히 작음이라 할 수 있으나 거기에는 겉 그대로 속이 되어 크고 작음이 아니다.

由非大故作極微而無遺

[강설] 본 글은 불자들의 이해를 위해 본문 해석을 의역했으며 조금 보충번역 했습니다. 우리가 일반적으로 크다 작다 하는 것은 상대적 개념입니다. 그러나 극대와 극소가 만나면 이 둘은 나눌 수

없으므로 공간성을 초월하게 되니 극대는 바로 극소하므로 거기 남아있는 것이 없다고 한 것입니다.

작은 것이 아닌 까닭에 큰 허공보다 더 크니 작다는 거기에 오히려 여유가 있도다.

以非小故爲大虛而有餘

[강설] 이 큰 허공은 끝이 없으니 그것은 "작다 크다"라는 개념으로는 파악할 수 없는데, 어찌 일심의 미묘한 무애법문을 사량분별할 수 있겠습니까. 이 법으로 말한다면 작은 그대로 여유로워 작은 것이 큰 허공보다 작지 않다는 것입니다. 그러니 이 일심一心의 도리는 본래부터 원융무애함을 보이고 있습니다.

빽빽하지 않기 때문에 과거·현재·미래의 시간을 능히 포함하고도 남음이 있다.

非促之故能含三世劫波

[강설] 법계법문이라는 일심의 미묘한 '이것'은 찰나지간이나 거기에 능히 과거·현재·미래가 다 들어가도 남음이 있으니, 모든 시간성을 초월하여 순간도 아니고 영원함도 아니라는 것입니다. 이 세상에 시간과 공간을 초월한 것은 오직 일심의 법계법문 뿐이라는 것을 보여주고 있습니다.

거기 여유로움이 없지만 온 우주가 미세한 티끌 속에 들어간다.

非奢之故擧體入一刹

[강설] 화엄경에 "한 티끌 속에 온 우주가 들어간다"고 했는데 원효대사는 이 말을 좀 더 고도의 문장솜씨로 표현하고 있습니다. 이 법에는 여유가 없지만 전체가 들어가도 남으니, 그 자리는 크고 작음을 초월한 것입니다. 법계의 이치와 이처럼 걸림 없으니 원융무애의 이치가 성립됩니다.

움직임도 고요함도 아니지만 생사가 곧 열반이 된다.

不動不靜 故生死爲涅槃

[강설] 본래 움직임이 없으니 고요함이 없고 움직임과 고요함이 없는데 어찌 생사가 있겠으며, 본래 생사가 없으므로 열반은 고요할 뿐입니다. 그래서 생사를 바로 보면 그것이 열반이니, 생사가 바로 열반이라 하는 것입니다.

원효대사는 본 글에서 법성은 본래 움직임도 고요함도 없다 했고, 원효의 도반인 의상대사도 「화엄법성게」에 "모든 법은 움직임이 없어 본래부터 고요하다(諸法不動本來寂)" 했습니다. 여기에서 원효가 고요함도 움직임도 없다는 것은 고요함은 움직임에 의하지 않으므로 상반된 개념의 고요가 아니고 움직임도 고요함에 의한 것이 아니므로 그 자리는 고요함도 움직임도 없다는 것입니다.

만일 고요함이 움직임에 의해서 고요함을 말한다면 고요함 그대로 생사가 되어 유위법으로 전락하게 됩니다. 그래서 원효대사는 처음부터 언어를 넘어선 경지를 표현했고, 의상대사는 법성게에서 "모든 법은 본래부터 고요하다"고 했습니다. 이것은 본각의 자리는 본래 움직임과 고요함을 떠난 절대성의 고요를 말하는 것이니, 이 말은 언어를 빌려 언어를 넘어선 경지를 보여준 것입니다. 이처럼 원효·의상대사는 같은 뜻을 조금 다르게 표현했을 뿐입니다.

원효대사는 고요함과 움직임을 절대부정하므로 저절로 절대긍정의 도리를 보여주었고, 의상대사는 처음부터 긍정론으로 나아가고 있습니다. 즉 법성은 움직임이 없으니 본래부터 고요하다는 것입니다. 그러므로 고요함을 넘으면 움직임 그대로 고요함이 되므로, 있는 그대로 절대적 고요가 됩니다.

여기에서 어떤 사람은 번뇌가 곧 보리요, 생사가 곧 열반이라는 말을 들으면 그 뜻은 살필 줄 모르고 부처와 중생이 똑같다고 착각하여 잘못된 견해를 내기도 합니다. "생사와 열반이 같다"는 것은 열반을 증득하면 생사라는 망상이 본래 공했기 때문에 생사에 대한 그 반대개념의 열반도 없다는 것입니다.

하나도 많은 것도 아니기 때문에, 한 법이 곧 일체법이고 일체법이 곧 한 법이 된다.

不一不多故 一法是一切法 一切法是一法

[강설] 많다는 것은 하나에서 시작되는데, 하나라는 그것은 망상경계 속에 짓는 분별망상이니 하나는 당연히 부정하게 됩니다. 이처럼 하나가 존재하지 않으니 많음도 존재할 수 없겠지요. 이것은 절대부정을 보인 도리입니다. 한 법이 곧 일체법이라 한 것은 일체법은 하나로 시작되었으니, 하나가 곧 일체법이 됩니다. 이것은 절대긍정의 도리를 보인 것입니다. 앞에 문구는 절대부정이니 그것은 마침내 절대긍정과 같고 뒤 문구는 절대긍정이지만

그 긍정은 절대부정을 통해서 얻어지는 경계이므로 절대긍정이 곧 절대부정과 같아 한 법이 곧 일체법이 되고 일체법은 곧 한 법이 됩니다.

이와 같은 무장무애의 법이 법계법문의 요체가 된다.
如是無障無礙之法　乃作法界法門之術

[강설] 원효대사가 「화엄경 소」의 서문 첫 문구에 대한 뜻을 지금까지 기술했는데, 이것을 법계법문의 요체라고 말했습니다.

이 법문은 모든 보살이 이 법으로 들어가는 곳이고, 삼세 제불은 그 법에서 나오는 곳이다.
諸大菩薩之所入也　三世諸佛之所出也

[강설] 원효가 말한 원융무애법계법문으로 모든 보살은 닦아 들어가고 과거 현재 미래의 모든 부처님도 이 법문을 가지고 중생에게 회향하고자 나온다는 말입니다. 여기에서 들어간다는 것은 닦아 증득한다는 말이고, 나온다는 것은 중생에게 회향하려고 세상에 출현해 가르침을 편다는 것입니다. 그러므로 일을 마친 도인(부처)이란 중생에게 회향을 하는 자리이지 누리는 자리가 아니라는 것입니다.

소승小乘이나 하근기는 이 법문 들으면 귀먹은 사람 같고 속인이나 외도들은 들으면 놀라고 웃어넘긴다.
二乘四果之聾盲　凡夫下士之所笑驚

[강설] 소승이란 큰마음(대승)을 내지 못한 이기적인 사람을 말하고

오로지 개인의 이익만을 추구하는 사람을 하근기라 합니다. 이런 사람은 이와 같은 초우주적인 가르침을 들으면 감당하지 못하므로 무슨 뜻인지 알지 못하고 일반 속인과 외도(삿된 종교)들은 이러한 큰 법문을 들으면 놀라서 궤변이라고 하다가 그냥 비웃고 간다는 말입니다.

화엄경 법문은 초우주적 법문이라 큰 근기가 아니면 알지 못하지만 그래도 만일 듣고 믿기만 한다면 이 또한 전생부터의 선근인연이 없이는 불가능하다는 것입니다. 하물며 불원천리不遠千里하고 화엄대법을 듣기 위해 여기까지 왔다면 참으로 소중하고 다행한 인연이 아니겠습니까.

만약 사람이 이 위대한 대승화엄법문에 들어간다면 곧 한 생각도 일어나기 전에 시방삼세에 두루 나타나리라. 하물며 시방세계가 미세한 티끌 속에 들어간다면 이 같은 도술은 불가사의한 일이니라.

若人得入是法門法 卽能不過一念 普現無邊三世 復以十方世界 咸入一微塵內 斯等道術 豈可思議

[강설] 이렇게 귀중한 법문은 선근 없으면 듣기 어려운데 만약 대승화엄법문에 증입한다면 바로 천백억 화신으로 시방세계에 신통을 보이고 이사무애 사사무애 경계에 들어가게 되니 이러한 경지는 참으로 불가사의하여 누구도 측량할 수 없다는 것입니다.

(중간 생략) 아래 문단 원문 다섯줄 글은 서문 전체 문맥흐름과 맞지 않아 후대인이 끼워 넣은 느낌이 들어 참고삼아 원문은 그대로 두고 해석은 생략합니다.

然依彼門 用看此事 猶是一日三出門外 十人共坐堂內 俓然之域 有何奇特 況乎須
彌入於芥子者 稊來入於大倉也 方丈內乎衆座者 宇宙內於萬物也 內入甚寬 何足
爲難乎哉 若乃鳳皇翔于靑雲 下觀山岳之卑 河伯屈乎大海 顧羞川河之狹 學者入
乎此經普門 方知會學之齷齪也 然短翮之鳥 庇山林而養形 微之魚 ○涓流而安性
所以淺近敎門 亦不可已之耳

지금 이 경은 원만무상한 돈교법문이라 널리 법계법문을 열었으며, 끝없는 보현의 실천과 덕을 나타냈고 실천과 덕이 걸림 없지만 닦는 문에는 단계와 절차가 있고 계단이 있으므로 닦음이 있다. 법의 문에 막힘이 없으니 곧바로 나아갈 뿐이다. 진리의 문에 들어오면 들어오는 바가 없는 까닭에 들어오지 않음도 없다.

이렇게 수행하는 자는 곧 얻을 바가 없는 까닭에 얻지 않음도 없다. 이러한 삼현三賢과 십성十聖은 행할 것이 없으니 원만하다는 말도 안 맞고, 삼신三身과 십불十佛은 덕이라고 할 것 없으니 갖춘다고 할 것도 없다. 글은 성성하고 그 뜻은 시원스러운데 어찌 그것을 얻음이라 할 수 있겠는가.

今是經者 斯乃圓滿無上 頓敎法輪 廣開法界法門 顯示無邊行德 行德無畏而示之階 階
故可以造修矣 法門無涯開之的 的故可以進趨矣 趨入彼門者 卽無所入故無所不入也 修
行此德者 卽無所得故無所不得也 於是三賢十聖 無行而不圓 三身十佛 無德而不備 其
文郁郁 其義蕩蕩 豈可得而稱焉

[강설] 본 글에서는 화엄을 몰록 단숨에 깨달아 들어가는 경지이지만 수행에는 단계가 있는 법이니 차례차례 잘 닦아 어느날 홀연히 돈교에 들어서면 얻을 바 없는 법을 얻고 따로 행하지 않아도 저절로 갖춘다고 했습니다. 삼현과 십성은 성류에 들어간 보살을 말하고, 삼신과 십불은 이미 불과를 이룬 부처님을 뜻합니다. 본 글에서는 성류에 들기까지 부단하게 정진하라는 가르침이 있습니다.

대방광불화엄경이라 말하는 것은 이사법계라는 진리의 세계가 무량무변하니 이를 일러 대방광大方廣이라 부른다. 부처님이란 팔만사천 무량무변한 공덕을 행했으니 이 때문에 불佛이라 하고 또한 그것을 화엄세계라 한다. 대방(大方; 불가사의한 이사법계)이 아니면, 불화(佛華; 부처님의 공덕)를 넓힐 수 없고, 불화佛華가 아니면 대방大方을 장엄할 수 없다. 까닭에 쌍으로 대방大方과 화엄의 일을 들어 부처님의 근본과 위대한 덕을 장엄한다.

이른 바 경經이라는 것은 원만하게 구족한 부처님의 법을 시방세계 중생들이 두루 듣고 부족함이 없게 하되 과거 현재 미래제가 다하도록 법이 전하고 끊어지지 않게 하여 부처님 법이 모든 중생들의 표상(窮常; 궁극적 표상기준)이 되는 까닭에 경經이라 한다. 이러한 경의 대의를 가지고 대방광불화엄경이라는 경의 제목이 나오게 된 것이다.

所言大方廣佛華嚴者　法界無限大方廣也　行德無邊佛華嚴也　非大方無以廣佛華　非佛華無以嚴大方　所以雙擧方華之事　表其廣嚴之宗　所言經者　圓滿法輪　周聞十方無餘　世界

遍轉　三世無際　有情極焉窮常　故名曰經　擧是大意　以標題目　故言道　大方廣佛華嚴經
也

[강설] 본 문단에서는 경제목을 통해서 화엄의 대의를 살펴보도록
했습니다. 화엄경을 이해하기 위해서는 기본적으로 경제목의 뜻과
화엄경 사구게에서 바른 견해를 지어야 합니다. 이것을 이해하는
바탕에서 본문을 본다면 큰 도움이 되기 때문입니다. 화엄경은 경
제목에 있어서 두 가지 의미를 가지고 있으니 대방광불은 시공을
초월한 절대경의 도리로써 청정법신비로자나불을 의미하고, 화엄경
은 부처님의 무량무변하고 무궁무진한 원만보신의 장엄으로 천백
억 화신의 묘용을 일으켜 모든 중생들이 진리의 세계로 들어가는
기준과 표식이 되므로 경經이라고 합니다. 이렇게 대방광불화엄경
제목 속에는 이사무애화엄법계의 도리를 잘 보여주고 있습니다. 특
히 화엄을 이야기할 때 주의해야 하는 점은 이치와 사리를 둘로
보고 진공과 묘유가 현상에서는 차별이 있다고 보는 잘못된 견해
를 경계해야 합니다.

상기와 같이 신라 원효대사의 화엄소 서문을 살펴보았습니다. 본
글을 강설하면서 산승이 느낀 점은 원효대사는 타고난 언변과 대
문장가로서 큰 기질과 호탕한 대기대용으로 써 내려간 이 아름답
고 뛰어난 문장에 누구도 감탄하지 않을 수 없습니다. 부처님 뜻을
체득한 깊은 뜻으로 풀어내는 글은 그대로 문자사리가 되어 부처
님 법을 크게 드날리고 1,300년 동안 수많은 스님과 수행자들에게
좋은 길잡이가 되었다는 것에 우리들은 대사의 큰 축복과 은혜를
생각하지 않을 수 없습니다.

원효의 화엄소 서문은 깊은 깨달음에서 나온 법문이라 누구도 완

전하게 이해하기는 어렵습니다. 그러나 만일 분별심을 버리고 순수하고 무심한 마음으로 보면 저절로 무시억겁의 업장을 녹여주는 기운을 얻을 것입니다. 왜냐하면 위대한 진리의 말은 중생의 무명을 깨뜨리는 법력이 있기 때문입니다. 더욱이 화엄경은 부처님께서 법신경계에 들어 모든 보살들에게 가피의 힘으로 설한 경이라 듣는 것만으로도 한량없는 선근이 될 것입니다.

화엄경 변상도

(화엄경 제1품)

❀ 세주묘엄품 요점해설

주, 객이 하나 되는 자리

태초에 하늘이 열리고 땅이 벌어지니
고요한 그 자리에 작용이 일어났네.
청법자가 십조 구만 오천 사십팔 명이니
중중무진한 이·사 법계가 한자리 되었네.
설하는 자가 들으니 들음이 따로 없고
듣는 자가 설하니 설함이 따로 없다.
법회가 열리고 우담바라 피어나니
온 천하는 화엄으로 축복되고
중생과 부처가 화엄동산에 올라
다 함께 무생가를 부르네.

[부처님이 법회를 열게 된 인연]
이와 같은 법을 내가 부처님으로부터 들었사오니 한때에
부처님이 마갈타국 한적한 법보리도량 가운데에서 비로
소 정각을 이루셨다.

如是我聞 一時 佛 在摩竭提國阿蘭若法菩提 場中 始成正覺

[불국토 장엄]
그 땅이 견고하여 금강으로 이루었으니 상묘上妙한 보륜寶

輪과 보배로운 꽃과 깨끗한 보배구슬로 장식되었고 또한 여러 구슬로 깃대가 되었는데, 항상 광명이 나오고 묘한 음성이 흘러나왔다. 이 밖에 으뜸가는 보배 가운데에서 다함없는 보배꽃이 땅으로 뿌려주며 한량없는 보배나무 에서 가지와 잎사귀가 광채 나고 무성하다. 이는 부처님 의 신력으로 일체를 장엄한 가운데 그림자로 나타난 것 이다. (佛神力故 令此一切莊嚴 於中影現)

[부처님의 처소]

여래께서 계신 궁전과 누각이 넓고 수려하여 시방十方에 두루하여 온갖 마니구슬과 가지가지 보배꽃으로 장엄되 었다. 이 가운데 수많은 보살과 모든 대중이 모여 능히 부처님의 광명을 나타내며 부사의한 음성으로 가르치니, 이것은 모두 부처님의 자재한 신통력으로 다 나왔다.

[부처님의 법좌를 장엄하다]

부처님의 법자리가 넓고 높으며 묘하고 좋으니 마니구슬 로 좌대가 되고 연꽃으로 잘 엮어져 있다. 이 법자리에 있는 구슬광명이 서로 빛나는데 이것은 시방에 계시는 모든 부처님이 변화해서 나타난 것이다. 그리고 이 법자 리에서 부처님의 광대한 경계를 연설하시니, 묘한 법음이 시방에 두루하여 미치지 않는 곳이 없다.

[부처님의 위대한 덕]

이때에 세존께서 이러한 자리에서 일체법에 정각을 이루시니 지혜는 삼세에서도 다 평등성지平等性智를 이루셨다. 또 부처님 몸은 모든 세상에 가득하고 부처님의 말씀은 시방 국토 어디에도 들리지 않는 곳이 없다. 몸은 항상 모든 도량에 앉아 계시지만 수많은 보살 가운데 태양처럼 세상을 비추신다. 복덕으로 말한다면 태평양 바다처럼 넓지만 모두 다 청정하다. 설법할 때는 마치 구름처럼 세상을 덮고 일체중생을 교화하신다. 몸은 시방에 두루 하지만 왕래가 아니고 지혜는 모든 상에 응하나 항상 공적하시다.

[법회에 운집한 대중들]

모든 부처님세계에 있는 무량무수한 대 보살들이 모두 우두머리가 되어 수많은 보살들을 거느리고 법회에 모였으니, 이 보살들은 과거 태초의 부처님으로부터 보살행을 닦아 부처의 선근에 따라 나왔는데 육바라밀을 원만하게 갖추었고 변재 또한 걸림 없어 부처님의 공덕을 갖추고 중생의 근기에 맞게 잘 교화한다. 또 부처님 세계에서 보살급의 무량무수한 금강신들이 우두머리가 되어 무량무수한 대중을 인솔하여 법회에 모였는데,

이 금강신들은 과거세에 이미 큰 원력을 세워 모든 부처님께 공양 올리고 삼매신통력으로 부사의해탈경계에 들어갔으며, 일체 부처님 법회에 나아가서 항상 불

법을 수호한다. 이 밖에 수많은 신왕과 한량없는 아수라 왕 등 팔부신왕과 욕계 여섯 천왕과 색계 모든 천왕들이 각각 우두머리가 되어 무량무수한 대중과 함께 모였으니, 이들은 모두 번뇌를 끊었기 때문에 부처님을 보는데 걸림이 없다.

[법회에 모인 대중들의 법을 얻은 내용]
이 법회에 모인 대중 가운데 청정공덕안 천왕은 일체법은 나지도 않고 멸하지도 않으며 오지도 않고 가지도 않음을 알아 작용이 없는 해탈문을 실천했고, 선사유광명 천왕은 가없는 경계에 들어 유위법을 생각하지 않는 해탈문을 얻었고, 가애락대지 천왕은 널리 시방국토에 가서 법을 설하되 한 생각도 움직이지 않아 어디에도 의지할 것 없는 해탈문을 얻었고, 가애락법광명당 천왕은 널리 일체중생의 근기를 관찰하여 알맞게 법을 설해서 의심을 끊게 하는 해탈문을 얻었고,

무구적정광 천왕은 일체중생이 집착하는 상을 벗어나게 하는 해탈법문을 얻었고, 운음당 용왕은 육도 중생으로 하여금 청정한 음성으로써 부처님의 명호를 염송하는 해탈문을 얻었고, 보수광명 긴나라왕은 큰 자비로 일체중생을 편안케 하고 반연하는 경계가 오직 마음이라 인연 성품이 공함을 깨치게 하는 해탈문을 얻었으며, 보발위광

주약신은 염불수행으로써 일체중생들의 모든 병을 소멸하는 해탈문을 얻었다.

이렇게 화엄법회에 모인 이 모든 세간 왕들이 이와 같은 여러 가지 법의 공양구름을 나타내어 여래의 도량에 법비가 충분하게 내렸으며 시방법계와 모든 세계도 모두 이와 같았다.

[화엄경 세주묘엄품의 게송]

부처님 몸이 모든 법회에 두루하게 퍼져 있으니
법계에 충만하여 끝도 없고 다함도 없구나.
열반의 경지는 무성無性이라 취할 것이 없지만
고통 받는 중생을 위해 짐짓 세상에 나왔도다.

佛身普遍諸大會　充滿法界無窮盡　寂滅無性不可取　爲救世間而出現

모든 부처님의 경계는 불가사의하여
일체중생들은 측량할 수 없지만
널리 그 마음으로 하여금 믿음과 이해를 낸다면
광대한 법희선열法喜禪悅 영원하게 누리네.

諸佛境界不思議　一切衆生莫能測　普令其心生信解　廣大意樂無窮盡

일체법의 성품은法性 본래 의지할 것 없듯이
부처님이 세상에 나오는 것도 이와 같도다.
저 모든 유위법에도 의지할 곳이 없나니

이 뜻을 큰 지혜로 잘 관찰해야 하느니라.

一切法性無所依　佛現世間亦如是　普於諸有無依處　此義勝智能觀察

과거 세상에 있었던 모든 국토를
한 개 털구멍 속에 다 보여준다.
이것이 모든 부처님의 큰 신통이나니
즐겁고 고요한 속에 능히 베풀고 설한다.

過去所有諸國土　一毛孔中皆示現　此是諸佛大神通　愛樂寂靜能宣說

세존께서 항상 큰 자비로써
중생을 이익케 하고자 출현하나니
빗물 같은 법비法雨를 근기에 맞추어 채워주나니
청정한 광명으로 능히 연설하신다.

世尊恒以大慈悲　利益衆生而出現　等雨法雨充其器　淸淨光天能演說

법성의 걸림 없음을 증득하면
널리 시방 모든 국토에 나타나
부처님의 부사의한 경계를 설하나니
모든 중생이 해탈의 세계로 들게 한다.

了知法性無碍者　普現十方無量刹　說佛境界不思議　令衆同歸解脫海

여래는 항상 큰 광명을 놓으니
낱낱 광명 가운데 무량한 부처님이
각각 나타나 중생들을 교화하고

이 묘한 음성으로 진리에 들게 한다.

如來恒放大光明 一一光中無量佛 各各現化衆生事 此妙音天所入門

너는 여래가 지난 옛적에
일념 속에 끝없는 부처님께 공양 올린 줄 관하라.
이와 같이 용맹스런 깨달음의 행으로
널리 신통한 능력과 깨달음을 보였느니라.

汝觀如來於往昔 一念供養無邊佛 如是勇猛菩提行 此普現神能悟了

여래는 항상 널리 큰 광명을 놓으니
시방세계 일체처에 비추지 않는 곳 없다.
부처님을 생각하며 염불하면 공덕이 나오나니
이러한 위신력과 광명이 해탈문이 되느니라.

如來普放大光明 一切十方無不照 令隨念佛生功德 此發威光解脫門

부처님 몸은 있고 없는 곳에 두루 나타나
시방세계에 다 충만하다.
모든 기관이 엄정하여 보는 자 기쁘나니
이 법은 높아 능히 깨달아 들어간다.

佛身普現無有邊 十方世界皆充滿 諸根嚴淨見者喜 此法高幢能悟入

너는 응당히 진리의 왕을 관해보라.
법왕의 법은 이와 같아
색과 모양 있고 없는 곳에

널리 저 모든 세상에 나타난다.

汝應觀法王 法王法如是 色相無有邊 普現於世間

신통력은 평등하여
일체 국토에 다 나타난다.
편안하게 묘한 도량에 앉아
널리 중생 앞에 나타난다.

神通力平等 一切刹皆現 安坐妙道場 普現衆生前

널리 시방세계에 일체 부처님이 두루하여
원만한 보리수(깨달음의 나무)가 있나니
일체 도량 가운데 두루 나타나
부처님의 청정한 법을 연설한다.

普遍十方一切佛 所有圓滿菩提樹 莫不皆現道場中 演說如來清淨法

가지가지 방편으로 중생을 교화하여
그들은 항상 닦아 모두 다 성취케 하니
시방세계 일체처에 다 두루하여
영원토록 휴식함 없이 가르친다.

種種方便化衆生 令所修治悉成就 一切十方皆遍往 無邊際劫不休息

[세주묘엄품의 내용]

화엄경은 다른 경과는 근본적으로 특별한 체제를 갖고 있습니다. 이 체제를 선禪적으로 이해하지 못하면 화엄경 보는 내내 경을 굴리지 못하고 끌려가게 되고 그러다 보면 온갖 왜곡된 해석이 일어나 경의 본 뜻을 어기게 된다는 것입니다.

그래서 본 경을 강설할 때 일반적인 학자 즉 교학적 차원에서 강의하는 것은 매우 위험하다고 볼 수 있습니다. 왜냐하면 문자대로 직역하면 뜻을 어기고 문자를 무시하면 자의적 해설이 되어 불법을 훼손하는 일이 될 수 있기 때문입니다. 만일 선禪의 종지에 충실한 차원에서 본다면 수행자가 어떻게 보아야 하고 어떻게 나아가야 하며 어떻게 머무르고 어떻게 행해야 하는지 알 수 있습니다.

그럼, 본 품은 무엇을 말하는가요.
모든 경은 첫 품에서 어떤 방향으로 가는지를 보아야 하는데 여기에서는 크게 세 가지 방향에서 흐름을 볼 수 있습니다.
첫째, 화엄경은 근본적으로 법신法身 설법을 하는데 이것은 화엄의 근본이 일심이라는 본각에 바탕을 두었기 때문에 청정법신을 의미합니다.

둘째, 천백억화신의 본질은 보살도와 보살행으로 보현행을 완성하는데 있으므로, 첫 품인 「세주묘엄품」에서부터 특별히 보현보살을 등장시켰으며, 세 번째 품인 '보현삼매품'에서 보현의 원력과 공덕을 보였습니다. 다음 네 번째 품인 '세계성취품'부터 제6 '비로자나품'까지 보현보살이 법주가 되어 설법하고 있습니다.

셋째, 화엄경의 전체적 흐름은 청정법신비로자나불의 바탕에서 원만보신노사나불의 중중무진한 법계장엄을 했으며, 천백억화신 일체불이 십조 구만 오천 사십팔이라는 작용으로 화엄의 궁극인 보현행을 완성한다는 뜻입니다.

「세주묘엄품」의 내용은 화엄법회에 참석한 하늘 인간 팔부신장 등 수많은 대중이 장엄한 가운데 법회가 일어나기 전 상황을 묘사하고 있습니다. 여기에 운집한 대중의 우두머리 격인 보살들과 각종 선신들의 이름과 뜻을 일일이 밝혀 법회가 진행될 내용을 예상하게 합니다. 이 가운데 보현보살이 처음부터 등장하는 것은 시작부터 마칠 때까지 보현행이 중심이 되어야 하기 때문입니다.

그리고 본 품에서는 각 보살들과 선신들이 득법한 내용을 밝히는데, 이것은 화엄이 무엇을 말하고자 하는지 그 뜻을 보여줍니다. 그러므로 본 품 이후 본 경의 모든 품은 「세주묘엄품」의 내용을 설명하는 것에 해당합니다. 이처럼 화엄경의 설법장소는 인간세상과 천상세계에 걸쳐 있으며 일곱 장소와 아홉 번 법회를 통해 80권 화엄경이라는 대법문집이 나왔으니, 인간세계 차원에서는 상상할 수 없는 초우주적 법회이고 초세간적 가르침이라 할 수 있습니다.

[선禪에서는 화엄을 어떻게 보는가]
그러면 화엄법회에서 이렇게 무량무수한 대중이 모이고 한량없는 장엄을 했는데, 선禪에서는 이것을 어떻게 볼까요?
영명선사는 "한 물건도 보지 않을 때 부처를 본다"고 했습니다. 그리고 마음을 떠나 보리가 따로 없다고 했으니, 이 말은 화엄의 본질을 보이는 말입니다. 선사가 말하기를 실상에서 본다면 일체법 그대로 청정법신이나, 이 현상 가운데에는 한 법도 버리지 않느니라. 즉, "실제이지實際理之에는 불수일진不受一塵이나, 불사문중佛事門中에는 불사일법不捨一法이니라" 하는 법문이다.

또 선종禪宗의 대 조사이신 마조대사가 말하기를 "일체법이 모두 다 부처님 법이며 모든 존재 그대로 다 해탈이다. 갖가지 법은 해탈을 벗어나지 않았으므로 일상생활 그대로 도道의 본질이다." 이와 같이 선종의 모든 선사들은 화엄 차원에서 볼 때 일심의 도리를 간단명료하게 설했다고 볼 수 있습니다. 여기에서 화엄의 장엄을 생각해 봐야 합니다. 즉 화엄법회를 위해 이렇게 수많은 법계를 장엄하고 불국토를 빛내는 이 모든 일들이 모두 일심의 현상일 뿐이라는 것입니다.

(화엄경 제2품)

✽ 여래현상품 요점해설

부처님의 모양

밤하늘에 반짝이는 수많은 별과
산천초목 삼라만상 무수한 존재들이
한자리에 모여 앉아 대법을 연설하니
유정무정 중생들이 고개를 끄덕이고
부처님이 그대로 모양을 나타내니
어두웠던 세상이 홀연히 밝아졌다.
누가 주고 누가 받는가.
오고 감이 없는 속에 일체법이 나온다.
위대한 화엄의 진리여!
이제 비로소 문이 열렸도다.

[여래현상품 개요]

본 품에서는 수많은 보살과 천신들이 운집하여 마음속으로 30가
지 의문에 대하여 청법하기를 바라므로, 이에 부처님은 이빨 사
이로 광명을 놓아 시방세계를 비추니 시방에 있는 불국토에 계신
여러 불·보살들이 몸을 나투시고 다 각기 자리에 앉아, 생각 가
운데 물은 바를 답하시어 모든 중생이 깨달아 들어가게 하였습니
다.(於 念念中 以夢自在 示現法門 開悟世界海微塵衆生) 그리고 부처님은
백호광명을 놓으시고 법을 증명하는 장엄스런 한 송이 연꽃이 나

타나니 모든 대중이 다 연꽃 위에 앉았습니다. 이후 보살들은 부처님의 신력을 받아 법을 듣고 깨달음을 얻어가게 되었습니다. (念中 以夢自在 示現法門 自他一時成佛道) 본 품에서는 앞으로 장대하게 펼쳐질 화엄경 내용의 30가지를 가지고 질문과 청법하는 형태를 취하고 있는데, 여기에서는 그 가운데 중요한 것 몇 개만 추려보았습니다.

[여래현상품의 핵심 경문]

어느 때 모든 보살이 이런 생각을 했으니 "부처님 땅이란 무엇이며, 모든 부처님의 경계와, 행동과 삼매와 힘과 신통 자재력과 지혜는 무엇인지, 그리고 어떻게 해야 부처님 경지를 알 수 있으며, 어떻게 닦을 수 있는지, 우리들을 불쌍히 여겨 설하여 주옵소서"라고 법을 청했다.
이때 시방에 티끌 수만큼 많은 불국토에서 많은 부처님과 보살이 각기 자리를 잡고 앉으셨다.

[해설] 시방(1동방 2남방 3서방 4북방 5동북방 6동남방 7서남방 8서북방 9하下방 10상上방)에서 열 가지 대중이 열 가지 장엄을 했다는 내용이 나오는데, 여기에서 열 가지라는 숫자의 의미는 충만하다는 뜻입니다.

이렇게 모두 법회 준비가 되었을 때 모든 보살들 몸에 있는 낱낱 털구멍에서 한량없는 광명이 나오고 낱낱 광명 티끌 가운데 열(시방) 세계 미진수 보살들이 연화 자리에 앉으셨다. 이 모든 보살들은 이미 모든 부처님 세계에 가서 공양 했으며 한 생각 중에 자재한 법문으로 한량없는 중생을 깨달음에 들어가게 했다.

[법회가 부처님의 뜻에 부합함을 증명하는 상서를 보이다]
이렇게 법회 준비가 다 갖추어졌을 때 홀연히 큰 연꽃이 나타났는데 그 꽃은 열 가지로 장엄 되어있어 다른 연꽃과 비교될 수 없었다. 그때 한 생각 사이에 부처님의 백호상 중에 일체법승음一切法勝音이란 보살이 나와 부처님을 오른쪽으로 세 번 돌고 부처님 발에 예를 올린 다음 연화대에 앉으셨다.
그 이후 시방에서 모인 보살들이 부처님의 덕을 찬탄 (게송)했다.

부처님 몸 법계에 충만하여
널리 일체중생 전에 나툰다.
인연따라 감응하되 두루 않음 없으니
있는 여기가 바로 깨달음의 자리로다.
佛身充滿於法界　普現一切衆生前　隨緣赴感靡不周　而恒處此菩提座

무량한 세월동안 수행하여 공덕이 충만하니
보리수 아래에서 정각을 이루셨도다.
중생을 제도하기 위하여 몸을 나투시니

하늘을 덮은 구름처럼 시방세계에 두루하다.

無量劫中修行滿　菩提樹下成正覺　爲度衆生普現身　如雲充遍盡未來

모든 부처님 땅에
낱낱 모든 보살이
모두 부처님 몸에 들어가되
끝도 없고 끝날 날도 없다.

一切諸佛土　一一諸菩薩　普入於佛身　無邊亦無盡

비로자나 부처님께서
능히 정법을 펴시니
시방세계 모든 국토에
구름처럼 온 세상에 두루하도다.

毘盧遮那佛　能轉正法輪　法界諸國土　如雲悉周遍

일체 모든 국토에
수많은 대중들
이름은 모두 다르지만
장소에 따라 묘법을 연설한다.

一切諸刹土　廣大衆會中　名號各不同　隨應演妙法

편안하게 불국토에 계시면서
모든 곳에 다 나타나지만
가고 옴은 본래 없나니

모든 부처님 법은 이와 같도다.

安住佛國土　出興一切處　無去亦無來　諸佛法如是

사람이 만일 믿음과 이해와
모든 원력이 있으면
깊은 지혜를 갖추게 되어
일체법을 통달하게 된다.

若人有信解　及以諸大願　具足深智慧　通達一切法

부처님 몸 가히 취할 수 없나니
생겨남이 없기에 지을 일이 없도다.
사물에 응해 두루 나타나지만
평등하기가 허공과 같느니라.

佛身不可取　無生無起作　應物普現前　平等如虛空

[본 품의 내용]

화엄경은 온 우주 법계를 화엄의 세계로 보고 그 정신을 펴 보이는 것입니다. 그러나 언어와 문자로 표현하기 위해서 부득이 경이란 체계를 갖출 수밖에 없으므로 수많은 보살들이 등장했으며 이 보살들은 모두 부처님의 신력을 받아 설하는 형태를 취하고 있습니다. (於念念中　以夢自在示現法門　開悟世界海微塵衆生)

이 때문에 본 품에서는 화엄경 법회가 구성된 상황에서 경의 뜻을 30가지로 질문했는데, 이 질문 속에 답이 내포되어 있어 질문과 답이 동시에 이뤄졌으며, 나머지 화엄경 전체는 여기에 대한 해설이라고 보면 됩니다.

마치 금강경에서 처음 수보리가 부처님께 질문했을 때 부처님은 거기에 답을 했고, 나머지 경문은 질문과 답에 대한 해설이라고 할 수 있듯이 화엄경도 그와 같은 체계를 갖고 있다는 것입니다. 그런 차원에서 화엄경을 살펴보면 본 품에 있는 30가지 질문 가운데에서 첫 번째 질문인 **"어떤 것이 모든 부처님의 땅입니까?"** 라는 이것은 본경의 핵심이며, 동시에 모든 질문 가운데에서 가장 근본이 되므로 이것을 중심으로 「여래현상품如來現相品」의 뜻을 해설하고자 합니다.

그럼 부처님 땅이란 무엇이며, 부처님 나타남이란 무엇인가요.
부처님 땅이란 부처님의 마음을 뜻하며, 부처님의 세계와 부처님의 깨달은 경지를 뜻합니다. 대개 화엄경을 어렵게 생각하는 것은 모든 보살들이 부처님의 신력을 받고(承佛神力) 부처님 땅(경지)에 들어가 설법했기 때문입니다. 본품 역시 부처님의 가피력으로 보살이 첫 번째 질문인 "어떤 것이 모든 부처님의 땅입니까?" 라는 가장 근원적인 질문을 합니다. 그러면 우리는 여기에서 어떻게 부처님 땅에 들어갈 수 있을까요.

관무량수경에 '시심시불(是心是佛)'이라고 했습니다. "이 마음이 곧 부처"라는 말입니다. 그러므로 부처님 땅이란 바로 '마음 땅' 즉 '심지心地'라는 것입니다. 왜냐하면 마음이 곧 부처이기 때문입니다. 그러면 마음이란 무엇인가요? 여기 여러 선사들의 말씀을 인용해보겠습니다.

남악회양선사 전법게
마음 땅에 여러 종자를 품었으니
비를 만나면 모두 싹이 튼다.
삼매의 꽃은 상이 없거늘
어찌 생겨남과 소멸됨이 있으랴.
心地含諸種 遇澤悉皆萌 三昧華無相 何壞復何成

달마의 스승인 반야다라존자가 달마에게 전한 게송
마음 밭에서 모든 종자가 나올 때
현실과 사리를 인연하지만
수행이 무르익으면 깨달음이 원만하리니
꽃이 필 때 세상이 일어난다.
心地生諸種 因事復因理 果滿菩提圓 花開世界起

이와 같이 부처님 땅에서 만물이 나오되 그것은 현실과 이치 어디에도 있으니, 우리가 만일 여기에 입각해서 수행한다면 도(道; 무심無心 무아無我 무주無住)에 증입할 수 있습니다. 이때 일상 속에서 영원성을 깨닫고 참된 삶을 살아갈 수 있습니다.
「여래현상품」의 요지는 부처님이 나타난 뜻을 밝혔고, 그 뜻을 실현하기 위해 선禪을 닦아야 한다는 것입니다.

그럼 선禪에서는 부처님을 어떻게 보는가요.
어떤 수행자가 운문선사(600~700)에게 물었습니다.
"무엇이 부처입니까?" 하니,
운문선사는 "이 무슨 말라빠진 막대기냐" 했습니다.
여기에 대해 여러 선사들이 평을 했지만 송원선사가 이렇게 말했습니다.

"자고새 우는 곳에 온갖 꽃이 향기롭다."
어떻습니까. 잘 이해될 수 없겠지만 이치를 잘 보면, 이 보다 통쾌한 말은 있을 수 없습니다.
사람들은 흔히 이 말을 가지고 부처라는 환상을 깨뜨리는 말이라 했는데, 그렇게 말한다면 운문선사의 뜻을 어기고 불법을 모독한 죄가 될 것입니다.

진정극문선사(1025~1102)의 게송

모든 부처님이 나온 곳(여래현상)이여!
동산이 물 위로 흐른다고 하네.
눈앞에 손가락 튕기는 사이
두루 나타나 분명하도다.
해와 달이 지나가고
부처님 손과 나귀 다리 드러나는 것
이 모두 여기에서 나왔나니
언어 밖에서 중생을 제도했도다.

상기 시에서 부처님의 진면목을 잘 보여주고 있습니다. 흔히 사람들은 부처님을 너무나 이상적인 곳에서 찾고 있습니다. 그러나 진정한 부처는 아·인 사상(四相; 아상 인상 중생상 수자상)을 떠났으니 이 가운데에서 바로보지 않으면 안 됩니다.
그러면 과연 부처님이란 무엇인가요.
산승이 여기에 한마디 한다면 무엇을 부처라고 하는 순간, 부처를 잃게 됩니다. 한 생각도 허용하지 않는 그 자리를 무엇이라고 하는 순간, 본질에서 벗어난다는 것입니다. 장자가 말하기를 "마음을 비워야 사물을 바르게 본다."고 했습니다. 그러나 부처를 논하려면 이것 가지고는 역부족입니다. 왜냐하면 여기에는 아직 비워야 할 마음을 남겨두었기 때문입니다. 법성게에 **"오직 그 자리는 깨달아 들어가는 자리이기에 거기 이름도 모양도 없다"**고 했습니다.

여기 선종의 4조 도신대사와 우두법융선사와의 대화를 통해서 살펴보고자 합니다.
부처님 법을 전해 받은 4조 도신대사가 어느 날 높은 산을 바라보다가 영기가 서려 있는 곳을 보고 거기를 찾아가보니 두 눈빛이 예사롭지 않은 한 도인이 선정삼매에 들어있는 모습을 보고 다가가 묻기를 "그대는 여기에서 혼자 지내는가?" 하니 "뭐~ 시자 한, 두 놈은 있습니다" 하면서, "큰 놈 적은 놈 모두 오너라" 하니 문득 호랑이 두 마리가 으르렁~ 하면서 나타나므로 도신대사가 일부러 무서워하는 척 했다.

이에 우두선사가 대사님은 "아직 덜 떨어졌군요"라고 하니, 대사가 갑자기 정색을 하고 땅 바닥에다 '불佛'자를 써 보였는데, 우두선사가 그만 놀래며 부들부들 떨면서 얼른 일어나 대사님께 절을 했습니다. 이처럼 사나운 짐승도 조복 받고 시자로 삼은 대단한 수행자가 어째서 도신대사가 쓴 불佛자를 보고 온 몸을 떨게 되었을까요. 여기에서 우두선사는 부처님을 보았기 때문입니다. 마찬가지로 우리도 본 품에서 부처님을 보아야 합니다. 그래야 부처님의 땅을 증득하고 대 해탈을 얻게 됩니다.

그럼 현대인은 어떻게 부처의 땅을 실현할 수 있을까요?
부처의 땅을 실현하기 위해서는 먼저 자아의 늪에서 빠져나와야 합니다. 그러면 온 세상이 불국토가 될 것입니다. 세상을 경영하는 곳에서 가장 주의하고 경계해야 하는 일이 자아 중심적 세계관입니다. 이 모두가 자아의 늪에 빠졌을 때, 나타나는 마음입니다. 이 마음을 가지고는 부처님 땅을 실현할 수 없으므로, 그 어떤 일을 해도 결과는 잘못될 수밖에 없습니다.

그래서 현대인에게 있어 '부처의 땅'이란 가장 순수한 마음이며, 가장 밝은 마음이며, 가장 고요한 마음이라고 할 수 있습니다. 오늘 공부한 화엄경 「여래현상품」에서 근본은 여래가 나타나는 모습입니다. 그럼 여래는 어디에서 나타날까요. 바로 부처님 땅에서 나타납니다. 그렇다면 우리는 부처님 땅을 실현하기 위해 자아의 늪에서 뛰쳐나와 가장 순수하고 가장 밝으며 가장 고요한 마음을 가질 때, 처처가 모두 부처님 땅이 될 것입니다. 오늘 우리는 본 품에서 이와 같은 부처님 땅을 실현하고 정토를 건설하는 보살의 원력을 세워야 합니다.

(화엄경 제3품)

❀ 보현삼매품 요점해설

보현의 뜻

봄 여름 가을 겨울이여!
미묘한 작용이 끝이 없구나.
작용 그대로 근본이 되니
근본과 작용이 걸림 없도다.
부사의 한 보현삼매 속에
일체만법 나타나니
공덕이 무량하여 만상을 거두고
모든 법은 보현삼매 속으로 들어간다.
누가 있어 이 삼매를 수용하는가.
일체제불비로자나여래장신이라네.

[보현삼매품의 핵심 경문]

보현보살이 오랜 세월 보살행을 닦았기에 모든 부처님의 가피력으로 일체제불비로자나여래장신삼매에 들어가서 본삼매의 체용과 비로자나부처님의 본원력과 가피로써 일체여래의 지혜를 나타내고 법륜을 굴리며 일체 부처님의 공덕을 보이고 모든 부처님의 가르침의 바다를 갖게 되었다.

爾時 普賢菩薩 於如來前坐蓮華藏師子之座承佛神力入于三昧 此三昧名一切諸佛毘
盧遮那如來藏身

또 보현보살이 모든 부처님의 지혜에 들어가 부처님의
깊고 깊은 해탈 무차 별지삼매에 머물러 입으로는 일체
불법의 바퀴를 굴리며, 뜻으로는 일체 성품의 지혜에 들
어가며, 또 법계의 무량무변한 지혜에 들어가며, 몸으로
는 상호를 장엄했으며, 자재한 신통력으로 삼세의 보살의
원력의 바다와 일체여래의 청정한 법과 삼세 부처님의
그림자를 그 가운데 나타내니, 시방의 부처님은 보현보살
의 이마를 만져주셨다.

이때에 보현보살이 삼매에서 일어나니 일체세계의 한량
없는 삼매의 바다문(海門)도 함께 일어났다. 보현보살이 이
와 같은 삼매문에서 일어날 때 모든 보살도 온갖 진리의
구름바다와 일체 공덕의 바다와 수많은 보살들이 낱낱
도솔천에서 내려와 성불하시고 법륜을 굴리며 대 열반에
드는 구름바다를 나타내는 것을 얻었다.

이때에 시방 일체 세계의 바다가 부처님 위신력과 보현
보살의 삼매력으로 다 진동하며 낱낱 세계가 여러 보배
로 장엄되고 묘한 음성으로 법을 연설하였다. 그리고 한
량없는 광명구름이 시방세계를 비추었으니, 그 광명 가운

데에서 게송을 읊으셨다.

보현보살이 모든 세계에 두루 머무르시니
보배로운 연꽃에 앉는 것을 대중이 본다.
일체신통 나타내지 않음 없으니
무량한 삼매에 다 능히 들어가는구나.

普賢遍住於諸刹　坐寶蓮華衆所觀　一切神通靡不現　無量三昧皆能入

보현보살이 항상 가지가지 몸으로써
법계에 두루하여 충만하니
삼매와 신통과 방편의 힘으로
원음으로 넓게 설하되 걸림 없도다.

普賢恒以種種身　法界周流悉充滿　三昧神通方便力　圓音廣說皆無碍

보현보살 몸의 형상은 허공과 같아
근본에 의지하여 머무르니 형체가 없지만
중생들이 원하는 마음에 따라
널리 모든 존재들에게 나타내도다.

普賢身相如虛空　依眞而住非國土　隨諸衆生心所欲　示現普身等一切

보현보살 큰 원력에 편안히 머무르니
한량없는 신통력을 구족했도다.
일체 부처님 몸 있는 모든 땅에 있으니
어디서나 모습을 보이고 그들에게 나아가네.

普賢安住諸大願　獲此無量神通力　一切佛身所有刹　悉現其形而詣彼

보현보살이 일체국토에 안주해 있으니
나타낸 신통은 비교할 수 없어라.
그 영향은 미치지 않는 곳 없어
법을 관觀하는 자 다 볼 수 있도다.

普賢安住一切刹　所現神通勝無比　震動十方靡不周　令其觀者悉得見

[본 품의 내용]

본장에서는 청정법신 비로자나불의 근본 뜻을 의인화된 보현보살을 통해서 방대하게 장엄한 법신의 도리와 작용을 가르쳐주고 있습니다. 보현보살은 앞서 질문했던 서른 가지 체와 용의 진리의 바다를 보현삼매를 통해 설했는데, 여기에서 모든 존재들의 근원적이고 본연적인 법신삼매와 무궁무진한 조화 작용하는 화신을 깨우쳐 중생들의 사견과 편견과 미혹을 풀어주고자 보현삼매의 여러 현상을 설하고 있습니다.

그럼 보현삼매란 무엇인가요?

탄허스님의 「화엄합론」에 이르기를 "이지理智가 무변無邊하기 때문에 보普라 하고 지혜가 근기를 따라 이익 되게 함을 현賢이라 한다"고 했습니다. 그러므로 본 장에서 말하는 보현이란 모든 존재의 본질인 비로자나의 본래적 체용을 뜻합니다. 일반적으로 삼매를 크게 두 가지로 설명할 수 있는데, 하나는 무아무상선정삼매와 법계연기일상삼매가 있습니다. 여기에서는 후자를 말합니다. 그래서 보현삼매란 부처님께서 화엄대법을 설하기 위해 존재하는 일체만법의 이치와 사리로써 있는 그대로 장엄하는 삼매라고 할 수 있습니다.

태국의 아잔차스님은 아라한과를 증득하신 큰 도인인데 이분께서 "마음과 법이 하나 되었을 때, 수행은 끝나고 마음의 안락은 이뤄진다"고 했습니다. 법이란 마음 안팎이 공해서 무상無相 · 무아無我인 줄 깨닫는 것이며 이것을 증득 했을 때 법계일상삼매에 들어가 모든 차별경계에 떨어지지 않고 절대적 해탈을 성취합니다. 이렇게 보현삼매의 궁극적인 뜻은 원력과 행을 구족하는 것이고 복과 지혜를 갖추기 위함입니다. 또한 그러기 위해 먼저 보현보살의 십대원을 실천해야 합니다.

[선禪에서 보는 법신관法身觀]

선종에서 가장 근원적인 화두는 "이 몸이 생기기 전 무엇이 진정한 나의 본래면목인가?" 입니다. 이 화두의 핵심은 '나'라는 존재의 근원인 참 '나'를 참구하는 것입니다. 여기에서 가장 중요한 것은 태초에 천지가 벌어지기 전에 무엇이 진정한 '나'인가 라는 것인데, 이 '나'는 천지와 상관없이 언제나 존재하고 있으니, 백천만 겁이 지나도 항상 현재요. 우주 허공 법계가 아무리 광대무변하다해도 현재 이 자리를 벗어나지 않았다는 것입니다. 이러한 뜻이 있으므로 선에서는 참 '나'와 법신을 같은 뜻으로 보고 있습니다.

그러면 법신에 대해 선사들은 어떻게 말했을까요.
중국의 유명한 백장선사가 말하기를 "법보화 삼신三身이 한 몸이며, 따라서 이 한 몸이 그대로 삼신三身이다. 법신은 밝지도 어둡지도 않지만 실상實相은 비었으니 이것을 제일의공弟一義空이라 하고 또는 지극히 오묘한 종지라고 한다."라고 했습니다. 이와 같이 법신이란 이 마음을 떠나 있는 것이 아니기에, 마음을 보면 법신을 보고 법신을 보는 자 마음을 봅니다. 화엄경 제 3품인「보현삼매품」은 이와 같은 법신法身의 체용성상體用性相의 도리를 잘 보여주고 있습니다.

[본 장에서 우리가 실현해야 하는 길]

화엄경은 처음부터 끝까지 법신의 경계에서 체용體用·성상性相을 보여주고 있으므로, 잠시도 여기에서 어긋나면 길을 잃게 됩니다. 마찬가지로 우리가 이렇게 모여 공부하는 것은 바른 길을 가자는 것입니다. 바른 길을 가기 위해 바른 안목을 가져야 하고 바른 지혜를 갖게 되면 길을 바르게 갈 수 있습니다. 우리 모두는 이제 화엄동산에 올라 보현행자가 되어야 합니다. 그럼 어떻게 해야 보현행자가 될 수 있을까요. 보현행원을 따라 실천하면 됩니다. 이것이 본 품에서 우리가 실현해야할 중요한 뜻입니다.

(화엄경 제4품)

❀ 세계성취품 요점해설

태초의 세상

무념이라는 땅에
마음은 종자를 품고
인연을 따라 싹이 나오니
온갖 세상이 나타났도다.
여기 시작과 마침을 나눌 수 없으니
과거와 미래는 있을 수 없고
있고 없음도 아니기에
주고받음도 존재하지 않는다.
세계가 이루어졌지만
여래의 경계가 부사의 하니
오직 보현이라는 보살이 있어
이 뜻을 널리 설하고 있다.

[세계성취품의 핵심 경문]

이때에 보현보살이 부처님의 신비한 가피를 입고 일체세계와
일체중생과 일체제불과 일체법계와 일체법과 일체삼세와 일체
여래 원력 신통을 두루 살펴보고 일체도량에 있는 일체보살들
에게 널리 말씀하셨다.

爾時 普賢菩薩 以佛神力 遍觀察一切世界海 一切衆生海 一切法界海…

보현보살은 일체세계의 있는 일을 열 가지로 분류하여 설했다. 첫째 부처님의 지혜와 공덕이 부사의함을 찬탄하는 내용 30가지를 설했고, 둘째 세계가 이뤄지는 일과 그 인연과 작용 그리고 부처님의 뜻을 설했으며, 셋째 모든 세계는 열 가지 뜻에 의해 머무른다고 설했고, 넷째 세계의 형상 또한 열 가지 모양으로 미진수세계가 있다고 설했으며, 다섯째 세계의 체성(體性) 또한 20가지 체성으로 이루어져 있음을 설했다.

여섯째 세계가 열 가지로 장엄되었다고 설했으며, 일곱째 이 모든 세계에는 한량없이 많은 방편이 있는데 그 가운데 열 가지 뜻이 있다고 했고, 여덟째 이 모든 세계에 부처님이 열 가지 차별스런 모습으로 나타난다고 했으며, 아홉째 이 모든 세계가 열 가지 형태로 머무른다고 했고, 열째 세계가 열 가지 모습으로 전변하는데 여기에 열 가지 무차별 경계가 있음을 밝혔다.

첫째, 부처님의 지혜가 불가사의하며 이 세상 무엇이든 다 꿰뚫어 보는 지혜가 부사의 하며, 모든 세계가 이뤄지고 소멸되는 이치를 아는 청정한 지혜가 광대무변하고 불가사의하며, 일체중생의 업의 바다를 아는 지혜가 불가사의하며, 한 생각 속에 일체 삼세를 두루 아는 지혜가 불가사의하며, 일체법을 굴리는 지혜가 불가사의하니라.

知一切世界海成壞淸淨智 不可思議 知 一切衆生業海智 不可思議 一念普知一切三世智 不可思議 轉法輪智 不可思議

[세계성취를 설하는 뜻은 모든 존재들을 복되게 하기 위함]

둘째, 중생들이 부처님의 지혜바다에 들어가게 하기 위함이며, 모든 보살이 부처님의 공덕 속에서 안주하게 하기 위함이며, 한량없는 세계에 계시는 모든 부처님이 자재롭게 장엄하기 위함이며, 오랜 세월동안 부처의 종자가 끊어지지 않게 하기 위함이다.

爲令衆生　入佛智慧海故　爲令一切菩薩　於佛功德海中　得安住故　爲令一切世界海
一切佛　自在所莊嚴故　一切劫中　如來種性　恒不斷故

세계성취 인연으로 열 가지 인연이 있다. 모든 불자여, 간략하게 열 가지 인연으로 모든 세계가 이미 이뤄졌거나 현재 이뤄지거나 앞으로 이뤄질 것을 설하고자 하나니, 열 가지란 무엇인가? 부처님의 신력이며 법이 원래 그러한 까닭이며, 일체중생의 업이며, 일체보살의 일체지혜에서 나왔느니라.

諸佛子　略說以十種因緣故　一切世界海　已成現成當成　何者爲十　所謂如來神力故
法應如是故　一切衆生行業故　一切菩薩　成一切智所得故

셋째, 세계가 머무름에 의지처가 열 가지가 있는데 혹 일체장엄에 의지하여 머무르며, 혹 허공에 의지하여 머무르며, 혹 일체 부처님의 광명에 의지하여 머무르며, 혹 세상에 의지하여 머무르기도 하느니라.

所謂或依一切莊嚴住　或依虛空住　或依一切佛光明住　或依世主身住

넷째, 세계에는 한량없는 형체가 있고(世界海　有種種差別形相), 다섯째, 세계에는 가지가지 바탕이 있으니 혹 일체 보배 광명으로 근본이 되는데(或以一切寶光明爲體) 여기 스무 가지 당체가 있다.

여섯째, 세계가 한량없는 내용으로 장엄되어 있는데 우선 열 가지로 장엄된 모습이 있다. 여기 중생들의 업이 무량하니 과보를 받음도 같지 않도다. 삼세 모든 부처님이 모든 국토에 나투시니 하나하나 일 가운데 모든 부처님이로다. 이와 같은 장엄을 너희들은 잘 관할지어다.

衆生業海廣無量　　隨其感報各不同,　　三世所有諸如來　　神通普現諸刹海　　一一 事中一切佛　如是嚴淨汝應觀

일곱째, 세계에는 수많은 방편이 있는데 부처님과 보살이 중생을 제도하기 위하여 온 우주법계 그대로 청정방편이니라. 有 世界海微塵數淸淨方便海

여덟째, 세계에는 미진수 부처님이 출현하는데 가지가지 형상으로 나타나 법륜을 굴리고 일체중생을 제도하느니라. 有世界海微塵數佛出現差別

아홉째, 세계가 시간적으로 수많은 내용을 가지고 차별스럽게 머무느니라. 有世界海微塵數劫住 如是等 有世界海微塵數

열째, 세계가 변천하는 이유와 모든 세계가 근본적으로 차별 없는 도리를 게송으로 설했다.

일체 모든 국토마다

다 업력을 따라 생겨나니
너희들은 잘 관찰하라
흘러가는 모습이 이와 같다네."

一切諸國土 皆隨業力生 汝等應觀察 轉變相如是

[해설 : 화엄의 세계관과 일심관一心觀]

화엄의 본질은 일체만법一切萬法이 동귀일심同歸一心이라, 일심과 만법을 나누지 않는다는 것입니다. 이렇게 화엄의 뜻은 불성의 도리를 벗어나지 않으므로 장광설로 우주와 인생을 설하나 법계연기로 귀결됩니다. 여기에서 이와 사는 서로 걸림 없으니 그대로 사사무애 즉, 있는 그대로 절대성으로 나타나고 절대성으로 존재한다는 것입니다. 아무리 현전법계가 중중무진하다고 해도 한 개 미세한 티끌보다 크지 않으므로 일체세계가 법계연기로 존재하고 이 법계연기가 있는 그대로 공해서 일심으로 포섭됩니다. 이와 같은 화엄의 세계는 일심마저 부정하는 선과 다르지 않으며 선에서는 일심을 절대적 현재로 보여주고 있습니다.

어떤 수행자가 남전선사에게 물었습니다.
"설할 수 없는 법이 있습니까?"
남전선사가 답하기를 "마음도 아니고 부처도 아니며 아무것도 아니다."(不是心 不是佛 不是物)
여기에 대해 무문선사가 말하기를 "남전선사가 질문을 받고 전 재산을 탕진해서 남아 있는 것이 없구나." 했습니다.

여기에서 우리는 나아가야 할 길을 찾아야 합니다.
그럼 어떻게 나아갈 수 있을까요.

한 생각도 일어나기 전에 전체가 드러났다.(一念不生 全體現)는 것입니다. 그러나 이러한 말을 일반인이 알아들을 수 없으므로 산승이 다시 한마디 하고자 합니다.

일념으로 아미타불을 염송하되 앉아 있을 때나 누워있거나 움직이거나 가만있을 때 어디서나 속으로 염불한다면 부모가 나를 낳아주기 전 소식을 알게 되고, 그 순간 아미타불과 내가 둘이 아님을 깨닫고 절대적 자유인이 되어 화엄의 절대성, 현재에 머물 수 있게 됩니다.

이러한 까닭에 예부터 화엄의 종사들이 대체로 화엄의 52위 교학적인 점차수행보다는 모든 생각을 쉬고 오직 일념으로 염불선을 닦았던 것입니다.

(화엄경 제5품)

❀ 화장세계품 요점해설

다함없는 세계

중중무진한 화장세계여!
있는 그대로 참모습이구나.
향수해 가운데 수미산이 솟았고
한량없는 세계에 무궁한 부처로다.
부사의 한 경계 속에
일체법이 나타나고
끝없는 허공 속에
충만한 광명이여!
중생이 다함없기에
부처의 세계가 끝이 없고
가지가지 미혹을 소멸하기 위해
화장세계 대광명에 의지할 뿐이네.

[화장세계품의 핵심 경문]

이때에 보현보살이 대중에게 말하기를 모든 불자여! 이 화장
세계는 비로자나여래가 말로 할 수 없는 오랜 세월동안 보살
행을 닦을 때에 모든 세계에서 빠짐없이 부처님을 친견하고
모든 부처님마다 수많은 서원을 세우고 닦아 장엄한 것이니
라.

爾時 普賢菩薩 復告大衆 諸佛子 此華藏莊嚴世界海 是毘盧遮那如來 往昔於世界海微塵數劫 修菩薩行時 一一劫中 親近世界海微塵數佛 一一佛所 淨修世界海微塵數大願之所嚴淨

모든 불자여! 이 화장장엄세계라는 바다는 수미산에 한량없는 바람(風輪)이 있어 유지하는데, 가장 아래에 있는 바람의 이름이 평등주平等住이니, 능히 그 위에 온갖 보배불꽃이 치성하게 장엄했고 그 다음에 있는 바람은 그 이름이 가지가지 보배 장엄을 나타내는 것이니, 능히 그 위에 깨끗한 광명으로 빛나는 구슬깃대를 가졌고,
그 다음 바람은 이름이 보위덕寶威德이니 능히 보배방울을 가졌으며, 그 다음 바람은 이름이 평등염平等焰이니 능히 햇빛으로 구슬바퀴를 가졌느니라.

(해설) 염송에 이르기를 부처님께서 어느날 문수보살을 보고 "지금 문밖에 있는가. 문수여. 문수여. 왜 문 안으로 들어오지 않는가?"하니 문수보살이 대답하기를 "세존이시여 나는 한 법도 문밖에 있는 것을 보지 못했는데 무슨 까닭으로 나를 문 안으로 들어오라 하십니까?
(拈頌에 云 世尊一日 見文殊 在門外立 文殊 文殊 何不入門來 文殊曰 世尊 我不見一法在門外 何以故 我入門)

여기에서 우리는 이런 질문을 스스로에 물어야 합니다. "화장세계는 문 안에 소식인가요? 아니면 문 밖에 일인가요?" 만일 종지宗旨에 입각하여 본다면 문밖을 말해도 그것은 문 안이 되고 모양을 보고 모양에서 말한다면 안이라 해도 밖이 되는 법입니다. 결국 법이란 근기에 따라 달라지니 달은 하나인데 견해는 수 만 가지가 생기는 것과 같은 이치입니다.

중생이 비록 현재에는 문 밖에 산다고 해도 발심수행 한다면 언젠가는 스승을 만나 문안으로 들어가게 될 것입니다.

[화장세계의 이유를 밝힌 게송]
세존께서 과거 모든 세상에 계실 때
수많은 부처님 처소에서 정업淨業을 닦으셨네.
그 인연으로 보배광명 얻었으니
그것이 화장장엄세계의 바다로다.
世尊往昔於諸有 微塵佛所修淨業 故獲種種寶光明 華藏莊嚴世界海

[화장세계의 움직임]
큰 광명이 허공에 두루하니
바람의 힘으로 유지하나 움직임은 없다.
부처님이 구슬로 두루 장엄하니
여래의 원력으로 청정하도다.
放大光明遍住空 風力所持無動搖 佛藏摩尼普嚴飾 如來願力令淸淨

[화장세계의 장엄]
이 세계 중 큰 땅 위에
향기로운 바다가 있는데 구슬로 장엄되었다.
청정하고 묘한 보배가 바닥에 깔려서
금강에 머무르니 소멸하지 않도다.
此世界中大地上 有香水海摩尼嚴 淸淨妙寶布其底 安住金剛不可壞

[화장세계의 백련白蓮]
삼세에 있는 모든 장엄이

구슬 열매 중에 다 나타나지만
근본은 무생이라 취할 것 없으니
이것이 여래의 자재한 힘이니라.

三世所有諸莊嚴　摩尼果中皆顯現　體性無生不可取　此是如來自在力

　　　[화장세계의 수용(果用)]
일체 현상이란 모두 헛깨비 같아
근본을 구해도 얻을 수 없으니
부처님의 위신력으로
일체 국토 중에 이와 같이 나타낸다.

所有化佛皆如幻　求其來處不可得　以佛境界威神力　一切刹中如是現

　　　[화장세계 현상(因果)]
모든 부처님국토가 허공과 같아
같음도 없고 나지도 않으니 모양도 없다.
중생을 위하여 널리 장엄하고
본원력이 있기에 그 가운데 머문다.

諸佛國土如虛空　無等無生無有相　爲利衆生普嚴淨　本願力故住其中

　　　[화장세계華藏世界의 청정과 평등]
화장세계라는 큰 바다에
법계는 평등하여 차별이 없고
장엄하지만 극히 청정하여
저 허공 속에 안주하도다.

華藏世界海　法界等無別　莊嚴極淸淨　安住於虛空

[세계世界의 종류]
이 세계라는 큰 바다에
온갖 근본은 헤아리기 어렵나니
낱낱이 다 자재하지만
각각 혼잡스럽지 않나니라.

此世界海中 刹種難思議 一一皆自在 各各無雜亂

모든 종자는 부사의 하니
세계 또한 끝이 없도다.
가지가지 묘한 장엄들이
다 부처님의 신력이니라.

刹種不思議 世界無邊際 種種妙嚴好 皆有大神力

마치 능력 있는 마술사가
가지가지 모양을 만들어내듯
중생들의 업력을 따르는 탓에
세상의 모든 일은 부사의 하도다.

如幻師呪術 能現種種事 衆生業力故 國土不思議

[부처님의 묘한 음성妙音]
부처님의 청정하고 묘한 나라에
자재한 법의 소리 보여주시니
시방세계 법계 가운데에
일체 모두 듣지 않는 자 없구나.

佛於淸淨國 示現自在音 十方法界中 一切無不聞

[화장세계품의 내용]

화장세계품은 무변허공계에 존재하는 만상 만물의 본질과 형상과 존재원리를 밝힌 가르침입니다. 그럼 왜 화엄경에서는 이렇게 장황하게 화장세계의 원리를 밝혔을까요? 그것은 중생이 눈에 보이는 이 세상이 전부라는 착각에서 벗어나 온 우주법계가 비록 중중무진하지만 일심을 벗어나지 않았다는 이치를 보이기 위함입니다.

이것을 법구경에서는 "마음은 만법의 근본이라"고 했으며, 원각경에서는 "끝없는 허공도 깨달음에서 나왔다(無邊虛空 覺所現發)"라고 했습니다. 여기에 입각해서 보면 온갖 만법으로 장엄한 화엄의 화장세계가 모두 다 비로자나(佛性)의 근원이라고 설한 본 품과 다름없습니다.

선禪에서는 유有와 무無를 함께 버리고 지금 이 순간 그대로 보고 듣게 하여 근본당체를 바로 보게 합니다. 그 순간을 바로 볼 때 인생과 우주 전체를 바로 볼 수 있기 때문입니다. 밖으로 벌리면 백 천 가지 묘용이나 거두면 한 법도 볼 수 없는 그 자리. 그것이 바로 화장장엄세계라는 진리의 바다입니다. 우리는 본 품에서 근본을 직시할 수 있는 지혜를 볼 줄 알아야 합니다. 그래야 화엄의 화장장엄세계에 들어갈 수 있습니다.

오늘날 이 사회는 이기적 개인주의 성향으로 인해 사회 전체가 병들어가고 있습니다. 오랜 세월 오직 권력에 아부하는 비루한 측근들의 가신정치로 인해 공익적이어야 할 권력이 사유화된 지 오래되었고 여기에 필연적으로 생기는 무능과 부패로 인해 권력의 최고 자리에서 하루아침에 온 국민의 지탄 대상이 되어버린 불행한 정치를 우리는 지금 똑똑히 보고 있습니다. 이렇게 인생철학도 통치철학도 없는 무지몽매한 어리석은 사람으로 인해 오천 만이 집단스트레스에 빠지고 국가마저 위태로워졌습니다.

존재의 본질을 보지 못하므로 인해 앞뒤가 엇갈리고 선후가 전도되어 도무지 혼란의 도가니에서 벗어날 길을 찾지 못하고 있습니다. 이때 화엄의 진리에 입각하여 온갖 어리석음에서 벗어나 참다운 삶의 지혜를 깨우쳐야 합니다. 이것이 본 장을 통해서 터득해야 할, 이 시대를 살아가야 하는 우리들의 길입니다.

(화엄경 제6품)

✿ 비로자나품 요점해설

우리의 근본

시작도 마침도 없는
태고적 아득한 그 자리에
미묘한 문이 열리고
쏟아진 눈부신 광명
여기 세계가 있었으니
그것은 수승한 소리(勝音)였다.
향기로운 바다에 큰 연화가 나오고
보배로운 땅엔 숲이 무성한데
백천만억 무량 무수한 장소에
가지가지 중생이 머물고 있다.
이 가운데 다함없는 공덕을 가지고
한 부처님이 나오시니
하늘과 땅엔 서기가 충만하고
사방에 대중은 운집하여
온갖 삼매와 다라니를 얻고
다 함께 무생공덕을 이루네.

[비로자나품의 핵심 경문]

이때에 보현보살이 대중에게 설하기를 모든 불자들이여! 과거
티끌 같이 많은 옛적에 바다와 같은 세계가 있었으니, 이름이

넓은 문 청정한 광명이요. 이 바다 가운데 세계가 있으니 이름이 소리를 넘어선 수승한 소리이니라. 거기에는 구슬 꽃 그물 바다에 의지하여 머무르고 있으며, 수미산과 무수한 세계로 권속을 삼았느니라. 도량 앞에 큰 바다가 있으니 이름이 향과 구슬과 금강이요, 거기에 큰 연꽃이 나타났으니 이름이 꽃 수염 불빛바퀴다. 그 꽃이 넓고 커서 백억 리가 넘으며 항상 광명을 놓고 묘한 소리를 내어 시방세계에 두루 하였다.

모든 불자여! 저 수승한 소리, 세계 최초의 세월 가운데 열 개 수미산 티끌 수 여래가 세상에 나타나셨으니, 첫 번째 부처님이름이 일체공덕산수미승운이니라.

爾時普賢普薩 復告大衆言 諸佛子 乃往古世 過世界微塵數劫 復倍是數 此世界海中 有世界名勝音 依摩尼華網海住 須彌山微塵數世界而為眷屬 其道場前有一大海 名香摩尼金 出大蓮華名華蕊燄輪 其華廣大百億由旬 常放光明 恆出妙音周遍十方 諸佛子 彼勝音世界 最初劫中 有十須彌山微塵數如來出興於世 其第一佛 號一切功德山須彌勝雲

이때에 큰 위엄 광명태자가 부처님의 광명보기를 마치고 옛적에 닦은 선근공덕으로 곧 열 가지 법문을 증득하였다.

열 가지란? 이른바 1. 일체 모든 부처님의 공덕바퀴삼매를 증득하였으며 2. 일체 부처님 법의 넓은 문 다라니를 증득하였으며 3. 넓고 큰 방편 곳집 반야바라밀을 증득하였으며 4. 일체중생을 조복하여 큰 장엄으로 크게 사랑함을 증득하였으며 5. 넓은 구름소리로 크게 슬퍼함을 증득하였으며 6. 가없는 공덕과 가장 수승한 마음을 내는 큰 기쁨을 증득하였으며 7. 실상과 같이 일체법을 깨우쳐 크게 놓아버림을 증득하였으며 8. 넓고 큰 방편과 평등한 곳집 큰 신통을 증득하였으며 9.

믿음과 앎을 더욱 키우는 큰 원력을 증득하였으며 10. 널리 일체지혜광명에 들어가는 변재를 증득하였다.

爾時大威光太子 見佛光明已 以昔所修善根力故 即時證得十種法門 何謂為十 所謂證得一切諸佛功德輪三昧 證得一切佛法普門陀羅尼 證得廣大方便藏般若波羅蜜 證得調伏一切衆生大莊嚴大慈 證得普雲音大悲 證得生無邊功德最勝心大喜 證得如實覺悟一切法大捨 證得廣大方便平等藏大神通 證得增長信解力大願 證得普入一切智光明辯才門

[본 품의 게송]

세존께서 도량에 앉으시니
청정한 대 광명이
천개의 태양이 나온 것처럼
널리 시방허공을 두루 비추네.

世尊坐道場 清淨大光明 譬如千日出 譬如千日出

헤아릴 수 없는 오랜 세월이 지나
부처님이 나타나시는데
오늘 이 세상에 부처님이 오셨으니
만유중생이 다 함께 우러러 받드네.

無量億千劫 導師時乃現 佛今出世間 一切所瞻奉

너는 부처님의 광명 속에
모든 부처님의 부사의함을 보라.
일체 궁전 가운데
고요하고 담연하게 맞아주느니라.

汝觀佛光明　化佛難思議　一切宮殿中　寂然而正受

너는 응당 부처님 몸에
광명의 그물에 극히 청정함을 보라.
나타난 모양은 일체와 같아
시방세계에 두루하도다.

汝應觀佛身　光網極淸淨　現形等一切　遍滿於十方

일체를 가지고 부처님께 나아가되
마음으로 큰 환희심을 내어
처자권속과 다 함께
세상에서 제일 높은 분을 친견하여라.

一切持向佛　心生大歡喜　妻子眷屬俱　往見世所尊

나도 마땅히 부처님 같이
널리 미혹한 세상을 맑히고
부처님의 거룩한 가피력으로
진리의 길을 걸어가고자 합니다.

我當如世尊　廣淨諸刹海　以佛威神力　修習菩提行

[선禪에서 본 비로자나(청정법신)]

화엄경의 특징은 이사무애적 사사무애라는 것입니다.
그래서 본 품의 이름은 비로자나품이지만 내용은 화엄경 특유의
전형적인 진공묘유眞空妙有의 도리를 잘 보여주고 있습니다. 그러면
선에서는 어떻게 비로자나를 보는가요. 선종 제일의 글이라고 할
수 있는 '벽암록' 가운데 다음과 같은 글이 있습니다. 중국 당나라

숙종 황제가 혜충국사에게 질문합니다. "어떤 것이 십신조어十身調御입니까?" 이 말을 쉽게 말한다면 무엇이 여래의 열 가지 명호를 증득하신 부처입니까? 라는 질문과 같습니다. 여기에 대해 중국 삼대 황제의 스승이신 혜충국사는 지체하지 않고 "단월檀越이여! 비로자나의 정수리를 밟고 가시오." 혜충국사는 육조대사의 제자로써 당시 천하의 선승들에게 존경받는 큰스님입니다. 그런 분이 어째서 무엇이 부처입니까? 라는 질문에 비로자나마저 넘어서는 것이라 했을까요? 여기에 선禪이 있습니다.

어제 어떤 불자가 나에게 "선禪이란 무엇입니까?" 하기에 산승이 답하기를 "한 생각 일어나기 전 소식이 선禪인데, 이것을 언어와 문자로 이해하려고 하면 이미 선하고는 십만팔천리로 멀어지게 됩니다." 라고 했습니다. 선이란 설명으로 이해하려면 본질과 어긋나고 지식으로 이해한다면 사구에 떨어지게 됩니다. 마음으로 헤아리는 길이 끊어지고 언어와 사유가 미치지 못하는 곳, 그것을 바로 알아차릴 때 본 뜻에 계합할 수 있습니다.

[우리가 본 품에서 생각해야 할 일]

노자가 스승에게서 모든 존재의 이치를 배우고 떠나기 전에 마지막으로 가르침을 청하니, 그 스승께서 한 마디 말을 합니다. "고향을 잊지 말라. 알았느냐?" 라고 말하니 노자가 대답하기를 "나의 근본을 잊지 말라는 뜻 아니겠습니까." 이렇게 답했는데 스승은 다시 말하기를 "너는 나에게 이빨은 없고 혀는 남아 있는 것을 보느냐?" 이렇게 물으니 노자가 대답하기를 "그것은 강한 것은 사라지고 부드러운 것만 남았다는 뜻이 아닙니까." 라고 답했습니다. 이에 노자의 스승이 말하기를 "이제 나는 너에게 천하의 큰일을 다 말했노라." 했습니다.

여기에서 먼저 고향을 잊지 말라는 것은 우리의 근본인 비로자나 즉 존재의 근본을 잊지 말라는 것입니다. 부드러움이 강함을 이긴 다는 것은 노자의 일관된 정신인데, 오늘날 사회는 이 원리를 모르고 너무 강함에 의지하여 조화의 덕을 잃고 있습니다. 이 때문에 화엄경에서는 이사무애를 말하는 것입니다.

(화엄경 제7품)

✿ 여래명호품 요점해설

진정한 이름

산야山野에 봄이 오니
만물은 제각기 모양을 드러냈다.
모양 있고 모양 없고
움직임과 고요함이여!
다 함께 나타났다 사라지니
신통한 묘용은 측량할 수 없구나.
너는 나에 의해 출몰하고
나는 너에 의해 몰출하니
이름이 많아도 다르지 않고
모양이 많아도 차별이 없다.
수많은 모습에 같은 뜻이여!
여래의 명호가 부사의 하니
이것이 부처의 참 모습이요
만법의 진정한 이름이라네.

[여래명호품의 대의]

흔히 80권 화엄경을 7처 9회 39품이라고 합니다. 즉 설법 장
소가 일곱 곳이고, 아홉 번 모임에 39품이 되는데 산승은 여기

에 40권 본 화엄경 마지막에 보현행원품의 내용이 매우 중요하여 이 부분을 80권 화엄 마지막 품에 추가하여 총 40품을 강설하게 됩니다.

그리고 화엄경 제 1품 「세주묘엄품」에서 「비로자나품」까지 여섯 품은 첫 번째 보리적멸도량에서 설했고, 오늘 강설할 「여래명호품」 부터 앞으로 강설할 여섯 품은 보광명전이라는 법당에서 장소를 옮겨 설했습니다. 그리고 앞에 설한 여섯 품은 화엄경의 서론 격이 며 법을 주재한 보살은 보현보살입니다. 이「여래명호품」부터는 화 엄경 본론에 해당하는데 법을 설한 보살은 문수보살로 바뀌게 됩 니다. 즉 부처의 지혜와 법을 가르치기 위함이라고 볼 수 있습니 다.

본 품의 대의는 화엄의 대법을 삼천대천세계라는 우주 허공 법계 에 있는 만유 만법 그대로 근본으로 보고 그 바탕에서 화엄의 이 치를 설하기 위해 수많은 여래명호를 설하게 되었습니다. 때문에 여기에서는 본론에 들어가기 위해 먼저 주제(여래명호)를 설한 것 이라고 볼 수 있습니다.

[본 품의 주요 경문]
이때에 세존께서 마갈타국에 있는 조용한 도량 가운데에서 진 리의 자리에 앉아 처음 정각을 이루시고 저 넓고 빛나는 궁전 (普光明殿) 가운데 있는 연화대에 앉으셨다.
爾時에 世尊이 在摩竭提國阿蘭若法菩提場中하사 始成正覺하사 於普光明殿에 坐蓮華藏師子之座하시니라

세존께서는 깨달음이 원만하시고 번뇌장과 소지장을 영원히

끊었으며 무아無我 무상無相의 진리에 들어가 무주無住에 머무시며 절대성 평등에서 모든 마장을 조복 받고 궁극적 법에 이르러 일체법의 무애를 행하고 부사의한 경계에서 널리 삼세를 보셨느니라.

妙悟皆滿하시며 二行永絶하시며 達無相法하시며 住於佛住하시며 得佛平等하시며 到無障處와 不可轉法하시며 所行無礙하시며立不思議하시며普見三世하시니라.

이때 모든 보살들이 생각하기를 만일 세존께서 우리를 불쌍하게 여기신다면 우리가 원하는 것을 따라 부처님의 세계와 부처님 머무심과 부처님세계의 장엄과 부처님 법의 성품과 부처님세계의 청정과 부처님의 설법과 부처님의 체성과 부처님의 위덕과 부처님국토의 성취와 부처님이 정각을 이루신 도를 열어보여 주시길 청했습니다.

時에 諸菩薩이 作是思惟하사대 若世尊이 見愍我等이신댄 願隨所樂하사 開示佛刹佛住佛刹莊嚴 佛法性 佛刹淸淨 佛所說法 佛刹體性 佛威德佛刹 成就佛大菩提케하소서.

모든 부처님은 일체 보살을 성취하게 하기 위한 연고며, 부처의 종자를 끊어지지 않게 하기 위함이며, 일체중생을 구호하기 위함이며, 모든 중생들이 일체 번뇌에서 벗어나게 하기 위함이며, 일체 모든 행을 이루게 하고자 함이며, 모든 법을 연설하게 하기 위함이며, 일체 더러움을 소멸하게 하기 위함이며, 일체 의심을 끊기 위함이며, 모든 욕망에서 벗어나기 위함이며 일체 애착을 소멸하기 위해 모든 보살의 십주 십행 십회향 십지 등 수행점차를 설하느니라.

如十方一切世界의 諸佛世尊이 爲成就一切菩薩故며 令如來種性不斷故며 救護一切衆生故며 令諸衆生으로 永離一切煩惱故며 了知一切諸行故며 演說一切諸法故며 淨除一切雜染故며 永斷一切疑網故며 拔除一切希望故며 滅壞一切愛著處故로 說諸菩薩의 十住 十行 十廻向 十藏 十地 十願 十定 十通 十頂하소서

이때에 문수보살이 부처님의 가피를 입고 일체 대중을 둘러본 뒤 이렇게 말씀하셨습니다. "이 모든 보살들은 참으로 희유하다. 모든 불자여, 불국토는 불가사의하며 부처님 머무심과 불국토 장엄과 부처님 법의 성품과 불세계의 청정과 부처님의 설법과 부처님 출현하심과 부처님의 세계 성취와 부처님의 무상정각은 다 불가사의 하느니라."

爾時에 文殊師利菩薩摩訶薩이 承佛威力하사 普觀一切菩薩衆會하고 而作是言하사대 此諸菩薩이 甚爲希有로다 諸佛子야 佛國土가 不可思議며 佛住佛刹과 莊嚴佛法性佛刹과 淸淨佛說法과 佛出現佛刹과 成就佛阿耨多羅三藐三菩提가 皆不可思議니라.

부처님이 옛적에 보살로 있을 때 가지가지 말씀과 가지가지 언어와 가지가지 음성과 가지가지 업과 가지가지 과보와 가지가지 처소와 가지가지 방편과 가지가지 근기와 가지가지 믿음과 이해와 가지가지 지위로써 성숙했으며 또한 중생으로 이와 같이 깨우쳐주기 위해 설법 했느니라.

如世尊이 昔爲菩薩時에 以種種談論과 種種語言과 種種音聲과 種種業과 種種報와 種種處와 種種方便과 種種根과 種種信解와 種種地位로 而得成熟이실새 亦令衆生으로 如是知見하야 而爲說法하시니라.

[본 품의 정리]

본 품에서는 일체 만법이 존재하는 그대로 부처님(本覺)으로 보고 모든 보살이 이 본각에 이르기 위해 여러 가지 수행 점차가 있다고 설했습니다. 이러한 뜻을 교학적으로 체계화한 것이 대승기신론이며 이 기신론에서는 화엄의 유심론을 유식론적으로 설명했습니다. 그리고 화엄경 특유의 장황스런 내용을 좀 더 철학적으로 정리한 경전이 능엄경이라 할 수 있으며 화엄경 편찬자인 용수보살의 제자인 마명보살은 화엄경을 바탕으로 교리적으로 체계화 한 것이 대승기신론이라고 볼 수 있습니다.

본 품부터는 문수보살이 법주法主가 되어 설하는데, 본격적으로 설법하기에 앞서 서론격인 내용을 말하고 있습니다. 여기에서 중요한 것은 보살들이 마음속으로 질문하는 내용이 지혜에 관한 것이므로 지금까지 법주였던 보현보살이 물러나고 갑자기 문수보살이 등장하여 법주(說主)가 되었습니다.

그럼 선禪에서 문수 보현이란 무엇을 의미하는가요. 서산대사가 말하기를 "문수文殊는 달천진達天眞하고 보현普賢은 명연기明緣起라. 해사전광解似電光이나 행동궁자行同窮子니라." 이 말을 풀이하면 문수는 천진을 통달했고 보현은 연기를 밝혔는데, 앎이란 전기불과 같고 실천이란 궁한 자식과 같다고 했습니다. 서산대사의 이 말을 다시 풀이 한다면, 문수라는 보살을 빌려 만법의 본질을 드러냈고 보현보살을 통해 앎을 실천한다는 것입니다. 때문에 화엄경에서 문수는 지혜를 상징하고 보현은 실천을 상징하는 것입니다.

화엄경에서는 처음 보현장엄을 통해 신信성취를 하고 본론에 들어와서 문수를 등장시켜 바른 수행점차를 보인다는 것입니다. 수행점차에서는 바른 지혜가 필요하므로 문수가 법주가 됩니다. 그리고 화엄의 마지막에는 다시 보현행으로 여래의 경계에 들어가는 것으로 구성되어 있습니다. 여기에서 우리는 바른 이해와 실천의 중요함을 깨우치고 화엄의 대법에 의지하여 생사의 그물에 걸리지 않는 절대적 대자유를 이루라는 뜻이 있음을 알아야 합니다.

(화엄경 제8품)

✾ 사성제품 요점해설

네 가지 신성한 진리(四聖諦)

태어나고 늙고 병들고 죽음이여!
이것은 모든 존재계의 모습이다.
여기에 벗어나는 길이 있으니
그것은 네 가지 신성한 진리이다.
생멸사제生滅四諦는 중생을 위한 가르침이고
무생사제無生四諦는 보살을 위한 가르침이다.
법에 돈점이 없으나 근기는 다르기에
팔만사천 사제四諦가 생겨났다.
무명으로부터 해탈이여!
사제로부터 시작하여 사제로 마치네.

[본품의 대의]

부처님께서 정각을 이루시고 처음 녹야원에서 다섯 비구에게 설한 사성제를 왜 화엄경 여덟 번째 품에서 설하게 되었을까요? 그것은 부처님 법의 본질은 처음과 끝이 다르지 않지만, 중생의 근기 따라 팔만사천 법을 설했다는 것을 보여주기 위함입니다.

그럼 사성제四聖諦란 무엇을 말하는가요.

청량국사 화엄소에 이르기를 여기에서 "성聖이라는 것은 바르다는 뜻이니, 영원한 진리는 마음에 있는 까닭이다" 했으며 "제諦에 두 가지 뜻이 있으니 하나는 바탕이 진실하기 때문이며, 다음은 밝게 보는(審諦)것이다"라고 했습니다.

또 청량소에 이르기를 "형상 있는 것은 무엇이든 괴로움이다(形狀物者 有形皆苦也)"라고 했으며, "사성제에서 성상性相이란 여러 가지 핍박을 받기 때문에 괴로움(苦)이라 하고 속심이 증장하므로 집集이라 하며 번뇌가 소멸하고 업장이 맑아졌으므로 멸·열반(滅·涅槃)이라 하며, 생사를 벗어나는 길이므로 도道라고 한다. 「지론智論」에 이르기를 소승은 세 가지가 상相이 있고 멸滅만 무상無相이나, 대승은 사제가 다 무상無相이다"라고 했습니다. 이 때문에 대승사제를 무생사제라 할 수 있습니다.

부처님이 성도하시고 바로 녹야원에 있는 오비구에게 처음 설한 사제는 생멸生滅사제로써 유상有相이라 점차漸次사제이며 대승大乘사제는 그대로 무상無相사제라 점차가 없고, 고집멸도 그대로 무생無生 무작無作 무량無量이 되어 마음과 중생과 부처를 나누지 않는 것입니다. 청량소疏에서는 "성문 연각은 비록 사제를 알기는 하나 법공法空이 되지 못했으므로 진실을 보지 못했다"고 했습니다. 이 때문에 이승二乘은 무생사제가 되지 못하고 생멸점차 하는 수행修行사제가 된 것입니다. 즉 일반적으로 모든 사람들은 생멸사제로부터 닦아 마침내 무생사제로 들어가야 한다는 것을 본 품에서 보여주고 있습니다.

[사성제품의 핵심 경문]

이때에 문수보살이 말씀하셨다.

여러 불자들이여! 괴로움이라는 고성제苦聖諦는 사바세계에서는 육체에 의존한 것이며, 혹은 잘못된 행동의 결과이며, 어리석은 사람의 행이며, 밀훈密訓세계(청량소에서는 밀훈을 동방의 경계라 했다)에서도 열 가지가 있는데 고에서 벗어나지 못하는 것이며,

얽어 묶여 있는 모습이며, 혹 극한 괴로움 등이며, 최승最勝세계에서는 공포서러움이며, 혹은 염악厭惡스러움이며, 혹 거짓 분별하는 것 등 열 가지이며, 서방 이구離垢세계에서는 혹 비법非法이며, 혹은 망견妄見 등이며, 풍익豊盜세계에서는 애욕에 물드는 일이며, 혹은 생멸하는 일이며, 혹은 장애 받는 일이며, 섭취攝取세계에서는 착한 벗이 아닌 일이며, 혹은 공포가 많은 일이며, 혹은 지옥 같은 성질이며,

요익饒益세계에서는 도적과 같은 일이며 늙고 죽는 일이며 과중한 부담을 안고 살아가야 하는 일 등이며, 선소鮮少세계에서는 얽어 묶여 있는 일이며, 혹은 삿된 행동이며, 부끄럼 없는 일이며, 탐욕의 뿌리이며, 고뇌가 많은 일 등이며, 환희세계에서는 혹은 출생하는 일이며, 염착染着하는 것이며, 혹은 이익을 잃는 일 등이며, 관약關鑰세계에서는 모든 악의 문이며 진음振音세계에서는 이 세상이며, 오만과 집착 난조亂調 등이 있느니라.

청량소에 이르기를 형상 있고 물체가 있는 것은 다 괴로움이다.
(形狀物者 有形皆苦也)

다음 괴로움의 모음이라는 집성제集聖諦란 업에 결박되어 있는 일이며, 혹은 망각妄覺이며, 혹은 전도顚倒이며, 혹은 염착染着이며, 혹은 악행이며, 혹은 대원大寃이며, 혹은 악도인惡導引이며, 혹은 괴선리壞善利이며, 혹은 단유어但有語이며, 혹은 비결백非潔白이며, 혹은 유전流轉이며, 혹은 패괴敗壞이며, 혹은 불

화합不和合이며, 혹은 의욕意欲이며, 혹은 섭취攝取이며, 혹은 방편方便이며, 혹은 잡독雜毒이니라.

다음 멸성제滅聖諦가 있으니 그 이름은 무쟁無諍이며, 혹은 이진離塵이며, 혹은 적정이며, 혹은 무상無相이며, 혹은 무자성無自性이며, 혹은 무장애無障碍이며, 혹은 주자성住自性이며, 혹은 대의大義이며, 혹은 요익饒益이며, 혹은 무량無量이며, 혹은 무위無爲이며, 혹은 무등등無等等이며, 혹은 이구離垢이며, 혹은 최상이며, 혹은 무소작無所作이며, 혹은 적멸이며, 혹은 불퇴전不退轉이며, 혹은 이언설離言說이며, 혹은 멸진滅盡이며, 혹은 출리出離이며, 혹은 수순隨順이며, 혹은 근본이며, 혹은 불사不死이며, 혹은 무아無我이며, 혹은 절행처絶行處이며, 혹은 불이不二이며, 혹은 파의지破依止이며, 혹은 평등이며, 혹은 무생無生이며, 혹은 불가득不可得이며, 혹은 불가괴不可壞이며, 혹은 무착無着이며, 혹은 광대廣大이며, 혹은 무진無盡이며, 혹은 무등가無等價이니라.

다음 도성제道聖諦가 있으니 그것을 일승一乘이라 하며, 혹은 취적趣寂이며, 혹은 도인導引이며, 혹은 구경무분별究竟無分別이며, 혹은 평등이며, 혹은 상행上行이며, 혹은 평등안平等眼이며, 혹은 요오了悟라 하며, 혹은 최상품最上品이며, 혹은 무능파無能破라 하며, 혹은 심방편深方便이며, 혹은 통달이며, 혹은 해탈성解脫性이며, 혹은 최청정最淸淨이며, 혹은 적멸행寂滅行이며, 혹은 출리행出離行이며, 혹은 무량수無量壽라 하며, 혹은 선요지善了知라 하며, 혹은 구경도究竟道라 하며, 혹은 지피안至彼岸이며, 혹은 이언離言이며, 혹은 무쟁無諍이며, 혹은 선회향善廻向이며, 혹은 대선교大善巧이며, 혹은 차별방편差別方便이며, 혹은 여허공如虛空이며, 혹은 달무소유達無所有이며, 혹은 일체인一切印이며, 혹은 삼매장三昧藏이며, 혹은 불퇴법不退法이며, 혹은 대광명大光明이며, 혹은 화합법和合法이며, 혹은 광대성廣大性이며, 혹은 정념행正念行이며, 혹은 성구경性究竟이며, 혹은 요지인了知印이며, 혹은 수승의殊勝義니라.

모든 불자여! 이와 같은 사성제가 무량무수하여 무진법계와 허공계에 존재하는 모든 세계 중 사성제도 이와 같이 사백억 십 천 이름이 있어 중생심에 맞추어 다 조복 받게 하느니라.

[사성제품의 요지]

흔히 사제를 성문을 위해 설했고, 연기緣起는 연각을 위해 설했으며, 육바라밀은 보살을 위해 설했다고 합니다. 그러나 이러한 구별은 부처님의 뜻이라 할 수 없습니다. 예를 들어 사제를 생멸적으로 해설하면 성문사제가 되고, 실상적으로 해설하면 무생사제가 됩니다. 또 연기에 있어서 차제적으로 해설하면 성문·연각의 경계가 되고, 보살에 있어 연기는 법화경 십여시처럼 실상연기實相緣起가 됩니다. 화엄에서는 사성제의 이치를 원융무애하게 설하고 있습니다.

또 청량초鈔에서는 "경에 이르기를 어째서 무생이라 하는가. 사성제가 인연을 쫓아 나오나 성품이 없기 때문에 곧 공空한 것이지만, 성품이 없다고 한 것은 끊어진 것이 아니므로 없다(無)라고 했다.

멸滅이 비록 무위하나 멸로 인하여 나타나므로 또한 인연을 쫓아 나왔다고 한 것이다. 마치 고집멸도는 빈 통발과 같아 고기를 잡고 나면 통발을 잊는 것처럼 사성제는깨달음을 얻기 위한 방편인 줄 알아야 한다"고 했습니다.

사성제는 부처님의 세계를 압축한 가르침으로 매우 중요하기 때문에 이것은 대승 소승 관계없이 잘 이해할 때 바르게 수행할 수 있고 바른 깨달음으로 나아갈 수있습니다. 그래서 화엄경에서는「사성제품」이란 독립된 품이 있는 것입니다.

사성제 가운데 고와 집은 세상을 설명하는 방식이고, 멸과 도는 정신세계를 가르친 법입니다. 그러나 대승불교에서는 대체로 멸과 도에 관한 법문으로이루어져 있습니다. 여기에서 우리는 진정한 삶이란 사성제에 의지하여 길을 갈 때 영원으로 이어지는 참된 삶이 된다는 것을 알아야 합니다.

그럼 선禪에서는 사제를 어떻게 보는가요?
어느 날 마곡스님이 마조스님에게 물었습니다.
"대열반이란 무엇입니까?"
마조가 이르기를 "급하다."
이에 마곡이 "무엇이 급합니까?"
마조가 말하기를 "저 물을 보라."
이처럼 선에서는 고와 집을 떠나 멸과 도를 보는 것이 아니라 바로 이 순간 '영원한절대'를 보게 합니다. 여기 사성제의 본질이 있습니다. 우리는 이와 같은 사성제를 통해서 좀 더 부처님의 뜻에 입각한 수행을 할 줄 알아야 하고 또 일상생활을 깨우친 삶으로 승화해야 합니다.

(화엄경 제9품)

✹ 광명각품 요점해설

빛(정신)으로 이뤄진 세상

무량무변한 허공 가운데
무수한 빛으로 충만한 세상
백억 광명 속에 백억 부처들이여!
여기 수미산과 향수해가 있는데
백억 부처가 법륜을 굴리니
백억 중생이 모두 열반에 들어간다.
하나의 빛이 무량하니
무량한 빛이 다시 하나 되고
불가사의한 세월 속에
부처님의 광명은 끝이 없으니
두 가지 견해는 사라지고
무등륜無等輪의 법은 충만하였다.

[광명각품의 대의]

본 품을 간혹 「여래광명각품」이라고 하는데 앞에 여래라는 말이
들어가면 제목 해석을 '부처님의 광명을 보인 경계'라고 해석됩니
다. 이 품에서는 주로 부처님의 정신세계를 문수보살이 게송으로
보여준 것이 특징이라고 할 수 있습니다. 그래서 본 품의 게송 가
운데 널리 알려진 유명한 게송이 많으며, 이 때문에 사찰 대웅전

주련으로 쓰인 곳도 많이 있습니다.

청량소에서는 "광명은 근본이요, 깨달음이란 묘용이다(光明體也 覺者用也)"라고 했습니다. 그러나 산승은 이것을 체·용으로 구분하는 것보다는 본 품 제목 그대로 "부처님의 근본을 보인 것이다"라고 해석하는 것이 좋을 것 같습니다. 왜냐하면 각(覺)이라는 말은 바로 부처를 뜻하기 때문에 각(覺)을 묘용으로 해설하는 것은 너무 자의적이라고 할 수 있습니다. 또 광명을 체(體)로 이해할 수 있지만 묘용으로 볼 수 있기 때문입니다.

[본 품의 핵심 경문]

이때에 세존께서 두 발 아래에서 백억 광명을 놓아 삼천대천 세계를 비추시니 백억의 국토와 백억의 큰 바다와 산과 백억의 보살이 태어나 출가 하는 것과 백억 여래가 정각을 이루는 것과 백억 여래가 법륜을 굴리고 열반에 들어가는 것과 욕계와 색계 모든 하늘을 비추어 그 가운데 있는 것이 다 밝게 나타났다.

爾時에 世尊이 從兩足輪下로 放百億光明하사 照此三千大千世界의 百億閻浮提와 百億弗婆提와 百億瞿耶尼와 百億鬱單越과 百億大海와 百億輪圍山과 百億菩薩受生과 百億菩薩出家와 百億如來成正覺과 百億如來轉法輪과 百億如來入涅槃과 百億須彌山王과 百億四天王衆天과 百億三十三天과 百億夜摩天과 百億兜率天과 百億化樂天과 百億他化自在天과 百億梵衆天과 百億光音天과 百億徧淨天과 百億廣果天과 百億色究竟天하사 其中所有가 悉皆明現하니라.

청량소에 이르기를 "지금 발아래에서 광명이 나왔다는 것은 아래(행)에서부터 시작하여 위(지혜)로 나아간다는 뜻이니, 이것은 믿음을 최초로 하는 것이며 또한 만행의 근본이 되는 까닭이다. 여기에서 발아래를 말하는 것은 믿음(실천)을 의미한다."
이때에 모든 곳에 두루한 문수보살이 각기 부처님 처소에서 동시
에 소리 내어 이 게송을 설하셨다.

만약 부처님 몸이
평등하게 안주하여 머무름 없고
들어가는 바 없음을 본다면
마땅히 부처를 이루게 되리라.
若見佛及身　平等而安住　無住無所入　當成難遇者

세간과 출세간에서
모든 것을 다 이치를 다 초월하고
능히 법을 잘 알면
이것이 가장 빛나는 일이 되느니라.
世及出世間　一切皆超越　而能善知法　當成大光耀

만약 일체지에서
회향심을 일으키되
사물을 보아도 마음을 내지 않으면
마땅히 크게 불법을 드날리게 되리라.
若於一切智　發生廻向心　見心無所生　當獲大名稱

중생이란 본래 무생이므로
또한 다시 파괴될 것도 없다.
만약 이와 같은 지혜를 얻으면
마땅히 위없는 대도를 얻으리라.
衆生無有生　亦復無有壞　若得如是智　當成無上道

하나가 곧 무량한 도리인 줄 깨달고
무량한 것이 곧 하나인줄 깨달아
서로 존재하는 줄 깨우친다면
마땅히 두려움 없는 경지를 이루리라.
一中解無量　無量中解一　了彼互生起　當成無所畏

널리 모든 법을 보고
두 가지 견해를 다 버리면
도를 이루어 영원히 물러서지 아니하며
위없는 진리를 굴리게 되리라.
普見於諸法　二邊皆捨離　道成永不退　轉此無等輪

불가사의한 세월 속에
정진하고 만행을 닦은 것은
모든 중생을 제도하기 위함이니
이것을 큰 성인이라 하느니라.
不可思議劫　精進修諸行　爲度諸衆生　此是大仙力

지혜로운 마음으로
모든 번뇌를 소멸하고
일념에서 일체를 볼 때
이것이 부처님의 힘이니라.
以彼智慧心　破諸煩惱障　一念見一切　此是佛神力

부처님께서는 법이란 헛깨비 같음을 보고
통달하여 장애가 없으시니

마음은 청정하여 여러 가지 집착을 떠났기에
모든 중생을 제도하시느니라.
佛了法如幻 通達無障礙 心淨離衆着 調伏諸群生

나의 성품은 일찍이 있지 않았고
'나'라는 것도 공적하거늘
어찌 모든 여래가
몸이 있다고 말하겠는가.
我性未曾有 我所亦空寂 云何諸如來 而得有其身

성품이란 본래 공적하고
안팎이 모두 해탈했으며
일체 망념을 떠났으니
이것이 최상의 법이로다.
其性本空寂 內外俱解脫 離一切妄念 無等法如是

체성은 항상 움직이지 않으므로
'나'도 없고 거래도 없지만
능히 세간을 잘 알고 깨달아
끝없는 중생을 조복 받느니라.
體性常不動 無我無來去 而能悟世間 無邊悉調伏

중생에게 슬픈 마음을 내시고
모든 중생을 구제하고 보호하여
인간과 천상마저 벗어나게 하나니
이와 같은 일을 마땅히 하느니라.
發起大悲心 救護諸衆生 永出人天衆 如是業應作

뜻으로는 항상 부처님을 즐겁게 믿되
그 마음은 항상 퇴전하지 아니하여
모든 여래를 친근히 하나니
이와 같은 일을 마땅히 지을지어다.
意常信樂佛 其心不退轉 親近諸如來 如是業應作

뜻으로는 부처님의 공덕을 즐거워하고
그 마음 영원히 물러서지 아니하며
항상 맑은 지혜에 머무르는
이와 같은 일을 마땅히 지을지니라.
志樂佛功德 其心永不退 住於淸凉慧 如是業應作

과거 현재 미래가 끝없음을 보고
항상 부처님 공덕을 배워
게으르거나 싫증을 내지 않나니
이와 같은 일을 마땅히 지을지니라.
觀無邊三世 學彼佛功德 常無厭倦心 如是業應作

평등하게 중생심을 관하되
모든 분별심을 내지 않으면
참된 경지에 들어가나니
이와 같은 일을 할지니라.
等觀衆生心 不起諸分別 入於眞實境 如是業應作

몸과 마음이 다 평등하고
안과 밖이 모두 해탈했으며

영원토록 정념에 머물러
집착도 얽매임도 없도다.

身心悉平等 內外皆解脫 永劫住正念 無着無所繫

하나의 몸이 무량한 몸이 되니
무량한 몸이 하나가 되었도다.
세상을 두루 요달했으니
형상이 모든 곳에 두루 나타나도다.

一身爲無量 無量復爲一 了知諸世間 現形徧一切

마음으로 세간을 분별하나
이 마음은 있지 않도다.
여래가 이 법을 아시나니
이와 같이 부처님 몸을 볼지니라.

心分別世間 是心無所有 如來知此法 如是見佛身

모든 여래께서는
몸과 마음에 분별심 없음을 보기 때문에
일체법에서
모든 의혹에서 영원히 벗어난다.

若有見如來 身心離分別 則於一切法 永出諸疑滯

기꺼이 중생을 보나 중생이라는 생각이 없고
널리 여섯 갈래(육도) 길을 보나 상이 없다.
항상 선정에 들어 마음에 얽매이지 않으니
이것을 이사무애한 지혜방편이라 한다.

樂觀衆生無生想 普見諸趣無趣想 恒住禪寂不繫心 此無礙慧方便力

넓고 큰 고행을 다 수습했고
밤낮으로 정진하되 게으르지 않으며
제도하기 어려운 중생을 사자후로써
널리 중생 교화를 펼치신다.

廣大苦行皆修習　日夜精勤無厭怠　已度難度師子吼　普化衆生是其行

법을 듣고 이해하되 의혹을 두지 말고
성품이 공적하여 놀라거나 두려워하지 않는다.
모양은 육도를 따라 시방에 두루하면서
널리 중생을 가르치신다.

聞法信解無疑惑　了性空寂不驚怖　隨形六道徧十方　普教群迷是其行

일념 중에 무량한 세월을 관하니
가고 옴도 없고 머무름도 없도다.
이와 같이 삼세의 일을 요달하나니
모든 방편을 뛰어넘고 열 가지 힘을 얻었도다.

一念普觀無量劫　無去無來亦無住　如是了知三世事　超諸方便成十力

부처님이 전하는 진리의 수레바퀴여!
일체가 다 깨달음의 양식이 되느니라.
만약 능히 이를 들으면 법성을 깨닫게 되나니
이와 같은 사람은 항상 부처를 본다.

如來所轉妙法輪　　一切皆是菩提分　若能聞已悟法性　　如是之人常見佛

[본 품의 해설]

화엄경 아홉 번째 「광명각품」은 대부분 게송으로 이루어져 있는데, 이 품에서는 주로 부처님의 원력과 공덕과 지혜를 설하고 있습니다. 이것은 불도를 구하는 모든 불자들은 이 가르침을 근본 삼아 나아가라는 뜻이 있습니다. 이 때문에 본 품의 게송 가운데 중요한 게송을 가능한 많이 추려서 옮겨 보았습니다. 비록 화엄경이 교에 해당하나 선 수행자가 화엄의 이치를 잘 이해하고 수행한다면 정견을 가지고 나아갈 수 있으며, 수행도중에 흔들리지 않고 정진할 수 있습니다.

(화엄경 제10품)

❋ 보살문명품 요점해설

밝은 광명 속에서

광명으로 충만한 보광명전에서
거룩한 법회가 열리니
불법의 신심은 깊어가고
지혜광명은 더욱 빛나는구나.
한 문수가 질문하니
열 문수가 답을 하고
열 가지 주제에 열 가지 답이여!
화엄의 근본은 확립되었다.
바른 신심을 위해 깊은 의심 파하고
이 가운데 바른 실천 있나니
신해信解와 실행은 새의 두 날개와 같아
보살은 이 길로 생사를 벗어난다.
여래의 깊고 깊은 경계여!
그것은 허공과 같나니
모든 중생이 거기로 들어가지만
진실로 들어간 바는 없도다.

[보살문명품의 내용 개략]
본 장에서는 화엄의 대법을 설하기 전에 보살이 가질 수 있는 열

가지 의심을 문수보살이 질문하면 '수'자 돌림의 이름을 가진 보살이 답을 하는 내용이 나옵니다. 여기에 등장하는 문수 외 각수 재수 보수 덕수 목수 진수 법수 지수 현수 등 보살은 문수의 다른 이름으로 화엄의 대법을 설하기 위해 방편으로 나투신 보살들입니다. 여기 나오는 십 문수가 설한 법문을 열 가지 심심(十甚深; 열가지 양과 질을 뜻함) 법문이라 했습니다.

[본 품의 핵심 경문]

1. 각수보살은 연기의 심심甚深을 설했고 2. 재수보살은 교화 심심을 설했으며 3. 보수보살은 업과 심심을 설했고 4. 덕수 보살은 설법 심심을 설했으며 5. 목수보살은 복전 심심을 설했고 6. 진수보살은 정교 심심을 설했으며 7. 법수보살은 정행 심심을 설했고 8. 지수보살은 조도 심심을 설했으며 9. 현수보살은 일승 심심을 설했고 10. 문수보살은 부처님의 경계 심심으로 구경불과의 깊은 이치를 설했다.

이때에 문수보살이 각수보살에게 물었다. 불자여 마음과 성품이 하나인데, 어찌하여 가지가지 차별이 생기는가? 이른 바 선악과 고락과 미추가 다르며, 왜 업은 마음을 알지 못하고 마음은 업을 알지 못하며, 인은 연을 알지 못하고 연은 인을 알지 못하며…

爾時에 文殊師利菩薩이 問覺首菩薩言하사대 佛子야 心性이 是一이어늘 云何見有種種差別이니잇고 所謂往善趣惡趣와 諸根滿缺과 受生同異와 端正醜陋와 苦樂不同이니라. 業不知心하고 心不知業하며 因不知緣하고 緣不知因하며…

(각수보살이 게송으로 답하되)

모든 법은 작용이 없으며
또한 체성이 없다.
이런 까닭에 일체가
각각 서로 알지 못하느니라.

諸法無作用　亦無有體性　是故彼一切　各各不相知

비유하건대 시냇물이
빠르게 흘러가되
각각 서로 알지 못하듯
모든 법도 이와 같느니라.

譬如河中水　湍流競奔逝　各各不相知　諸法亦如是

법성이란 본래 무생이나
나타나므로 남이 있나니
이 가운데 능현能現이 아니므로
나타날 물건도 없다.

法性本無生　示現而有生　是中無能現　亦無所現物

청량소에서 유생有生이라는 부분에 해설하기를 "근본에선 생겨나지 않으나 인연따라 나올 뿐이니라."
근본불생根本不生이나 수연고생隨緣故生이니라

이때에 문수보살이 재수보살에게 묻기를 "불자야, 일체중생이 중생이 아니라면 어떻게 여래가 그 때와 행과 그 이해 등을 따라 모든 중생 가운데 몸을 나타내어 교화하고 조복하는가?"

爾時에　文殊師利菩薩이　問財首菩薩言하사대　佛子야　一切衆生이　非衆
生인댄　云何如來가　隨其時하시며　隨其行하시며　隨其解하시며　隨其
觀察하사　於如是諸衆生中에　爲現其身하야　敎化調伏이닛고

　　　(재수보살이 게송으로 답하기를)
지혜 있는 자는 능히 일체 유위가 무상하여, 모든 법이 공
하여 무아인 줄 보고 영원히 일체상을 떠났느니라.

智者能觀察　一切有無常　諸法空無我　永離一切相

세간의 모든 법이란 다만 마음으로 볼 뿐, 아는 것을 따라
상을 취하므로 전도되어 진실하지 못하니라.

世間所見法　但以心爲主　隨解取衆相　顚倒不如實

　　　(이때에 문수보살이 보수보살에게 묻기를)
"불자야, 일체중생이 함께 육체가 있으나 나도 없고 나라고
할 대상도 없거늘, 어찌하여 고락을 받고 업보를 받는 일이
생기는가? 그러나 법계에는 좋은 것도 없고 나쁜 것도 없느니
라."

爾時에　文殊師利菩薩이　問寶首菩薩言하사대　佛子야一切衆生이　等有四大호
대　無我無我所어늘　云何而有受苦受樂과　或受現報와　或受後報이닛고　然이
나　法界中엔　無美無惡이니라.

비유컨대 깨끗한 거울이
상대에 따라서
나타나는 모습이 다르듯,
업의 성품도 이와 같느니라.

譬如淨明鏡　隨其所對質　現像各不同　業性亦如是

밭에 종자를 뿌리되
각각 서로 알지 못하나
저절로 싹이 나오듯
업의 성질도 이와 같느니라.

亦如田種子　各各不相知　自然能出生　業性亦如是

　　(이때에 문수보살이 덕수보살에게 묻기를)
"여래의 깨달음은 오직 하나인데, 어찌하여 무량한 법을 설하
시며 무량한 모습으로 중생들을 교화하시며 무량한 경계를 보
이는가?"

爾時에　文殊師利菩薩이　問德首菩薩言하사대　佛子야　如來所悟는　唯是一法이
어늘　云何乃說無量諸法하시며　現無量刹하시며　化無量衆하시며顯示無邊種種
境界이닛고

　　(이에 덕수보살이 답하기를)
비유컨대 저 큰 바다에 파도가 천만가지로 다르나 물은 다르
지 않듯 모든 부처님 법도 이와 같느니라. 마치 허공 가운데
달을 세간사람 모두 보지만 달은 거기 간적 없듯, 모든 부처
님 법도 이와 같느니라.

亦如大海一에　波濤千萬異나水無種種殊인달하야　諸佛法如是니라　亦如空中月
을　世間靡不見이나　非月往其處인달하야　諸佛法如是니라

　　(이때에 문수보살이 목수보살에게 묻기를)
"불자여, 여래의 복전이 평등하거늘, 어찌하여 중생들의 보시

의 과보가 다른가?"

爾時에 文殊師利菩薩이 問目首菩薩言하사대 佛子야 如來福田이 等一無異어늘 云何而見衆生이 布施에 果報不同이니잇고

이에 목수보살이 답하기를, 비유컨대 넓은 땅에 많은 종자가 싹이 나오나 서로 원친이 없듯 부처님의 복밭도 이와 같다.

譬如大地一이 隨種各生芽호대 於彼無怨親인달하야 佛福田亦然이니라

(이때에 문수보살이 근수보살에게 묻기를)
"불자야, 불교란 한 법인데 어찌 중생이 모든 번뇌에서 벗어나 해탈을 얻지 못하는가?"

爾時에 文殊師利菩薩이 問勤首菩薩言하사대 佛子야 佛教가 是一이어늘 衆生이 得見에 云何不卽悉斷一切諸煩惱縛하고而得出離이닛고

(이에 근수보살이 답하기를)
비유컨대 작은 불로 젖은 나무를 태우려한다면 불은 이내 꺼지듯 부처님법 속에서도 게으르면 이와 같다. 마치 나무를 비벼서 불을 구하는 자가 자주 쉬면 불의 세력도 소멸하듯이 게으른 자도 이와 같다.

譬如微少火에 樵濕速令滅인달하야 於佛教法中에 懈怠者亦然이니라 如鑽燧求火에 未出而數息이면 火勢隨止滅인달하야 懈怠者亦然이니라

(이때에 문수보살이 법수보살에게 묻기를)
"불자야, 부처님께서 중생이 누구든 정법을 수지하면 번뇌에서 벗어난다고 했는데, 어찌하여 정법을 가지고도 번뇌에서 벗어나지 못하는가?"

爾時에 文殊師利菩薩이 問法首菩薩言하사대 佛子야 如佛所說하야 若有衆生
受持正法하면 悉能除斷一切煩惱 何故로 復有受持正法 而不斷者

(이에 법수보살이 게송으로 말씀하시되)
어떤 사람이 갈증이 나서
물가에 갔지만 물에 빠져 죽을까 두려워
물 먹기를 거부하듯이,
수행하지 않으면 지식도 이와 같다.
如人水所漂 懼溺而渴死인달 於法不修行 多聞亦如是

(유명한 게송)
어떤 사람이 남의 보배를 헤아리되
자신에게는 반 푼의 이익도 없듯이
법대로 수행하지 않으면
많은 지식도 이와 같느니라.
如人數他寶 自無半錢分 於法不修行 多聞亦如是

(이때에 문수보살이 지수보살에게 묻기를)
불자야, 부처님 법에는 지혜가 최고인데, 왜 여래는 6바라밀
과 사무량심 등을 찬탄하시다가 마침내 한 법도 마음에 두지
않고 삼계에 벗어남을 얻고 위없는 정각을 이룬다 했는가?
爾時에 文殊師利菩薩이 問智首菩薩言하사대 佛子야 於佛法中에 智爲上首어
늘 如來가 何故로 或爲衆生하사 讚歎布施하시며 或讚持戒하시며 或讚堪忍
하시며 或讚精進하시며 或讚禪定하시며 或讚智慧하시며 或復讚歎慈悲喜捨
니잇고 而終無有唯以一法으로 而得出離하야 成阿耨多羅三藐三菩提者니이다

(이에 지수보살이 게송으로 답하기를)

먼저 터를 닦고
뒤에 집을 짓듯
육바라밀도 그러하여
보살의 모든 행의 근본이 된다.
如先立基堵 而後造宮室 施戒亦復然 菩薩衆行本

　　　(이때 문수보살이 현수보살에게 물으시되)
"불자야, 모든 부처님은 오직 한 길로 해탈하셨는데, 어찌하여 모든 부처님 국토에 있는 모든 일이 가지가지로 같지 않는가?"
爾時에 文殊師利菩薩이 問賢首菩薩言하사대 佛子야 諸佛世尊이 唯以一道로 而得出離어시늘 云何今見一切佛土의 所有衆事가 種種不同이니잇고

　　　(이에 현수보살이 게송으로 답하되)
문수의 법은 항상 그러하여
법왕은 오직 한 법이니
일체에 걸림 없는 사람은
하나의 길로 생사에서 벗어난다.
文殊法常爾 法王唯一法 一切無礙人 一道出生死
(신라의 원효대사가 상기 게송을 즐겨 부르고 다녔습니다.)

(이때에 모든 보살이 문수보살에게 말하기를)
"불자야, 우리들은 이미 아는 바를 말하였으니 원하건대 인자께서는 어떤 것이 여래의 경계이며 여래의 경계에 들어가는 법인지 말씀하여주옵소서."
爾時에 諸菩薩이 謂文殊師利菩薩言하사대 佛子야 我等所解를 各自說已로소

니 唯願仁者는 以妙辯才로 演暢如來의 所有境界하소서 何等이 是佛境界며 何等이 是佛境界因이며 何等이 是佛境界度며 何等이 是佛境界入이며

(이에 문수보살이 게송으로 답하기를)
여래의 깊은 경계여!
크기는 허공과 같지만
일체중생이 들어가나
실로 들어간 바는 없도다.
如來深境界 其量等虛空 一切衆生入 而實無所入

법계와 중생계에
구경에는 차별 없나니
일체를 다 요달 한다면
이것이 여래의 경계이니라.
法界衆生界 究竟無差別 一切悉了知 此是如來境

일체 중생심이
삼세 가운데에 두루 있지만
여래는 일념으로
일체를 다 밝게 보느니라.
一切衆生心 普在三世中 如來於一念 一切悉明達

[본 품의 내용]

본장에서는 보살이 중생을 교화할 때 근기 따라 생길 수 있는 문제들을 미리 살펴보고 스스로 바른 안목으로 살아가야 한다는 것을 강조했으며, 아울러 중생교화에 근기 따라 바로 인도할 수 있도

록 가르침을 전해주고 있습니다. 본장의 주요 핵심은 열 가지 주제에 열 가지 답을 열 문수가 질문하고 열 분의 우두머리보살이 답하는 내용이「보살문명품」즉 보살이 질문하고 보살이 이치를 밝힌다는 내용입니다. 때문에 본장은 모든 수행자와 불자들이 마음에 새겨두어야 할 가르침입니다.

(화엄경 제11품)

❀ 정행품 요점해설

가을하늘 같은 마음

바람 없는 푸른 하늘에
한 점 흰 구름 두둥실 떠간다.
여기 주고받음 없으니
있는 그대로 청정하구나.
누가 만일 여기에서
이름과 모양에 걸리지 않고
얻고 잃음에 마음 두지 않으며
원친과 선악에 평등하다면
눈을 떠서 산을 보거나
발을 움직여 길을 가는 것
이 모두가 문수의 마음이요
거룩한 보현의 행이다.
한 마음 청정함이여!
이것이 팔만사천 공덕이라네.

[정행품의 핵심 경문]

이때에 문수보살이 지수보살에게 물었다. "불자여 보살은 어떻게 신구의 삼업으로 허물없이 살아갈 수 있으며? 어떤 것이 해롭지 않는 삼업이며, 어떤 것이 불퇴전의 삼업이며, 어떤 것이 청정한 삼업이며, 어떤 것이 구족함을 얻는 것이며 어떤 것이 측량할 수 없는 수승한 지혜이며 어떤 것이 육바라밀과 사무량심을 얻는 것인가?"

爾時에 智首菩薩이 問文殊師利菩薩言하사대 佛子야 菩薩이 云何得無過失身語意業이며 云何得不害身語意業이며 云何得不可毀身語意業이며 云何得不可壞身語意業이며 云何得不退轉身語意業이며 云何得不可動身語意業이며 云何得殊勝身語意業이며 云何得淸淨身語意業이며

"불자야, 만일 모든 보살이 그 마음을 잘 쓰면 곧 일체 수승하고 묘한 공덕을 얻어서 부처님 법 가운데 걸림 없으며, 과거 현재 미래의 부처님 법에 항상 머무르게 되며, 중생을 버리지 아니하고 세속을 통달하여 중생을 제도하되 일체 악을 끊고 모든 선을 구족하며 행과 원을 갖추어 모든 중생들을 인도하는 스승이 되리라."

佛子야 若諸菩薩이 善用其心하면 則獲一切勝妙功德하야 於諸佛法에 心無所礙하며 住去來今諸佛之道하며 隨衆生住하야 恒不捨離하며 如諸法相을 悉能通達하며 斷一切惡하고 具足衆善하며 當如普賢의 色像第一하며 一切行願이 皆得具足하며 於一切法에 無不自在하며 而爲衆生의 第二導師하리라

(질문) 불자여, 구체적으로 어떻게 마음을 써야 능히 일체가 다 수승하고 묘한 공덕을 얻을 수 있는가?

佛子야 云何用心하야사 能獲一切勝妙功德고

(답) 보살이 가정에 있을 때 중생의 가정이란 체성이 공한 줄 관찰하여 온갖 핍박에서 벗어나기를 원해야 한다. 부모님께 효도하고 섬기되 부처님 모시듯 모든 존재를 그와 같이 봉양하기를 발원해야 한다. 처자를 대할 때 마땅히 모든 중생에게

원친怨親이란 본래 평등함을 관하여 애착을 떠나야 한다. 만약 어려움에 처했을 땐 마땅히 모든 중생이 뜻과 같이 자유자재 해서 걸림 없기를 발원해야 한다.

菩薩在家에 當願衆生이 知家性空하야 免其逼迫하며 孝事父母에 當願衆生이 善事於佛하야 護養一切하며 妻子集會에 當願衆生이 怨親平等하야 永離貪着하라. 若在厄難인댄 當願衆生이 隨意自在하야 所行無礙니라

출가하게 되면 모든 중생이 다 함께 물러나지 않는 법을 얻어 마음의 모든 장애가 없어지기를 발원해야 한다.

求請出家에 當願衆生이 得不退法하야 心無障礙하며

청정한 도량에 들어가면 모든 중생이 가지가지 어긋나는 일이나 다투지 않는 법을 연설하기를 발원해야 한다.

入僧伽藍에當願衆生이 演說種種의 無乖諍法하며

머리 깎을 때에는 모든 중생이 영원히 번뇌에서 벗어나 구경 열반 얻기를 발원해야 한다.

剃除鬚髮에 當願衆生이 永離煩惱하야 究竟寂滅하며

가사를 입을 때에는 모든 중생이 마음에 물드는 바가 없어 부처님의 도 갖추기를 발원해야 한다.

着袈裟衣에 當願衆生이 心無所染하야 具大仙道하며

부처님 법에 귀의했으면 모든 중생이 깊이 부처님 가르침을 배워 지혜가 바다처럼 되기를 발원해야 한다.

自歸於法에 當願衆生이 深入經藏하야 智慧如海하며

큰스님에게 가르침을 받게 되면 모든 중생이 부처의 지혜에
들어가 부처의 도 얻기를 발원해야 한다.
受和尙敎에 當願衆生이 入無生智하야到無依處하며

부처님 계를 받게 되면 모든 중생이 모든 방편을 갖추고 최고
의 진리 얻기를 발원해야 한다.
受具足戒에 當願衆生이 具諸方便하야 得最勝法이니라

만약 방 안에 들어가면 모든 중생이 부처의 방에 들어가 안주
하되 흔들림 없는 경지에 들기를 발원해야 한다.
若入堂宇인댄 當願衆生이 昇無上堂하야 安住不動하며

몸을 바르게 하고 단정히 앉아 있되 모든 중생이 보리좌에 앉
아 마음이 모든 걸림에서 벗어나길 발원해야 한다.
正身端坐에 當願衆生이 坐菩提座하야 心無所着하며

만약 밖을 나갈 땐 모든 중생이 생사의 바다에서 벗어나 부처
님의 미묘한 법 얻기를 발원해야 한다.
若擧於足인댄 當願衆生이 出生死海하야 具衆善法하며

옷을 입을 때는 모든 중생이 제일 수승한 경지에 들어가 흔들
림 없는 법 얻기를 발원해야 한다.
着僧伽黎에 當願衆生이 入第一位하야 得不動法이니라

대·소변 시에는 중생들의 탐진치도 이와 같이 버려 모든 허

물에서 벗어나기를 발원해야 한다.

大小便時에 當願衆生이 棄貪瞋癡하야 蠲除罪法하며

볼일을 마치고 세면대에 서면 중생들도 세상의 모든 오염으로부터 벗어나 청정세계에 빨리가길 발원해야 한다.

事訖就水에 當願衆生이 出世法中에 速疾而往하며

물로 얼굴을 씻을 땐 모든 중생이 깨끗한 법을 얻어서 영원히 오염 되지 않기를 발원해야 한다.

以水洗面에 當願衆生이 得淨法門하야 永無垢染이니라

만약 길을 나서게 되면 모든 중생이 능히 불도를 잘 실천하여 찌꺼기가 없는 법으로 회향되기를 발원해야 한다.

若在於道인댄 當願衆生이 能行佛道하야 向無餘法하며

큰 길로 나아가게 되면 모든 중생이 영원히 삼계를 벗어나 마음에 비겁하거나 나약하지 않기를 발원해야 한다.

見昇高路에 當願衆生이 永出三界하야 心無怯弱하며

좁고 굽은 길을 가게 되면 모든 중생이 삿된 길을 버리고 영원히 나쁜 견해 떠나길 발원해야 한다.

見斜曲路에 當願衆生이 捨不正道하야 永除惡見하며

만일 지저분한 길을 가게 되면 모든 중생이 더러움에서 벗어나 청정한 법 얻기를 발원해야 한다.

見路多塵에 當願衆生이 遠離塵坌하야 獲清淨法하며

만일 위험한 길을 가게 되면 모든 중생이 정법에 머물러 모든 재액 떠나기를 발원해야 한다.
若見險道인댄 當願衆生이 住正法界하야 離諸罪難이니라

만약 사람 많이 모인 법회에 참여하면 모든 중생이 부처님 법을 듣고 모두 화합되길 발원해야 한다.
若見衆會인댄 當願衆生이 說甚深法하야 一切和合하며

만약 높은 산을 보면 모든 중생들의 선근도 뛰어나 최상의 경지에 이르기를 발원해야 한다.
若見高山인댄 當願衆生이 善根超出하야 無能至頂하며

나무숲이 무성한 것을 보면 모든 중생들이 선정과 해탈로써 시원한 그늘 되기를 발원해야 한다.
見樹葉茂에 當願衆生이 以定解脫로 而爲陰暎하며

만일 나무와 꽃을 보게 되면 모든 중생들도 나무와 꽃처럼 삼십이상 갖추기를 발원해야 한다.
若見樹華인댄 當願衆生이 衆相如華하야 具三十二하며

만약 과실을 보게 되면 모든 중생들도 최승의 법을 얻어 보리도 증득하기를 발원해야 한다.
若見果實인댄 當願衆生이 獲最勝法하야 證菩提道하며

만약 큰 하천을 보면 모든 중생이 모두 부처님 법의 흐름으로 들어와 부처의 지혜 바다에 들어가길 발원해야 한다.

若見大河인댄 當願衆生이 得預法流하야 入佛智海하며

병든 사람을 보면 모든 중생이 진실한 지혜에 들어가 영원히 병고에서 벗어나기를 발원해야 한다.

見疾病人에 當願衆生이 入眞實慧하야 永無病惱하며

단정한 사람을 보면 모든 중생이 부처님과 보살에 대해 항상 청정한 믿음 내기를 발원해야 한다.

見端正人에 當願衆生이 於佛菩薩에 常生淨信하며

누추한 사람을 보면 모든 중생들이 좋지 않은 일에 깊이 빠져들지 않게 되기를 발원해야 한다.

見醜陋人에 當願衆生이 於不善事에 不生樂着하며

은혜 입은 사람을 보면 모든 중생이 부처님과 보살에 대해 은덕을 알게 되기를 발원해야 한다.

見報恩人에 當願衆生이 於佛菩薩에 能知恩德하며

은혜를 배신한 사람을 보면 모든 중생이 저 악인에게 나쁜 과보가 가해지지 않기를 발원해야 한다.

見背恩人에 當願衆生이 於有惡人에 不加其報하며

스님을 보면 모든 중생이 조화롭고 고요한 마음을 일으켜 일체 악을 떠나길 발원해야 한다.

若見沙門인댄 當願衆生이 調柔寂靜하야 畢竟第一하며 離一切惡하며

만약 모든 사람을 보면 모든 사람이 항상 정념으로 모든 선행을 실천하기를 발원해야 한다.

若見大臣인댄 當願衆生이 恒守正念하야 習行衆善이니라

밥을 먹을 때는 모든 중생들이 부처님 법 수행하는 것으로 밥을 삼고 법의 기쁨이 충만하기를 발원해야 한다.

若飯食時인댄 當願衆生이 禪悅爲食하야 法喜充滿하며

목욕할 때는 모든 중생이 몸과 마음에 때가 없어져 안과 밖이 청결하고 빛나길 발원해야 한다.

洗浴身體에 當願衆生이 身心無垢하야 內外光潔하며

부처님 상이나 탑을 볼 때는 모든 중생을 부처님처럼 보고 훌륭한 공덕 받기를 발원해야 한다.

見佛塔時에 當願衆生이 尊重如塔하야 受天人供하며

만약 발을 씻을 때 마땅히 모든 중생이 신통력을 갖추어 행함에 장애 없기를 발원해야 하느니라.

若洗足時인댄 當願衆生이 具足神力하야 所行無礙하며

잠잘 때는 모든 중생들이 몸으로 안온함을 얻어 마음이 잡스럽지 않기를 발원해야 한다.

以時寢息에 當願衆生이 身得安隱하고 心無動亂하라

[본 품의 내용 해설]

본 품에서는 모든 보살과 불자들이 어떻게 신구의 삼업을 닦고 실천해야 하는지 구체적으로 질문하고 답하는 내용이 나옵니다. 정행품의 내용은 문수보살이 신구의 삼업에 관한 108개 내용을 지수보살에게 질문하고, 지수보살은 구체적으로 140개 내용을 가지고 140개 원願을 일으켜 높은 단계로 나아가도록 하였습니다.

본 품의 내용은 대승보살이 갖추어야 할 덕목이 모두 있으므로 대승보살계라고 할 수 있습니다. 문수보살이 먼저 장황하게 질문했으나 여기에 대해 지수보살은 "이 모든 것은 마음 하나 잘 쓸 때 온갖 공덕을 거둘 수 있으므로 수행이란 결론적으로 마음하나 밝히는데 있다"는 총괄적인 답을 하고, 이어서 구체적으로 140개 답(원)을 설했습니다.

본 품에서는 화엄 수행자가 기본적으로 갖추어야 할 덕목과 율을 설했으니, 이것을 갖추지 않고는 어떤 수행도 할 수 없기 때문입니다. 육조스님이 이르기를 "심지무비자성계心地無非自性戒라" 했습니다. 이것은 마음 가운데 허물없는 것이 자성청정계라는 말입니다. 그래서 자성청정계라는 것은 무주無住 무상無相 무념無念 무아無我의 바탕에서 보살행을 닦아야 한다는 것입니다. 이와 같은 대승계를 바탕으로 수행하고 중생교화하는 사람을 화엄의 실천자라 할 수 있다는 것입니다.

청량소에 이르기를 "지극한 발원으로 잘못을 막고 허물을 떠나 덕을 이룰 때 청정이라 하고 자비와 지혜로 중생을 제도하고 일체를 초월하는 것을 청정이라 한다. 이 뜻을 얻으면 발을 들었다 놓는 것도 문수의 마음이요. 견문각지(見聞覺知; 보고 듣고 깨닫고 알고)

도 다 보현행이 된다. 마음이 혼탁하지 않음을 청정이라 하느니라." 했습니다. 이처럼 화엄경 정행품은 화엄의 수행자가 반드시 지녀야 할 덕목이 있으므로 우리는 이 품의 내용을 잘 기억하고 실천하도록 노력해야 하겠습니다.

(화엄경 제12품)

❀ 현수품 요점해설

보리심의 공덕

끝없는 허공은 어디에서 나왔는가.
허공의 성품은 무엇인가.
내가 나를 바르게 깨우치지 못하면
허공의 성품을 이해하지 못한다.
믿음은 도의 근원이요
모든 공덕의 어머니라면
그것은 청정한 모습이다.
믿음 속에 청정이 있고
청정 속에 깨달음이 있다면
무변허공과 깨달음은 둘이 아니고
둘 아닌 신심 속에 허공이 있다.
보리심 일으킨 무량한 공덕이여!
이것이 진정한 신심 아니겠는가.

[현수품의 대의]

본 품에서는 먼저 문수보살이 현수보살에게 "보리심에 관한 공덕이 무엇인가?" 라고 질문하니, 여기에 대해 현수보살은 보리심을 일으킨 초발심의 공덕과 그 행상行相을 설했으며 초발심으로부터 갖게 되는 신심信心의 공덕이 무량무변함을 설하고 있습니다. 또 신심에는 삼보를 믿는 공덕으로 나머지 얻게 되는 이익이 있으며, 이 신심으로 인해 불·보살의 호념 속에 진정한 보리심이 나온다고 했습니다.

이 보리심으로 십주위十住位에 들어가고, 여기에서 바로 부처의 집에 태어나 모든 수행방편을 닦아 믿음의 즐거움과 마음청정을 얻어 최상승심을 얻게 되고, 최상승심을 얻으면 십행위十行位에 들어가 항상 바라밀을 닦고 마하연(摩訶衍: 대승)을 구족하며 이로써 법답게 부처님께 공양하는 것입니다. 이러한 공양으로 부처님을 생각(念佛)하는 마음 때문에 부동심을 얻고 무량한 부처님을 친견하게 된다고 했습니다.

만일 무량한 부처님을 친견하면 여래의 몸이 상주함을 보게 되고, 여래의 몸이 상주함을 깨우칠 때 불생불멸의 법을 알고 걸림 없는 변재로 연설하게 되고, 이 변재로 무수한 중생을 제도하고 중생을 향한 대비심을 갖추게 되는데, 이것은 십회향위十回向位의 경계입니다. 다음으로 십지위十地位를 차례대로 설했고 이어 삼업을 닦는 공덕이 무량함을 설했습니다.

본 장에서 각종 삼매를 설했는데 먼저 1. 해인삼매의 공능을 설했고 이어 2. 화엄삼매 3. 인다라망삼매 4. 신변神變삼매 5. 법문삼매 6. 사섭법四攝法삼매 7. 세간삼매를 설했는데, 이 삼매는 백천삼매로써 중생을 교화하고 이롭게 하는 모든 삼매를 총칭하는 삼매라고 할 수 있습니다. 현수보살은 이 삼매 속에서 세간·출세간에 걸림 없는 무진삼매를 설했고 이것이 부처님의 큰 지혜라고 했습니다.

[본 품의 핵심 경문]

이때에 문수보살이 청정행의 공덕을 말씀하시고 보리심菩提心 공덕에 관해서 현수보살에게 물으시니, 현수보살이 게송으로 대답 하셨다.

좋구나! 어진이여 자세히 들으소서.
보리심의 공덕은 측량할 수 없으므로
다 말할 수 없어 작은 부분만을 설하리니
이는 마치 큰 바다 가운데 한 방울 물과 같도다.
善哉仁者應諦聽 彼諸功德不可量 我今隨力說少分 猶如大海一滴水

만약 어떤 보살이 처음 발심하여
맹서코 부처님의 깨달음을 구할 마음을 내었다면
그 공덕은 끝이 없어
측량할 수 없고 비교할 곳도 없느니라.
若有菩薩初發心 誓求當證佛菩提 彼之功德無邊際 不可稱量無與等

깊은 마음으로 신심과 이해는 항상 청정하여
일체 부처님을 공경·존중하며
부처님 법과 스님들에게도 그와 같아
지극한 정성으로 공양하고 신심을 낸다.
深心信解常淸淨 恭敬尊重一切佛 於法及僧亦如是 至誠供養而發心

(초발심을 통해서 얻어지는 공덕)
부처님과 법을 믿으며
불자들이 살아갈 도리를 믿으며

위없는 큰 보리심을 믿는
보살을 초발심이라 하느니라.
深信於佛及佛法　亦信佛子所行道　及信無上大菩提　菩薩以是初發心

믿음은 도의 근원이요. 공덕의 어머니라.
길이 일체 선근을 길러주며
모든 그물 같은 의심을 깨뜨리고 애착에서 벗어나게 하며
열반이라는 위없는 도를 보여준다.
信爲道元功德母　長養一切諸善法　斷除疑網出愛流　開示涅槃無上道

(청량국사는 무구청정無垢淸淨을 믿음이라 했으며
삼조 승찬대사는 신심불이信心不二요 불이신심不二信心이라 했다)

믿음은 경계에 집착이 없어
모든 어려움에 걸림이 없고
믿음은 능히 모든 마군의 경계에서 벗어나
위없는 해탈의 길을 보여준다.
信於境界無所着　遠離諸難得無難　信能超出衆魔路　示現無上解脫道

만일 능히 법답게 부처님께 공양하면
곧 능히 염불하는 마음이 흩어지지 않을 것이며
만일 일심으로 염불하면
곧 한량없는 부처님을 볼 것이다.
若能如法供養佛　則能念佛心不動　若能念佛心不動　則常覩見無量佛

만일 한량없는 부처님을 친견하면
곧 여래의 몸은 항상 머무는 것이니

만일 여래의 몸이 상주함을 보면
부처님 법은 영원하여 없어지지 않음을 알 것이니라.

若常觀見無量佛　則見如來體常住　若見如來體常住　則能知法永不滅

(신구의 삼업 청정의 공덕)
만일 지혜로써 먼저 인도하여
삼업에 허물이 없으면
그 원력에 자재함을 얻어
널리 중생들에 따라 가르침을 줄 수 있다.

若以智慧爲先導　身語意業恒無失　則其願力得自在　普隨諸趣而現身

만일 번뇌가 일어나지 않으면
영원히 생사에 빠지지 아니하고
곧 그 공덕으로 법성신을 얻어서
법력을 갖추어 세상에 나타나느니라.

若知煩惱無所起　永不沒溺於生死　則獲功德法性身　以法威力現世間

만일 시방의 모든 부처님이
손으로 이마에 관정함을 받으면
곧 몸이 충만하기를 허공처럼 되어
시방에 안주하여 움직임이 없다.

若蒙十方一切佛　手以甘露灌其頂　則身充徧如虛空　安住不動滿十方

중생의 모습이 같지 않고
행동과 업도 무량하지만
이와 같은 모든 것을 다 나타내나니
이것이 해인삼매 위신력이니라.

(해인삼매는 이사理事에 걸림 없는 청정법신의 경계이다)

衆生形相各不同 行業音聲亦無量 如是一切皆能現 海印三昧威神力

걸림 없는 지혜가 불가사의하고
설법에 걸림 없으며
보시 계율 인욕 정진 선정과
지혜 방편 신통 등이
자유자재한 것은
다 부처님의 화엄삼매 힘이니라.

智慧自在不思議　說法言辭無有礙　施戒忍進及禪定
智慧方便神通等　如是一切皆自在　以佛華嚴三昧力

한 티끌 속에 삼매에 들어가니
일체 티끌 삼매를 성취하지만
그 티끌 또한 증가하지 아니하며
하나 티끌에서 부사의한 세계를 나타낸다.

一微塵中入三昧 成就一切微塵定 而彼微塵亦不增 於一普現難思刹

(이하 게송들은 화엄시식華嚴施食에 인용되어 있다)

광명을 놓아 묘하게 장엄하니
한량없는 보배 연꽃이 나왔는데
그 꽃의 색상이 다 수승하고 묘하거늘
이것을 모든 부처님께 공양 올린다.

又放光明妙莊嚴 出生無量寶蓮華 其華色相皆殊妙 以此供養於諸佛

또 광명을 놓아 향으로 장엄하니

가지가지 묘한 향이 모여 장막처럼 되었는데
널리 시방 모든 국토에 계신
일체 큰스님들께 공양 올린다.

又放光明香莊嚴　種種妙香集爲帳　普散十方諸國土　供養一切大德尊

보살이 삼매 가운데 머물러
가지가지 방편으로 중생을 섭수하되
한량없는 공덕과 방편으로
중생을 이끌어준다.

菩薩住在三昧中　種種自在攝衆生　悉以所行功德法　無量方便而開誘

보살이 가지가지 방편으로
세상 법에 따라 중생을 제도하지만
연잎이 물에 젖지 않듯이
이와 같이 세상에 머물며 깊은 믿음을 준다.

菩薩種種方便門　隨順世法度衆生　譬如蓮華不着水　如是在世令深信

또 광명을 놓으니 이름이 법자재라
이 광명이 능히 일체중생을 깨치게 하여
다함없는 다라니를 얻어서
일체 모든 부처님 법을 가지게 된다.

又放光名法自在　此光能覺一切衆　令得無盡陀羅尼　悉持一切諸佛法

한 개 털구멍으로부터 나온 빛이
무량무수하여 강가의 모래알처럼 많은데
모든 털구멍도 다 그러하니
이것이 큰 신선 삼매력이다.

如一毛孔所放光　無量無數如恒沙　一切毛孔悉亦然　此是大仙三昧力

만일 누가 밝은 광명에 차별 있음을 듣고
능히 청정하고 깊은 믿음과 이해를 내면
영원히 모든 의심을 끊고
속히 위없는 공덕의 집을 얻게 되리라.
若有聞此光差別　能生淸淨深信解　永斷一切諸疑網　速成無上功德幢

중생이 미혹하여 삿된 교리 품고
나쁜 소견에 머물러 뭇 괴로움 받을 때
보살은 방편으로 묘한 법을 설하여
모두 다 바른 진리 깨닫게 한다.
衆生迷惑棄邪教　住於惡見受衆苦　爲其方便說妙法　悉令得解眞實諦

항상 광명을 놓으니 이름이 적정이라.
이 광명은 능히 정신이 어지러운 자 깨우치게 하고
그에게 탐진치를 떠나게 하며
마음의 동요를 멈추고 바른 정에 들게 한다.
又放光明名寂靜　此光能覺亂意者　令其遠離貪恚癡　心不動搖而正定

혹은 동쪽에서 선정에 들어갔다가
서쪽에서 출정을 하며
혹은 서쪽에서 정에 들었다가
동쪽에서 출정을 한다.
(세간과 출세간이 원융무애 함을 보였음)
或於東方入正定　而於西方從定出　或於西方入正定　而於東方從定出

눈(眼根) 가운데로 선정에 들었다가
현상(色塵)경계로 출정하여
현상경계가 부사의 함을 나타내나니
하늘과 사람들은 알지 못한다.

於眼根中入正定 於色塵中從定出 示現色性不思議 一切天人莫能知

최상의 지혜와 광대한 지혜,
진실한 지혜와 끝없는 지혜,
으뜸가는 지혜와 수승한 지혜인
이와 같은 법문을 지금 이제 설했노라.

第一智慧廣大慧 眞實智慧無邊慧 勝慧及以殊勝慧 如是法門今已說

(현수보살이 마지막으로 지혜에 대한 결론을 말했다.)

이 법은 희유하여 심히 기특하나니
만약 사람이 듣고는 바로 긍정하고
능히 믿고 능히 받아가지고 능히 찬탄하고 설한다면
이 같이 행하는 자는 매우 어렵고 귀 하느니라.

此法希有甚奇特 若人聞已能忍可 能信能受能讚說 如是所作甚爲難

[현수품 해설]

우리는 본 품에서 초발심의 중요성을 알았고 초발심은 바른 믿음
에서 나온다고 했습니다. 세상에서도 어떤 일을 하기 전에 그 일에
확신이 필요하지만 이 확신은 주관적이 아닌 냉철한 안목에서 나
와야 하듯, 선禪에서는 바른 견해가 절대적으로 중요하므로 여기에

대한 문답이 많이 있습니다.

어느 날 수행자가 임제선사에게 물었습니다.
"바른 견해란 무엇입니까."
"일상에서 일어나는 일을 바로 보는 것이다."
또 조주선사가 남전선사에게 물었습니다.
"도(道)란 무엇입니까." 하니, "평상심이 도(道)니라. 그러나 이 도(道)는 무얼 하고자 하면 어긋난다." 했습니다.

만일 여기에서 우리가 일상에서 일어나는 일을 바로 본다면 그것은 진리를 보는 것이고, 진리를 보는 자 남전선사가 말한 평상심이라는 큰 도를 보는 것입니다. 여기에서 화엄경의 초발심(믿음)과 선사들이 말하는 평상심은 같은 뜻이며, 이것이 진리를 바로 보는 안목입니다. 그렇다면 이제 우리는 여기에서 순수한 초발심을 내어 도의 세계로 들어가야 하겠습니다.

(화엄경 제13품)

✾ 승수미산정품 요점해설

수미산정의 제석궁

끝없는 태허공 가운데
묘하게 생긴 산이 있으니
이름이 수미산이다.
산정에 제석천이 있는데
과거 일곱 부처님이 다녀가셨고
석가모니부처님도 방문하셨다.
도리천 천주인 제석천왕과
서른셋 부속 천왕이 영접하면서
부처님의 공덕을 찬탄하였다.
보리수를 떠나지 않고
제석궁에 왕림함이여!
시방세계가 일념을 벗어나지 않는구나.
하늘 보석으로 장엄된 궁전에
광명으로 이뤄진 법좌에 앉으니
화엄의 대법이 하늘세계에 충만하였다.

[승수미산정품의 대의]

흔히 화엄경을 7처 9회 설법이라고 합니다. 즉 지상에서 세 곳, 천상에서 네 곳 설했습니다. 지금까지는 화엄법회를 지상에 있는 진리의 전당에서 설했는데 갑자기 부처님께서 온 우주법계에 있는 중생을 교화하기 위해 문득 하늘나라로 올라가셨습니다. 여기에서 중요한 것은 부처님은 어떻게 천상세계로 가셨는가 하는 것입니다. 이것이 본 품의 요점으로써 이 속에 부처님의 뜻이 들어있습니다. 부처님께서 지금까지 머무셨던 보리수를 떠나지 않고 하늘세계로 가셨다는 여기에서 무생무멸無生無滅을 보였고 무거무래無去無來라는 절대평등을 보였습니다.

중생들은 망식妄識에 의존하기 때문에 이곳을 떠나 다른 곳으로 이동할 수밖에 없지만 부처님은 있는 그대로 평등이요 참모습이라 공간성을 초월했으므로, 시방세계와 시간적인 과거·현재·미래의 삼세가 따로 존재하지 않습니다. 도리천忉利天이란 여섯 하늘세계 가운데 아래에서 두 번째이며 도리천의 천주인 제석천왕帝釋天王을 세상에서는 천주님, 하늘임금님, 하늘님, 하느님이라고 합니다. 일찍이 부처님께서 어머님을 위해 도리천에 올라가셔서 석 달간 법문하고 오신 적이 있는데, 이번에는 부처님이 하늘사람들을 제도하기 위해 하늘나라(도리천)에 왕림하여 화엄법회를 열었습니다.

[본 품의 핵심 경문]
이때에 세존께서는 일체 보리수 아래를 떠나지 않고 수미산정에 있는 제석궁전으로 향하셨다.

爾時世尊이 不離一切菩提樹下하고 而上昇須彌하사 向帝釋殿하신대

청량소에서는 이 뜻을 다음과 같이 표현했습니다. "한 몸의 모양이니, 머무름이 곧 가는 것이며 가는 것이 곧 머무름이다. 머무름이란 몸이 시방에 두루 함이요, 가는 것이란 천백억 화신이다.

同體業用 卽住是去 去卽是住 住是體徧 去是用應

이때에 제석천왕이 부처님을 받들기 위해 자리를 펴고 몸을 굽혀 합장하고 부처님을 향해 이와 같이 말했다. "잘 오셨습니다. 세존이시여! 저희들을 애민하게 여기시고 이 궁전에 머물러주옵소서." 이때 세존께서 그 청을 받아주시고 묘하고 수승한 궁전에 들어가시니, 시방세계 가운데에서도 다 이와 같았느니라.

爾時에 帝釋이 奉爲如來하야 敷置座已에 曲躬合掌하고 恭敬向佛하야 而作是言호대 善來世尊이시여 善來善逝시여 善來如來應正等覺이시여 唯願哀愍하사 處此宮殿하소서 爾時世尊이 卽受其請하사 入妙勝殿하시니 十方一切諸世界中에도 悉亦如是하니라

이때에 제석이 부처님 위신력으로 모든 궁중의 음악이 자연히 멈추고 스스로 지난 과거 부처님 처소에서 모든 선근을 심은 것을 기억하고 이렇게 게송을 읊었다.
"가섭여래 등 과거 일곱 부처님도 큰 자비를 갖추셨으니 모든 길상 가운데 최상인데, 이러한 부처님도 이 궁전에 다녀가셨으니 이런 까닭에 여기가 가장 좋은 곳입니다."

爾時에 帝釋이 以佛神力으로 諸宮殿中所有樂音이自然止息하고 卽自憶念過去佛所에種諸善根하야 而說頌言호대 迦葉如來具大悲하시니 諸吉祥中最無上이라 彼佛從來入此殿이실새 是故此處最吉祥이니이다

청량소에 이르기를 "수미산을 번역하면 묘고산(妙高山)이라 하는데 삼매가 곧 수미산이라. 그것은 고요하여 움직이지 않으니 생각도 마음도 없고 수습하는 것도 아니며 성품에 맡겨 안정하므로 본심이라 말하고 부처님 지혜에 들어가므로 이것이 본각이며 여래가 법에 오르는 것을 수미산정이라 하느니라."

謂三昧須彌 寂然不動 無思無心 不收不攝 任性而定 稱本心地 入佛智慧 斯則本
覺 如來升法 須彌之頂

또 수미정상에 오르는 것에 대해 청량소에 이르기를 "가는 것이 곧 가
는 것 아니므로 일어남이 없고, 가는 것이 아니므로 곧 가는 것이다.
이러한 바탕에서 하늘에 오르니 오지 않는 것 같으나 온다. 그래서 화
엄경 입법계품에 이르기를 '세존께서 도솔천을 떠나지 않고 왕궁에 오
셨으며 마야부인 몸에서 나오기 전에 중생을 구제하여 마쳤다'라고 한
것이니라."
去卽非去 故名不起 非去卽去 是以升天 如不來而來等 世尊 未離도솔 已降王宮
未出母胎 度人已畢

[승수미산정품 해설]

본 장에서는 부처님께서 마야부인이 계시는 도리천에 올라가시니
모든 천상대중이 구름같이 모였으며 과거 현재 모든 부처님과 무
수한 보살 대중이 이와 같이 천상법회에 모여 거룩하게 장엄했다
는 것입니다.
여기에서 우리는 이사원융무애차원에서 화엄의 뜻을 보아야 합니
다. 즉 욕계 색계 무색계를 초월한 가르침에 공간적 시간적 개념으
로 부처님 세계를 볼 수 없으므로 먼저 우리는 중생심을 놓아버리
고 초우주적 가르침에 의지하여 진리의 눈을 떠야 한다는 것을 가
르치고 있습니다.

(화엄경 제14품)

❀ 수미정상게찬품 요점해설

초 우주적 설법시대

높은 법좌에 부처님이 앉으시니
무량 무수한 보살과 대중이 예배하고
부처님 발가락 끝에서
광명이 흘러나와 온 천하를 비추니
하늘궁전에 꽃비가 내리고
향기로운 바람이 불어온다.
수많은 보살이 차례로 나와
부처님 공덕과 지혜를 연설하니
일찍이 없었던 화엄법회에서
위없는 보리심과
자재한 신통을 얻고
불가사의한 깨달음을 이루었다.
이에 수승한 지혜를 가진 보살이
부처님의 가피를 받고
고요히 화엄 사구게를 읊었다.

"시방삼세에 존재하는 일체법이
자성 없음을 요달해야 하나니
이와 같이 법성을 체득한다면
곧 원만보신 부처를 보게 되리라."

[수미정상게찬품의 대의]

본 품은 부처님이 도리천상의 제석궁에서 보살십주十住에 관한 법회를 열고자 하니 온 우주 법계에 계시는 수많은 부처님과 보살이 오셨습니다.

여기에서 부처님의 수승한 지혜와 공덕이 충만한 혜慧자 돌림 이름을 가진 대표적인 열 분의 보살이 차례대로 나와서 게송으로 부처님의 지혜를 찬탄하는 내용입니다.

그래서 본 품은 다음에 나올 십주품을 위해 준비하는 내용이라고 할 수 있습니다.

[본 품의 경문게송]

불자여, 너는 응당히
부처님의 자재한 힘을 관하라.
모든 세상에서
부처님은 항상 그 가운데에 계시느니라.

佛子汝應觀　如來自在力　一切閻浮提　皆言佛在中

설사 백천겁 동안
부처님을 보더라도
바른 진리에 의지하지 않으면
이 사람은 모든 허상을 취하는 것뿐이니라.

假使百千劫　常見於如來　不依眞實義　是人取諸相

일체법은 무생이며
일체법은 무멸이니,
만약 능히 이와 같이 알아차리면
모든 부처님이 항상 현전하는 것이라.

一切法無生　一切法無滅　若能如是解　諸佛常現前

법성은 본래 공적하여
취할 것도 볼 것도 없나니
성품이 공하면 곧 부처라.
이것은 생각하고 헤아릴 수 없느니라.

法性本空寂　無取亦無見　性空卽是佛　不可得思量

부처님이 삼세三世를 떠났으나
모든 32상을 구족하였으며
머무름 없는 곳에 머무르니,
세상에 두루하지만 움직이는 바는 없도다.

牟尼離三世　諸相悉具足　住於無所住　普徧而不動

※ 삼세三世란, 시간적으로는 과거 현재 미래를 뜻하고 공간적으로는
욕계 색계 무색계를 말합니다.

부처님의 큰 지혜는
희유하여 어디에도 비교되지 않나니,
세상 어디에서도
생각해서 알아낼 수 없느니라.

如來大智慧　希有無等倫　一切諸世間　思惟莫能及

화엄경 사구게

시방삼세에 존재하는 일체법이　　(요지일체법 了知一切法)
자성 없음을 통달해야 하나니　　(자성무소유 自性無所有)
이와 같이 법성을 체득한다면　　(여시해법성 如是解法性)
곧 원만보신부처를 보게 되리라　(즉견노사나 卽見盧舍那)

상기 사구게는 화엄경의 대의로써 부처님 법을 상징하기도 합니다. 때문에 신라 자장율사가 중국 오대산에 가서 문수보살을 친견하고 부처님 사리와 가사와 본 게송(화엄사구게)을 받아 왔습니다. 그러므로 화엄사구게는 부처님의 근본이요 우주 만법의 핵심을 뜻하는 무상심심미묘법無上甚深微妙法입니다.

청량소에 이르기를 "일체법을 요달했다는 것은 마음이 곧 자성이라, 성품 또한 성품이 아니며 정情을 깨뜨리니 이치가 나타나고 곧 부처를 본다. 법성이란 안과 밖이 없다." 또 이르기를 "이 성품은 곧 공한 자리이고 공한 자리가 곧 불성이니라."
了一切法　卽心自性　性亦非性　情破理現　卽見舍那　稱於法性　無內外也　此性卽弟一義空　弟一義空　卽是佛性

어두운 곳에 있는 보물을
등불 없으면 볼 수 없듯이
부처님 법도 사람이 설하지 않으면
비록 지혜롭다 해도 알지 못하느니라.
譬如暗中寶　無燈不可見　佛法無人說　雖慧莫能了

일체 모든 법의 성품이란

무생이며 또한 무멸이라.
기이하구나. 큰 인도자여!
스스로 깨닫고 다른 이도 깨닫게 하네.
一切諸法性　無生亦無滅　奇哉大導師　自覺能覺他

법성은 본래 청정하여
허공과 같아 상이 없다.
일체를 능히 설할 수 없나니
지혜로운 사람은 이렇게 본다.
法性本淸淨　如空無有相　一切無能說　智者如是觀

현재라는 것도 화합이 아니요
과거와 미래도 또한 그러하나니,
일체법에 상이 없다면
이것이 곧 부처님의 본체니라.
現在非和合　去來亦復然　一切法無相　是則佛眞體

만일 능히 이와 같이
모든 법의 깊은 뜻을 관하면
곧 일체 부처님들의
법신이라는 진실한 상을 보리라.
若能如是觀　諸法甚深義　則見一切佛　法身眞實相

모든 부처님의 얻은 곳이
무작이요 무분별이나니,
거기에는 추할 것도 없고

섬세한 것도 없느니라.

諸佛所得處　無作無分別　麤者無所有　微細亦復然

여래의 광명이 두루 비추니
모든 어둠을 소멸케 하지만
이 광명은 비춤이 아니며
비춤 없는 것도 아니니라.

如來光普照　滅除衆闇冥　是光非有照　亦復非無照

법에 집착이 없으니
생각도 없고 물들 것도 없다.
머물 것도 처소도 없으니,
법성은 무너지지 않는다.

於法無所着　無念亦無染　無住無處所　不壞於法性

부처님과 보살이
세상에 나오지 않으면
한 중생이라도
해탈할 수 없느니라.

若佛菩薩等　不出於世間　無有一衆生　而能得安樂

부처님 지혜가 끝이 없으니
설법도 끝나지 않고
무수한 세월동안
설해도 다할 수 없다.

佛智無邊際　演說不可盡　無數億劫中　說亦不可盡

[수미정상계찬품 내용과 삼보의 의미]

본 품에는 부처님의 지혜와 공덕은 불가사의함을 보였으며(佛) 법의 소중함을 가르쳤고(法=화엄사구게) 법을 가르쳐주는 사람도 (僧) 중요함을 말했습니다. 본 품은 이렇게 불법승 삼보로 인해서 중생이 부처님이 된다는 것을 밝히고 불자들은 이 삼보를 잘 받들고 외호해야 하지만 이 소중한 법을 배우고 가르치고 실천해야 할 승가는 더욱 승보로서 품격과 덕을 갖출 때 승보로써 가치가 있습니다. 특히 화엄사구게를 본 품에서 밝혔는데 이 사구게는 화엄의 근본이자 불교의 근본이며 만류중생의 본질임을 잘 보여주고 있습니다.

(불법승 삼보의 두 가지 의미)

여기에서 우리는 삼보에 대해 바르게 알아야 하는데 삼보란 무엇인가요. 여기 불법승 삼보에 대해 두 가지 의미가 있으니 하나는 우리가 흔히 통상적으로 말하는 불법승 삼보인데 이것을 외外삼보라고 할 수 있습니다. 그럼 내內삼보는 무엇일까요. 그것을 모든 존재들이 본래부터 갖추고 있는 자성삼보라고 합니다. 자성삼보란 모든 존재들의 본래청정한 그 자리가 내 마음의 부처요. 그 마음의 길이 내 마음의 법이요. 그 마음의 길을 행하는 것을 내 마음의 승입니다.

이러한 내삼보는 모든 유정무정이 다 갖추고 있지만 이를 닦아 증득하면 성불작조하는 것입니다. 그러므로 처음에는 외삼보에 의지하여 닦아 마침내 내삼보인 자성삼보와 계합될 때 삼계 육도를 초월하고 삼세를 넘어 무위 적정 열반에 들어 영원한 삶을 살아갈 수 있습니다. 우리 모두 이와 같은 내외삼보를 잘 이해하고 호지해야하며 실천 수행해야 하겠습니다.

(화엄경 제15품)

❀ 십주품 요점해설

보살이 머무는 곳

육근 육식 육진이여!
중생은 여기를 벗어나지 못한다.
진眞 속에서 망妄을 추구하는 것
이것은 모든 중생들의 삶이다.
세간에 있으나 출세간을 살아가는 자
이를 보살이라 부른다.
선에 머물지 않지만 선을 행하고
악에 물들지 않지만 피하지 않는다.
이와 사에 걸림 없으니
언제나 진제眞諦에 계합하고
초발심에서 관정에 이르기까지
위대한 보살십주가 있나니
모든 보살과 성인이 머무르고
삼세 수행자 나아가는 곳이네.

[십주품의 대의]

본 품에서는 보살은 어떻게 수행 정진하고 어떤 마음가짐으로 살아가야 하는지 여기에 대해 열 가지로 가르치고 있습니다. 화엄의 정신에서 보살이란 초발심에서부터 법왕자와 관정(등극)에 이른 보살이 항상 보살도를 실천하는 법이라고 보아야 합니다. 보살 십주는 화엄의 수행자에게 매우 중요하므로 잘 이해하고 실천해야 합니다. 그럼 보살이 머물러야할 열 가지가 무엇인가요?

1. 초발심주(初發心住: 처음 부처님 되기 위해 발심한 자리)
2. 치지주(治地住: 스스로 자신을 절제하고 다스리는 자리)
3. 수행주(修行住: 본격적으로 수행정진하는 자리)
4. 생귀주(生貴住: 법을 닦아 고귀한 마음을 내는 자리)
5. 구족방편주(具足方便住: 고귀한 마음으로 중생을 이롭게 하기 위해 방편을 갖춘 자리)
6. 정심주(正心住: 정법에 대한 확고한 마음을 갖는 자리)
7. 불퇴주(不退住: 어떤 현상에서도 정법에 물러서지 않는 자리)
8. 동진주(童眞住: 몸과 마음이 순수청정하고 참된 자리)
9. 법왕자주(法王子住: 진리의 왕인 법왕의 자리에 오르는 자리)
10. 관정주(灌頂住: 진리의 최정상에 올라선 자리)라 했습니다.

[수미정상게찬품의 핵심 경문]
이때에 법혜보살이 부처님의 가피를 받고 보살의 무량방편삼매에 들어가셨느니라. 불자여! 보살이 머무는 곳이 광대하여 법계 허공과 같느니라. 불자여 보살은 과거 현재 미래 모든 부처님 집에 머무르나니, 저 보살이 머무름을 내가 지금 설하리라.

爾時에 法慧菩薩이 承佛威力하사 入菩薩無量方便三昧하시니라 佛子야 菩薩住處가 廣大하야 與法界虛空等이니라 佛子야 菩薩이 住三世諸佛家하나니 彼菩薩住를 我今當說호리라

1. 초발심주初發心住: 불자여, 무엇이 발심에 머무름인가. 이 보살은 부처님의 모습과 위신력과 중생들의 고뇌를 보거나 부처님의 광대한 법을 듣고 보리심을 발하여 일체 지혜를 구하게 되느니라.

佛子야 云何爲菩薩發心住오 此菩薩이 見佛世尊의 形貌端嚴과 有大威力하며 或見衆生의 受諸劇苦하며 或聞如來의 廣大佛法하고 發菩提心하야 求一切智니라

2. 치지주治地住: 불자여, 무엇이 치지주인가. 이 보살은 모든 중생에게 열 가지 마음을 내게 하나니 1 이익심, 2 대비심, 3 안락심, 4 안주심, 5 연민심, 6 섭수심, 7 수호심, 8 동기同己심, 9 사師심, 10 도사導師심이다.

佛子야 云何爲菩薩治地住오 此菩薩이 於諸衆生에 發十種心하나니 所謂利益心과 大悲心과 安樂心과 安住心과 憐愍心과 攝受心과 守護心과 同己心과 師心과 導師心이니라

3. 수행주修行住: 불자여 무엇이 수행주인가. 이 보살은 열 가지 행으로 일체법을 관하나니, 일체법이 무상함과 괴로움과 공함과 무아와 무작無作과 무미無味와 불여명不如名과 무처소와 이離분별과 무견실無堅實임을 관하느니라.

佛子야 云何爲菩薩修行住오 此菩薩이 以十種行으로 觀一切法하나니 所謂觀一切法無常과 一切法苦와 一切法空과 一切法無我와 一切法無作과 一切法無味와 一切法不如名과 一切法無處所와 一切法離分別과 一切法無堅實이니

청량소에 이르기를, 열반이란 항상한 까닭에 지음이 없나니(無作) 이것은 생겨나거나 멸함도 없다. 또 항상 함이 없는 까닭에 지음이 없다. 그것은 나와 무아가 둘이 아니기 때문이다. 무아란 법은 본래 생겨남이 없고 모든 법은 실상이기 때문이다. '나'가 없다면 '나'아님도 없나니 두 가지 뜻이 함께 고요하기에 주와 객이 모두 공했다.

涅槃常故 無作 不生不滅 是無常義故 云無作 我無我而不二 是無我義 法本不生 諸法實相中 無我無非我 二義俱寂 人法二空

4. 생귀주生貴住: 불자여, 무엇이 생귀주인가. 이 보살은 성인의 가르침에 따라서 열 가지 법을 성취하나니, 이른 바 영원히 퇴전하지 않으며, 모든 부처님께 깊은 믿음으로 법을 잘 보며, 중생과 국토와 세계와 업행과 과보와 생사와 열반을 잘 아느니라.

佛子야 云何爲菩薩生貴住오 此菩薩이 從聖教中生하야 成就十法하나니 何者爲十고 所謂永不退轉과 於諸佛所에 深生淨信과 善觀察法과 了知衆生과 國土와世界와 業行과 果報와 生死와 涅槃이니

5. 구족방편주具足方便住: 불자여, 무엇이 구족방편주인가. 이 보살은 모든 선근으로 일체 중생을 구호하며, 요익케하며, 안락케하며, 애민히 하며, 해탈케하며, 재난을 없애주며, 생사에서 벗어나게 하며, 청정한 신심이 나게 하며, 중생을 조복케하며, 다 함께 열반에 들게 하느니라.

佛子야 云何爲菩薩具足方便住오 此菩薩의 所修善根이 皆爲救護一切衆生하며 饒益一切衆生하며 安樂一切衆生하며 哀愍一切衆生하며 度脫一切衆生하며 令一切衆生으로 離諸災難하며 令一切衆生으로 出生死苦하며 令一切衆生으로 發生淨信하며 令一切衆生으로 悉得調伏하며 令一切衆生으로 咸證涅槃이니라

6. 정심주正心住: 불자여, 무엇이 정심주인가. 이 보살이 열 가지 법을 듣고도 마음이 안정되나니 열 가지란 부처님이나 법이나 승을 헐뜯는 소리에 흔들리지 않으며, 중생들의 온갖 현상에서도 부동심을 갖는 것이니라. 여기에 열 가지 법을 배워야 하는데, 일체법이 무상無相함과 무체無體함과 불가수不可修와

무소유無所有와 무진실無眞實과 공空과 무성無性과 여환如幻과 여몽如夢과 무분별無分別이니라.

佛子야 云何爲菩薩正心住오 此菩薩이 聞十種法하고 心定不動하나니 何者가 爲十고 所謂聞讚佛毁佛하고 於佛法中에 心定不動하며 應勸學十法이니 何者가 爲十고 所謂一切法無相과 一切法無體와 一切法不可修와 一切法無所有와 一切法無眞實과 一切法空과 一切法無性과 一切法如幻과 一切法如夢과 一切法無分別이니라

청량소에 이르기를, 일체법一切法이 무상無相이므로 평등平等이며, 무체無體이므로 평등하며, 본래 청정한 까닭에(本來淸淨故) 평등이며, 적정한 까닭에 평등(寂靜故平等)하며, 망이란 본래 진인 줄 아는 까닭(知妄本眞卽)이며, 본래 원만하게 이룬 성품인 까닭에(圓成性故)에 근본은 닦음이 없는 것이다.(不可修也)

7. 불퇴주不退住: 불자여, 무엇이 불퇴주인가. 부처님과 법과 승을 수행하는데 어떤 어려움이나 경계에서도 마음으로 흔들리거나 물러서지 않는 것이니라. 불자여 이 보살이 열 가지 대법大法을 배워야 하는데, 그 열 가지란 하나가 곧 많은 것이고 많은 것이 곧 하나라는 이치와, 글은 뜻을 따르고 뜻은 글을 따름과, 있지 않음이 곧 있음이요 있음이 곧 있지 않음이라는 것과, 무상無相이 곧 상相이요 상相이 곧 무상無相이라는 것과, 무성無性이 곧 성性이요 성性이 곧 무성無性이라는 것이니라.

佛子야 云何爲菩薩不退住오 此菩薩이 聞十種法하고 堅固不退하나니 何者가 爲十고 所謂聞有佛無佛하고 於佛法中에 心不退轉하며 應勸學十種廣大法이니 何者가 爲十고 所謂說一卽多와 說多卽一과 文隨於義와 義隨於文과 非有

卽有와 有卽非有와 無相卽相과 相卽無相과 無性卽性과 性卽無性이니라

8. 동진주童眞住: 불자여, 무엇이 동진주인가. 여기 열 가지가 있으니 몸과 입과 마음으로 잘못하지 않음이며, 중생들의 가지가지 경계와 업과 세계를 다 알아 수 많은 방편으로 교화하고 제도하는데 신통자재하여 걸림 없음이다.

佛子야 云何爲菩薩童眞住오 此菩薩이 住十種業하나니 何者가 爲十고 所謂 身行無失과 語行無失과 意行無失과 隨意受生과 知衆生種種欲과 知衆生種種 解와 知衆生種種界와 知衆生種種業과 知世界成壞와 神足自在하야 所行無礙 니라

9. 법왕자주法王子住: 불자여, 무엇이 법왕자주인가. 열 가지가 있는데 중생들이 태어나는 일과 중생들의 번뇌와 업습의 상속되는 이치와 방편을 잘 알며, 법왕의 위의와 세계의 차별과 전·후의 일과 세상 이치와 부처님 일을 잘 알고 연설하느니라.

佛子야 云何爲菩薩法王子住오 此菩薩이 善知十種法하나니 何者가 爲十고 所謂善知諸衆生受生과 善知諸煩惱現起와 善知習氣相續과 善知所行方便과 善 知無量法과 善解諸威儀와 善知世界差別과 善知前際後際事와 善知演說世諦와 善知演說第一義諦니라

10. 관정주灌頂住: 불자여, 무엇이 관정주인가. 이 보살은 열 가지 지혜를 성취했나니, 무수한 중생을 관찰하고 아는 지혜와 무수한 중생을 조복하는 지혜와 무수한 중생을 제도하는 지혜 등이니라.

佛子야 云何爲菩薩灌頂住오 此菩薩이 得成就十種智하나니 觀察無數衆生과

知無數衆生根과 令無數衆生趣入과 令無數衆生調伏이니라

(화엄경 십주품 게송)

시방에 모든 여래께서는
일체공덕을 모두 성취하셨으나
마치 허공처럼 분별하지 아니하듯
보살의 초발심도 이와 같느니라.
聞諸如來普勝尊 一切功德皆成就 譬如虛空不分別 菩薩以此初發心

일체 모든 법은 언설을 떠나
성품은 공적空寂하여 짓는 바가 없나니
이와 같은 참 뜻을 통달하기 위해서
보살도 이와 같은 초발심이 있느니라.
一切諸法離言說 性空寂滅無所作 欲悉明達此眞義 菩薩以此初發心

과거 현재 미래에 계시는 일체 모든 여래는
모두 다 평등하다고 관찰하나니
가지가지 차별은 있을 수 없음을 관할 때
과거 현재 미래를 초월하느니라.
三世一切諸如來 能隨觀察悉平等 種種差別不可得 如是觀者達三世

보살이 오랜 세월 닦은 바 복덕은
다 중생들의 어려움을 구제하고
이익 되며 안락하게 해주고자 하기 위함이며
한결같이 불쌍한 중생을 제도하기 위함이니라.

菩薩所修衆福德　皆爲救護諸群生　專心利益與安樂　一向哀愍令度脫

여덟째 동진주童眞住에 들어가면
몸과 입과 마음으로 다 법을 갖추고 실천하되
일체가 다 청정하여 잘못하지 않으므로
뜻에 따라 마음대로 태어나 자재함을 얻느니라.

第八菩薩童眞住　身語意行皆具足　一切淸淨無諸失　隨意受生得自在

이와 같이 십주十住에 들어간 모든 보살들은
다 부처님으로부터 변화해서 나왔기에
어디서나 한량없는 공덕을 지으므로
모든 하늘사람이나 인간은 측량할 수 없느니라.

如是十住諸菩薩　皆從如來法化生　隨其所有功德行　一切天人莫能測

[십주품의 요지]

부처님께서 십주十住를 설하신 뜻은 대승심을 발한 모든 보살들이
십주十住라는 부처님 집에 들어가서 일체 중생을 구제하라는 뜻이
있습니다. 흔히 수행자들이 자칫 아집과 법집에 벗어나지 못하므로
인해 최상의 도에 나아가지 못하고 있습니다. 이에 부처님께서 보
살이 머무를 열 곳(十住處)을 보여주었습니다. 때문에 본 품은 화엄
경의 본론에 해당하는 중요한 가르침으로서 대승보살의 길을 잘
가르치고 있습니다.

(화엄경 제16품)

❀ 범행품 요점해설

거룩한 청정행

청량한 바람이 불어오는 고요한 오후
들려오는 풍경소리에 문득 밖을 보니
햇살은 대지를 두루 비추는데
만상은 그대로 여여 하구나.
이 태고적 고요 속에 하염없는 경계여!
이것이 진정한 청정 아니겠는가.
한 생각 일어나기 전에 이루었으니
천차만별 그대로 절대 평등하도다.
초발심이 곧 정각이니
무위적정 그 속에서 청정을 이루고
거룩한 보살도 자비행은 실현된다.

[범행품의 대의]

본 품에서는 보살이 십주를 통해서 성위로 나아가지만 그것을 실행하는 곳에 열 가지 청정행을 닦아야 한다고 했습니다. 여기서 말하는 청정한 행(범행梵行)이란 보다 근원적인 행을 말하는데 먼저 삼세가 공적하여 얻을 바가 없는 무상無上청정행을 실현해야 한다고 가르치고 있습니다.

위없는 최고의 청정이란 '얻을 바가 없는' 법이며 삼세가 공적하여 일체상이 없는 까닭에 절대 평등할 때 청정한 범행을 성취한다고 했습니다. 때문에 우리는 본 장에서 먼저 신구의身口意 삼업으로부터 시작되는 열 가지 청정행을 닦아야 하고, 이를 바탕으로 마침내 무념無念 무상無相 무주無住라는 삼세가 공적한 최고 최상의 거룩한 행을 배우고 대자대비를 실천하도록 노력해야 한다는 것입니다.

[범행품의 핵심 경문]

이때에 도리천궁에 있는 정념천자가 법혜보살에게 묻기를 "모든 보살이 부처님 가르침에 따라 출가하였는데, 어떻게 수행해야 청정한 행을 얻을 수 있으며, 마침내 위없는 보리를 증득할 수 있습니까?" 법혜보살이 말씀하시기를 "불자야, 보살이 범행을 닦으려면 먼저 열 가지 법으로 인연을 삼아 뜻을 살펴보아야 하는데, 몸과 몸의 업, 말과 말의 업, 뜻과 뜻의 업, 부처님과 부처님법, 부처님법을 따르는 승, 그리고 계戒인데 보살은 이 열 가지가 궁극의 청정행이 되는지 먼저 잘 살펴볼 줄 알아야 하느니라.

爾時에 正念天子가 白法慧菩薩言호대 佛子야 一切世界諸菩薩衆이 依如來教하야 染衣出家인댄 云何而得梵行淸淨하야 從菩薩位로 逮於無上菩提之道이닛고 法慧菩薩이 言하사대 佛子야 菩薩摩訶薩이 修梵行時에 應以十法으로 而爲所緣하야 作意觀察이니 所謂身과 身業과 語와 語業과 意와 意業과 佛과 法과 僧과 戒니라 應如是觀호대 爲身是梵行耶아 乃至戒是梵行耶아

이와 같이 살펴보면 범행은 얻을 수 없으며 삼세가 다 공적空寂하여 뜻으로 취할 수 없고, 마음으로 장애가 없는 까닭에

두 가지가 없고 방편이 자재하며, 무상無相법이며, 평등하며, 일체법을 갖추었기에 청정범행이라 하느니라."

如是觀察에 梵行法을 不可得故며 三世法이 皆空寂故며 意無取着故며 心無障礙故며 所行無二故며 方便自在故며 受無相法故며 觀無相法故며 知佛法平等故며 具一切佛法故니 如是가 名爲淸淨梵行이니라

청량소에 이르기를, 성품이 청정한 까닭에 행동이 청정하고 행동이 청정하므로 지혜가 청정하고 지혜가 청정하므로 마음이 청정하고 마음이 청정하므로 일체 공덕이 청정하고 마침내 성불하게 된다. 또 이르기를 계는 인연을 쫓아 나오므로 계의 성품은 허공과 같아 마음으로 계를 가진다고 생각하는 순간 미혹에 떨어진다.

법을 들으면 마땅히 대자비심을 내어 중생을 보살피대 버리지 아니하며, 이 모든 법 가운데 두 가지 견해를 내지 않으면 일체 불법이 나타나고 초발심에서 바로 아뇩다라삼막삼보리를 얻게 되느니라. 일체법이 곧 자성이라 다른 데서 오는 것이 아니니라.

聞已에 應起大慈悲心하야 觀察衆生하야 而不捨離하며 於諸法中에 不生二解하면 一切佛法이 疾得現前하야 初發心時에 卽得阿耨多羅三藐三菩提라 知一切法이 卽心自性하야 成就慧身호대 不由他悟하리라

모든 경계가 헛깨비 같고 꿈과 같으며 그림자나 메아리 같아 실체가 없어 변화무상한 줄 알아야 하나니 만일 모든 보살이 이와 같은 관찰로 인해 어떤 법에도 두 가지 견해를 내지 않으면 바로 불법을 깨달아 초발심을 낼 때 곧 그것이 정각을 얻는 것이니라.

了知境界가 如幻如夢하며 如影如響하며 亦如變化니 若諸菩薩이 能與如是觀行相應하야 於諸法中에 不生二解하면 一切佛法이 疾得現前하야 初發心時에 卽得阿耨多羅三藐三菩提라

일체법이 곧 자성인 줄 알아서 지혜를 성취하나니 이것은 다른 방편을 빌려서 깨달음을 얻은 것이 아니니라.

知一切法이 卽心自性하야 成就慧身호대 不由他悟하리라

[범행품의 요지]

보살의 청정행이란 육체나 대상에 있는 것이 아니라 만법의 체성이 공함을 깨달아 어디에도 걸리지 않을 때 참된 법을 얻게 되고, 여기에서 나오는 행은 무엇이든 청정행이 됩니다. 이와 같은 청정행이 곧 초발심이며, 이러한 초발심이 바로 정각이라고 했습니다.

그러므로 보살은 이러한 청정을 완성하기 위해서 대자대비심을 일으켜 고통 받는 중생을 외면하지 말고 구제하되 어떤 보답도 바라지 않을 때, 보살도를 완성하고 청정행을 구족할 수 있습니다. 우리는 본장에서 이러한 화엄의 본질적 청정을 실현하기 위해 먼저 순수한 발심을 해야 하고, 그 다음 부단하게 노력하고 닦아야 합니다.

(화엄경 제17품)

✿ 초발심공덕품 요점해설

첫 마음의 순수성

한 생각 일어나기 전 본래적 태초에
무엇이 있어 이 마음을 얻었는가.
'나'라고 하나 '나'란 어디에도 없으니
마음이라고 하나 마음도 얻을 수 없다.
오직 초발심이라는 원력이 있어
모든 부처와 중생을 하나로 만든다.
첫 발심이라는 지극한 순수성이여!
바른 깨달음(정각)은 여기에서 나오고
위대한 발심 진정한 보살이여!
시방 삼세에 가장 거룩하구나.

[초발심공덕품의 대의]

초발심이란 아뇩다라삼먁삼보리를 증득하겠다는 최상의 마음을 일으킨 것을 말합니다. 사람은 누구나 세속적 욕락을 떠나기 어려우므로 당연히 출세간의 도를 구할 마음도 내기 어렵습니다. 간혹 한 때 발심하여 출가하고 선원에서 정진한다고 해도 진정한 보리심을 내지 않으므로 해탈의 길은 요원하기만 합니다. 본 품에서는 누가 만일 한 순간에 세속적 마음을 모두 다 버리고 일향으로 아뇩다라삼먁삼보리심에 전념할 수 있다면 그 공덕은 광대무변하다고 했습니다.

[초발심공덕품의 핵심 경문]

이때에 도리천상 세계의 천주(하늘님)인 제석천왕이 법혜보살에게 묻기를 "불자여, 보살의 초발보리심의 공덕은 어느 정도 됩니까?" 법혜보살이 말하기를 "이 뜻이 깊고 깊어 말과 지식으로 측량하기 어렵지만 내가 부처님 가피력으로 설하고자 합니다.

爾時에 天帝釋白法慧菩薩言하사대 佛子야 菩薩初發菩提之心하야 所得功德은 其量幾何니잇고 法慧菩薩이 言하사대 此義甚深하야 難說難知며 難度量이어니와 雖然이나 我當承佛威神之力하야 而爲汝說호리라

일체 모든 부처님이 초발심을 낸 것은 부처님의 종자가 끊어지지 않게 하기 위함이며, 일체 세계의 모든 중생을 제도하기 위함이며, 일체 중생이 삼세의 지혜를 얻어 일체 부처님의 평등한 경계를 알기 위해 위없는 아뇩다라삼먁삼보리심을 냈느니라.

一切諸佛이 初發心時에 爲令如來種性不斷故며 爲度脫一切世界衆生故며 爲悉知一切衆生三世智故며 爲悉知一切佛境界平等故로 發於無上菩提之心

초발심을 일으키면 곧 시방에 계시는 모든 부처님이 함께 칭찬하며 곧 능히 일체 세계를 비추게 되며 일체 세계에 모든 악도의 고통이 쉬며 곧 능히 일체 법계성품에 들어가며 곧 능히 일체 불성의 종자를 갖게 되며 곧 능히 일체 부처의 지혜광명을 얻게 되느니라.

纔發心時에 即爲十方一切諸佛의 所共稱歎하며 即能光照一切世界하며 即能息滅一切世界諸惡道苦하며 即能入一切法界性하며 即能持一切佛種性하며 即能得一切佛智慧光明이니라.

한 터럭 끝에 무수한 국토를 나투니 모든 대보살이 충만하였고, 모인 대중의 지혜가 각각 다르지만 다 능히 중생심에서 벗어났도다. 삼세 모든 부처님 집에 태어나 부처님의 법신을 증득하고 널리 중생을 위해 모양을 나투나니 마치 환술사가 무엇이든 만드는 것과 같다.

於一毛端現衆刹하야 諸大菩薩皆充滿하니 衆會智慧各不同이어늘 悉能明了衆生心이로다 三世諸佛家中生하야 證得如來妙法身하고 普爲群生現衆色이 譬如幻師無不作이라

보살이 큰 지혜를 얻고 보리심에 의해 걸림 없으며 모든 중생을 이익되게 하기 위해 곳곳에서 부처님 법을 선양한다. 삼세에 모든 부처님은 다 발심을 쫓아서 나왔다. 발심에 걸림 없고 한계 없으니 그것은 불가사의하도다.

菩薩獲此廣大智하야 疾向菩提無所礙하며 爲欲利益諸群生하야 處處宣揚大人法이로다 以諸三世人中尊이 皆從發心而得生이라 發心無礙無齊限하니 欲求其量不可得이로다

모든 부처님 법을 알고자 한다면 마땅히 보리심을 낼지어다. 이 마음은 공덕 중에 최상이나니 반드시 부처님의 걸림 없는 지혜를 얻게 되느니라. 시방에 모든 부처님을 친견하고 끝없는 공덕을 지으며 중생의 모든 고뇌를 소멸하고자 하려면 마땅히 보리심을 낼(發)지니라.

欲知一切諸佛法인댄 宜應速發菩提心이니 此心功德中最勝이라 必得如來無礙智니라 欲見十方一切佛하고 欲施無量功德藏하며 欲滅衆生諸苦惱인댄 宜應速發菩提心이어다

[초발심공덕품의 요지]

우리는 생활 속에서 어떻게 초발심을 실천하고 그것을 실현할 수 있을까요. 초발심이란 근본적인 마음이지만 동시에 작용이므로 이 마음을 떠나 정각이 따로 있지 않기에 초발심이 곧 정각이라고 합니다.

그럼 왜 초발심이 근본이면서 동시에 작용인가요? 초발심의 본질은 매우 청정하여 한 점 티끌이 없기 때문에, 이것을 본래청정이라고 합니다. 본래청정이라는 본질적 차원에서 보면 초발심과 정각이란 근본은 둘이 아니기에 이 본래청정 속에 초발심이라는 본래적 작용이 있으며 초발심이 있기에 초발심에 의한 정각도 있습니다.

이와 같이 체體와 조照가 동시적이지만 때로는 다르게 작용하기에 중생과 부처를 나누게 됩니다. 그러나 체體와 조照가 쌍조雙照하고 쌍차雙遮하니 이것을 이사원융무애라고 합니다. 이와 같은 초발심시변정각의 이치를 잘 키워나가는 것이 불교의 수행이며 본질입니다.

그러면 일상생활에서 초심이란 무엇인가요?

그것은 모든 작용적인 일에서 근본을 잘 가지고 행하는 것입니다. 여기에서 생활 속에서의 초심이란 현재를 살아가는 모든 사람들이 보편적 선의에 바탕을 둔 처음마음이라고 할 수 있습니다. 그 마음을 먼저 가질 줄 알아야 하며 다음으로 잃지 말고 지켜가야 하며 다음 생활 속에서 실천해야 합니다. 그래서 초심이란 각자 처한 위치에 맞는 가장 보편적 가치를 초심이라 할 수 있습니다.

초심에도 두 가지가 있으니 하나는 본래적부터 오염되지 않은 순수하고 청정한 마음이며 다음 비록 때가 묻었더라도 보리심(발심)

을 내어 열심히 수행하는 사람입니다. 예를 들어, 가정주부라면 현모양처로 살아가되 이웃과 친구 등 사회에서 가정주부의 품격에 맞게 살아가는 것입니다. 일반적인 모든 사람들은 각자 분에 맞게 보편적 가치를 추구하며 살아가되 그 속에서 항상 염불 참회기도 정진으로 살아가는 것을 초심이라고 할 수 있으며 이 마음이 점점 자라나 발심수행의 계기가 되고 성불작조(成佛作祖)하는 근본인연이 될 것입니다. 그러므로 불자들은 이렇게 순수한 초심과 초발심(보리심)을 잘 이해하고 실천하고자 하는 마음을 가져야 합니다. 이것이 본 품의 요점입니다.

(화엄경 제18품)

❀ 명법품 요점해설

보살이 가는 길

지극히 고요하고 맑은 아침에
한 줄기 미풍이 불어오니
고요한 마음과 움직이는 마음이
다 함께 어울려 작용이 일어났다.
이 미묘하고 적정한 체용 속에
이치와 현상이 원융무애하구나.
보살의 거룩한 행이여!
여기 열 가지 바라밀이 있나니
이것으로 세상을 구제하고
널리 부처님의 법을 전한다.

[명법품의 대의]

명법明法이란 보살이 나아갈 길을 밝힌다는 뜻입니다.
본 품에서는 정진혜라는 보살이 법혜보살에게 아뇩다라삼먁삼보리
심을 낸 초발심보살이 본격적으로 나아갈 길을 여러 차원에서 많
은 질문을 했는데, 여기에 대해 법혜보살이 각종 바라밀을 설하는
내용입니다. 본 품에서 질문자 이름이 정진혜가 된 것은 이전 품에
서 질문자인 제석천왕이 재가거사로써 초발심의 공덕을 질문했기
때문에 본 품에서는 한결같은 정진으로 보살도를 실현해야 하므로

질문자의 이름이 정진혜로 바뀌게 되었습니다. 본장에서 말하는 보살의 바라밀이란 보시 지계·인욕·정진·선정·반야·방편·원願·역力·지혜 등입니다. 이 십바라밀로써 보살도를 완성하고 일체종지를 얻게 된다고 설했습니다.

[명법품의 핵심 경문]

이때에 정진혜보살이 법혜보살에게 질문하기를 "초발심보살이 어떻게 일체 지혜와 무량공덕을 성취하고 마침내 정각을 이룰 수 있으며 어떻게 닦아야 모든 부처님을 기쁘게 할 수 있고 청정행을 성취할 수 있으며 대원을 이루고 부처님의 종자를 이어지게 할 수 있습니까? 어떻게 일체 번뇌와 마장·장애에서 벗어날 수 있고 광대한 불사를 하고 중생을 제도할 수 있으며 무량공덕을 원만구족하되 연잎이 물에 젖지 않듯 공덕에 집착하지 않을 수 있겠습니까?"

이때에 법혜보살이 정진혜보살에게 말씀하시기를 "불자여, 보살마하살이 응당히 어리석음을 떠나 정진하되 방일하지 말지니라. 여기에 열 가지 방일하지 않는 법이 있으니 무엇인가.

1, 모든 계를 지킴이고 2, 어리석지 않음이고 3, 마음으로 바른 일을 즐겨하고 모든 아첨을 떠남이며 4, 항상 선근을 닦아 물러서지 않음이고 5, 항상 초발심을 잊지 않음이며 6, 어리석은 자와 친하게 지내지 않음이고 7, 모든 선업을 행하되 세속적 과보를 바라지 않음이며 8, 소승법 보다는 보살도를 행하고 9, 영원히 모든 선을 행할 것이며 10, 모든 이치를 지속적으로 잘 관찰하는 것이다.

불자야 만일 이 열 가지 법을 잘 행하면 방일에 머물지 않는 것이 되느니라. 불자야, 보살이 이 열 가지 방일하지 않음에 머무르면 열 가지 청정·공덕을 얻게 되느니라.

불자여, 다시 보살에게 열 가지 법이 있어 모든 부처님을 기쁘게 하나니
1, 정진하되 물러서지 않음이요. 2, 신명을 아끼지 않고 법을 구함이요. 3, 세속적 이익에 구함이 없음이요. 4, 일체법이 허공과 같음을 아는 것이요. 5, 잘 관찰하여 널리 진리에 들어감이요. 6, 부처님의 법인을 잘 알아 마음속에 집착을 없애는 것이요. 7, 항상 큰 발원을 함이요. 8, 청정한 지혜광명을 이룸이요. 9, 좋은 법을 관하여 마음이 평등함이요. 10, 무작無作에 의지하여 깨끗한 행을 닦음이다.

불자여, 또 열 가지 법이 있어 보살의 지위에 빨리 들어가나니
1, 복과 지혜를 원만구족함이요. 2, 능히 바라밀을 장엄함이요. 3, 지혜로써 어리석은 말을 듣지 않음이요. 4, 좋은 벗을 가까이 하여 멀리하지 않음이요. 5, 항상 정진하되 게으르지 않음이요. 6, 부처님의 가피에 잘 안주함이요. 7, 선근을 닦아가되 피곤하게 여기지 않음이요. 8, 대승법으로 장엄함이요. 9, 어떤 지위에 있더라도 거기에 집착하지 않음이요. 10, 모든 부처님의 선근방편과 같은 바탕이니라.

불자여, 이 열 가지 법으로써 보살은 속히 모든 보살지에 들어가느니라. 불자여 다시 열 가지 법이 있어 보살의 청정한 행이 되나니 무엇이 열 가지인가.

1, 모든 재산을 중생을 위해 베푸는 것이요. 2, 청정한 계율로써 살아가는 것이요. 3, 부드럽고 화합하며 인욕하되 끝없이 함이요. 4, 부지런히 모든 수행을 하되 물러서지 않음이요. 5, 바른 생각으로 미혹과 혼란심에 떨어지지 않음이요. 6, 모든 이치를 잘 분별함이요. 7, 일체행을 닦아가되 집착하지 않음이요. 8, 정법에 대한 마음이 산처럼 흔들리지 않음이요. 9, 널리 중생을 제도하되 마치 다리처럼 할 것이요. 10, 일체 중생이 모든 부처님과 근본이 같은 줄 아는 것이니라.
이 열 가지 법을 실천하면 모든 보살행이 청정해지느니라.

보살이 상기 청정행을 실천하면 열 가지 수승한 법을 얻게 되는데 1, 다른 곳의 모든 부처님이 호념해주시고 2, 선근이 증장되며 3, 부처님의 가피력을 입게 되고 4, 항상 좋은 사람들이 따르며 5, 편안하게 정진할 수 있어 방일하지 않게 되고 6, 일체법의 평등을 알게 되며 7, 위없는 대자비심을 갖게 되고 8, 진실한 법을 관하여 지혜를 이루며 9, 수승한 방편을 쓸 줄 알게 되고 10, 능히 부처님의 방편을 알게 되느니라.

불자여 보살에게 열 가지 청정한 원력이 있으니 1,중생을 도와주되 권태하지 않음이요. 2,모든 선을 갖추어 세상이 청정하기를 원하며 3,부처님을 섬기되 항상 존중한 마음 갖기를 원하고 4,정법을 호지하되 몸과 목숨을 아끼지 않기를 원하며 5,지혜로운 관찰로써 모든 부처님 국토에 들어가길 원하고 6, 모든 보살과 체성이 동일하기를 원하며

7, 부처님 문으로 들어가 일체법 요달하기를 원하고 8, 이 법 보는 자는 모두 믿음이 생겨 이익 얻게 되기를 원하며 9, 오 랜 세월동안 이러한 신비로운 힘으로 살아가길 원하고 10, 보 현보살의 거룩한 행으로 부처님의 지혜에 들어가길 원할지니 라. 불자여 이것이 보살의 열 가지 청정한 원이니라.

보살이 이 열 가지 법을 갖추어 복덕이 구족하고 지혜가 청정 하면 모든 중생들의 근기따라 설법해야 하는데 어떻게 설법해 야 하는가.
먼저 그 사람의 행동을 알아야 하고, 그 사람의 인연을 알아 야 하며, 그 사람의 마음을 알아야 하고, 그 사람이 좋아하는 바를 알아 탐욕이 많은 자에게는 부정관을 가르치고, 분노심 이 많은 자에게는 자비심을, 어리석은 자에게는 관찰하는 법 을, 삼독심이 많은 자에게는 수승한 법을, 세상을 좋아하는 자 에게는 공적한 이치를 가르쳐야 한다.

게으른 자에게는 정진을, 아만한 자에게는 평등을, 아첨하는 자에게는 정직함을, 항상 토굴에만 살아가려는 사람에게는 설 법교화의 중요성을, 설법하되 말이나 문맥의 앞뒤가 맞아야 하며 말뜻이 이치에 맞게 해야 한다. 설법할 때 옳고 그름을 잘 분별하여 진리에 어긋나지 말아야 하며 법을 세워 중생들

의 모든 의심을 끊고 부처님의 지혜에 들어가게 해야 하느니라. 보살이 이와 같이 모든 중생을 위해 설법하고 나면 스스로 상승법으로 나아가 모든 바라밀을 구족해야 하나니 여기 열 가지 바라밀이 있느니라.

1, 보시바라밀: 보살이 중생을 만족케 하기 위해 사무량심을 행하되 공덕에 집착하지 않을 때 보시바라밀이 되느니라. 2, 지계바라밀: 모든 계율을 받아 지니되 집착하지 않고 아만을 떠나므로 지계바라밀이 되느니라. 3, 인욕바라밀: 모든 어려움을 인욕하되, 어떤 중생도 평등심으로 대해서 동요하지 않을 때 청정한 인욕바라밀이 되느니라.

4, 정진바라밀: 모든 선업을 짓되 게으르지 아니하고 지은 바 모든 공덕을 취사선택하지 않으므로 일체 지혜를 구족하나니 이것이 청정한 정진바라밀이니라. 5, 선정바라밀: 세속적 모든 욕락에 탐착하지 않고 일체 번뇌를 소멸하여 무량한 삼매와 신통을 얻고 일체 지혜에 들어가는 이것이 청정한 선정바라밀이니라. 6, 반야바라밀: 모든 부처님 처소에서 법을 배우되 게으르지 않으며 바르게 사유하여 진리를 깨닫고 일체 지혜에 들어가 영원히 쉬는 것이니, 이것이 청정한 반야바라밀이니라.

7, 방편바라밀: 중생을 교화하기 위해 각종 일을 하되 싫어하지 않으며 여러 근기에 따라 잘 가르쳐 중생을 제도하나니, 이것이 청정한 방편바라밀이니라. 8, 원願바라밀: 일체 중생을 제도하며 일체 세계를 장엄하며 일체 부처님을 공양하여 미래

세가 다하도록 중생계에 몸을 나투어 모든 중생이 일체 지혜를 증득하게 하나니, 이것이 원력바라밀이니라. 9, 역力바라밀: 번뇌에 물들지 않는 청정한 법력과 대자대비한 힘으로 일체 중생을 만족케하고 부처님 법에 청정한 신심을 내게 하나니, 이것이 역바라밀이니라. 10, 지혜바라밀: 중생들의 근기를 잘 알고 거기에 맞는 법을 알며 부처님의 지혜와 힘을 알아 널리 법계의 이치를 깨우치나니, 이것이 청정한 지혜바라밀이니라.

菩薩이 如是爲諸衆生하야 而演說法하고 則自修習하야 增長義利호대 不捨諸度하야具足莊嚴波羅蜜道니라

청량초에 이르기를 "현실에 접하나 공에 미혹하지 않으면 방편 속에 지혜가 있고 공을 관할 때 현실에 미혹하지 않으면 지혜 속에 방편이 있다."

涉有不迷於空 是方便有慧 觀空不迷於事 卽慧有方便也

　　(화엄경 명법품 게송)

모든 행동이 청정하여 원력을 갖추었고
광대한 지혜를 증득했으며
항상 능히 설법하여 중생을 제도하지만
마음은 무심하여 어디에도 집착하는 바 없다.

所行淸淨願皆滿 及得廣大智慧藏 常能說法度衆生 而心無依無所着

어떻게 해야 사자처럼 두려움이 없고
하는 행동은 청정하여 둥근 달과 같으며

어떻게 해야 부처님 공덕을 닦아 익히되
마치 연꽃에 물이 묻지 않듯 할 수 있을까.

云何無畏如師子　所行淸淨如滿月　云何修習佛功德　猶如蓮華不着水

마음은 언제나 보리심에 있어 무량한 복 되고
항상 방일하지 않기에 금강지혜 기른다.
정념에 따라 뜻을 잊지 않으니
시방에 모든 부처님이 환희하도다.

心住菩提集衆福　常不放逸植堅慧　正念其意恒不忘　十方諸佛皆歡喜

밤낮으로 정진하되 게으름 없으니
불법승이라는 삼보종자를 끊어지지 않게 하며
수행한 모든 청정한 법을
모두 다 부처님께 회향하도다.

晝夜勤修無懈倦　令三寶種不斷絶　所行一切白淨法　悉以廻向如來地

보살이 닦은 모든 선행이란
모든 중생들의 원을 성취케 하고
어둠과 번뇌를 소멸하며 마군을 항복 받고
마침내 정각을 성취하기 위함이니라.

菩薩所修衆善行　普爲成就諸群生　令其破闇滅煩惱　降伏魔軍成正覺

[명법품의 요지]

본 품에서는 초발심을 낸 보살은 어떤 마음을 가져야 하고 어떻게 법을 보아야 하며 어떻게 닦아가야 하는지, 그리고 부처님 법을 어떤 마음가짐으로 설해야 하는지 밝혔으며, 보살이 일으켜야 하는 열 가지 바라밀을 통해서 부처님의 종성(근본)과 종자가 영속적으로 유전되도록 가르치고 있습니다. 그리고 이러한 보살도를 통해서 무량한 공덕을 얻지만 거기에도 집착하지 않을 때 마침내 일체 종지를 이루게 된다는 가르침을 설하고 있습니다.

이와 같이 법을 밝힌다는 명법품에서는 보살의 수행점차와 보살도 원력을 실천수행하여 일체지를 증득하고 보살도를 구족하는 이치를 잘 밝혔습니다. 이 때문에 본 품은 보살도에 있어 매우 중요한 가르침이 설해져 있으므로, 우리들은 이 가르침을 명심해서 받아 지니고 실천수행하도록 노력해야 합니다.

(화엄경 제19품)

❀ 승야마천궁품 요점해설

부처님의 세계

중생심이 사라진 무상 적멸처에
서기가 뻗치고 법회가 열리니
거룩한 성자들이 왕림하였다.
보리수를 떠나지 않고
야마천궁에 들어가시니
일심묘법 화엄이치 보여주었다.
시방세계 그대로 일색 청정한 가운데
온갖 보배로 장엄된 미묘한 궁전에
모든 부처님과 보살이 오셨으니
이곳이 가장 길상한 도량이다.
부처님께서 사자자리에 좌정하시니
시방세계가 모두 절대평등에 들어갔다.

[승야마천궁품 대의]

본 장에서는 부처님께서 욕계 여섯 하늘 가운데 두 번째 하늘인
도리천 법회를 마치고 세 번째 하늘인 야마천에 있는 하늘님(하느
님)의 초청을 받고 올라가셔서 법좌에 앉으시는 내용입니다. 매우
짧은 본 품을 왜 따로 구분했을까요. 그것은 법성의 평등을 보이기
위함이고 삼라만상 그대로 진리의 현현이라는 화엄의 종지를 보이

기 위함입니다. 본 품에서는 백만이라는 엄청난 숫자를 자주 말씀하셨는데 이것은 사사무애 도리를 보인 것입니다.

즉 이사가 둘이 아니기에 사사가 원융무애함을 보인 것입니다. 때문에 본 장에서는, 만법은 오직 마음의 나타남이라는 화엄의 진리에 입각하여 어디에도 걸림 없는 자유를 현실 속에서 구현해야 한다는 것입니다. 부처님이 비록 야마천이라는 천상에 올라가셨지만 이것은 어느 한 지역을 말하는 것이 아니고 "시방세계가 동일체성으로 이와 같다"(十方世界 悉亦如是)는 것입니다. 여기에서도 화엄의 종지인 "오직 마음의 현상일"(唯心所現) 뿐, 다른 뜻이 없다는 것을 알아야 합니다.

[승야마천궁품의 핵심 경문]

이때에 부처님께서 모든 보리수 아래와 수미산 꼭대기를 벗어나지 않은 상태에서 야마천상 보배궁전으로 향해 올라가셨다. 이때 야마천의 임금(하늘님)이 부처님께서 멀리 오심을 보고 곧 신기로운 힘으로 보배궁전 안에 보배연화 사자자리를 만들었으니 그 층이 백만 층이나 장엄되었고, 금으로 된 그물이 백만 겹으로 얽혀 있으며, 여러 꽃과 장막, 향 또한 백만 수효로써 펼쳐졌으며, 백만 광명이 빛나며, 백만 야마천왕이 공경스럽게 예경하며, 백만 범천과 보살이 찬탄하며, 백만 가지 풍악과 꽃구름과 광채로 빛나는데, 이것은 백만 가지 선근으로 좇아나는 것이며, 백만 가지 신통으로 변화하여 백만 가지 말소리로 모든 법을 들어내 보이신 것이다.

이때에 천왕이 부처님을 향해 몸을 굽히고 합장공경하며 부처

님께 사뢰어 말했다. "부처님, 참으로 잘 오셨습니다." 이에
부처님께서 곧 청함을 받으시고 보배궁전에 오르시니, 시방세
계에서도 모두 다 이와 같았다.

時에 佛이 受請하사 卽昇寶殿하시니 一切十方도 悉亦如是하니라

이때에 천왕이 과거 부처님들의 일을 회상하며 다음과 같이
게송을 읊었다.

부처님의 이름이 시방에 들리니
모든 좋은 일 가운데 최상이라.
이런 분이 이 보배궁전에 오셨으니
여기가 온 법계에서 최고 좋은 도량입니다.

名稱如來聞十方 諸吉祥中最無上 彼曾入此摩尼殿 是故此處最吉祥

보배로운 부처님은 세간의 등불인데
모든 길상 가운데 가장 높으시니,
이런 분이 이렇게 청정한 궁전에 들어오셨으니,
여기가 최상의 좋은 도량입니다.

寶王如來世間燈 諸吉祥中最無上 彼曾入此淸淨殿 是故此處最吉祥

고행수도하신 부처님께서 세간을 이롭게 하기 위해
여기에 오셨으니,
모든 길상 가운데 최상이라,
이곳이 세상에서 가장 좋은 도량입니다.

苦行如來利世間 彼曾入此普嚴殿 諸吉祥中最無上 是故此處最吉祥

이때에 세존께서 보배궁전에 들어가시어 사자자리에 가부좌를 맺으시니, 이 궁전이 홀연히 넓어져 하늘 대중이 다 머물게 되었는데 시방세계도 다 이와 같았다.

爾時에 世尊이 入摩尼莊嚴殿하사 於寶蓮華藏師子座上에 結跏趺坐하신대 此殿이 忽然廣博寬容하야 如其天衆의 諸所住處하니 十方世界 悉亦如是하니라

[승야마천궁품의 내용]

다른 품에 비해 비교적 간결하게 표현한 본 품은 화엄의 종지를 상징성으로 잘 보여주고 있습니다. 우리는 여기에서 부처님의 절대적 평등도리인 진공묘유眞空妙有 속에 이사무애와 청정 미묘한 사사무애 도리를 깨우쳐 미혹에 떨어지지 말고 생활 속에서 화엄의 정신을 구현하도록 노력해야 한다는 뜻이 있습니다.

(화엄경 제20품)

❀ 야마천궁게찬품 요점해설

모든 존재들의 고향

무시무종하고 무생무멸하는
존재들의 근본은 무엇인가.
응당히 법계성을 관한다면
모든 존재는 마음인 줄 본다.
나는 누구고 너는 누구며
세상은 무엇이고 만물은 무엇인가.
절대적 세계에 상대는 없으니
존재하는 그대로 진실하구나.
내 고향이 그대 고향이고
모든 만물 또한 그러하나니
있는 그대로 없음이 되고
없음 그대로 있음이 되어
중중 무진한 화엄의 세계가
모든 존재들의 고향이 되네.

[야마천궁게찬품의 대의]

부처님께서 고요히 야마천궁 법좌에 올라 좌정하시고 한 말씀도
하지 않은 채 그대로 무위적정한 삼매에 계시니 대보살들도 알 수
없는 그 의미심장한 부처님을 친견하고자 시방세계에 있는 무수한
보살들이 모여들었습니다. 그때 여기 모인 보살들이 각자 말없는

가운데 무언의 설법과 가피와 공덕을 입었으니, 그 기쁨은 말로 형언할 수 없었을 것입니다.

이에 본 품에서는 부처님의 공덕이 열대지방의 빽빽한 숲처럼 우거졌다고 생각해서 임林자 돌림의 이름을 가진 열 분 보살들이 지혜가 충만한 열 곳이나 되는 지혜의 나라에서 부처님의 공덕을 아름다운 음악적 게송에 담아 찬탄하게 되었습니다.
본 게송 가운데는 화엄의 대의이자 불교의 대의가 되는 게송이 많이 나오며 화엄의 진수가 되는 게송을 연속적으로 펼쳐지므로 여러분들은 고요한 마음으로 본 품에 나오는 게송을 음미해야 합니다.

[야마천궁게찬품의 핵심경문]

(첫째 공덕림보살의 게송)
부처님께서 큰 광명을 놓으사
시방세계를 두루 비추시누나.
하늘나라 존귀한 사람들이 이것을 보고
이치에 통달하여 걸림 없어졌도다.
佛放大光明　普照於十方　悉見天人尊　通達無障礙

시방에 있는 모든 도량에
다 부처님이 계시나니
혹은 인간세계에서도 보고
혹은 천상세계에서도 본다.
十方一切處　皆謂佛在此　或見在人間　或見住天宮

부처님의 공덕이 끝도 없으니
어떻게 측량할 수 있으랴.
머무름도 거래도 없이
널리 법계에 들어가도다.

佛功德無邊　云何可測知　無住亦無去　普入於法界

(둘째 혜림보살의 게송)
부처님이 대광명을 놓으시니
세상에서 보지 않는 자 없구나.
중생을 위해 크게 여시니
모든 중생을 이익되게 하도다.

佛放大光明　世間靡不見　爲衆廣開演　饒益諸群生

무수한 세계의 무량한 보배를
부처님께 보시한다 해도
이 뜻을 알지 못하면
마침내 성불하기는 어려우니라.

無量刹珍寶　滿中施於佛　不能知此義　終不成菩提

(셋째 승림보살 게송)
일체법은 무생無生이며
또한 무멸無滅이라.
만약 능히 이와 같이 깨우치면
이 사람은 부처를 본다.

一切法無生　亦復無有滅　若能如是解　斯人見如來

모든 법은 무생인 까닭에
자성에 존재성이 없나니
이와 같이 분별한다면
이 사람은 깊은 이치를 통달했도다.

諸法無生故 自性無所 如是分別知 此人達深義

(넷째 무외림보살 게송)
만약 이렇게 법을 듣고
공경하며 믿고 좋아한다면
영원히 삼악도를 소멸하고
일체 고액에서 벗어나리라.

若聞如是法 恭敬信樂者 離三惡道 一切諸苦難

만약 이러한 부처님의 법을
받아 가지고
다른 사람들에게 널리 연설한다면
결정코 성불하게 되리라.

若有能受持 如是諸佛法 持已廣宣說 此人當成佛

(다섯째 참괴림보살 게송)
만약 어떤 사람이
이 미묘하고 고귀한 가르침을 듣고
능히 환희심을 낸다면
모든 의혹의 거물에서 벗어난다.

若人得聞是 希有自在法 能生歡喜心 疾除疑惑網

(여섯째 정진림보살 게송)

비유하건데 생겼다 소멸하는 모양이
모두 다 진실하지 않듯
모든 법도 그러하여
따로 자성은 있지 않다.

譬如生滅相　種種皆非實　諸法亦復然　自性無所有

열반이란 취할 수 없지만
말할 때 두 가지를 둔다.
모든 법도 그러하여
일부러 같고 다름을 말한다.

涅槃不可取　說時有二種　諸法亦復然　分別有殊異

비유하건데 숫자를 셀 때
하나에서 무량한 수를 더하나
산수에 체성이 없지만
지혜로운 까닭에 차별하느니라.

譬如算數法　增一至無量　數法無體性　智慧故差別

(일곱째 역림보살 게송)

일체 중생계가
다 삼세 중에 있고
삼세 모든 중생이
다 오온 가운데 있다.

一切衆生界　皆在三世中　三世諸衆生　悉住五蘊中

모든 오온은 업이 근본 되고
모든 업은 마음이 근본 되지만
마음과 법이 허깨비 같듯이
세간 또한 이와 같다.

諸蘊業爲本 諸業心爲本 心法猶如幻 世間亦如是

세상이란 스스로 지음도 아니고
다른 무엇이 짓는 것도 아니지만
이뤄짐을 말하면
무너짐도 있는 것이다.

世間非自作 亦復非他作 而其得有成 亦復得有壞

모든 온을 분별하지만
그 성품은 본래 공적하다.
공이기에 소멸하지 않나니
이것이 무생의 뜻이다.

分別此諸蘊 其性本空寂 空故不可滅 此是無生義

(여덟째 행림보살 게송)

업의 성품이란 공적하지만
중생들은 의지하기에
온갖 모양을 지어 보이나
그것 또한 온 곳이 없다.

業性本空寂 衆生所依止 普作衆色相 亦復無來處

만약 일체법이
본성은 열반과 같다고 보면
이는 곧 부처님이
구경에 머문 바 없음을 보는 것과 같다.

若見一切法　本性如涅槃하　是則見如來　究竟無所住

(아홉째 각림보살의 게송(唯心偈)

비유하건데 그림 그리는 사람이
자기 마음은 알지 못하나
마음을 가지고 그림 그리듯
모든 법도 이와 같다.

譬如工畵師　不能知自心　而由心故畵　諸法性如是

마음은 그림 그리는 사람 같아
능히 모든 세간을 그리듯이
오온도 다 이렇게 나와
모든 법을 만들어 낸다.

心如工畵師　能畵諸世間　五蘊悉從生　無法而不造

마음처럼 부처님도 그렇고
부처님처럼 중생도 그러하여
응당히 부처님과 마음이
체성은 영원한 줄 알아야 한다.

如心佛亦爾　如佛衆生然　應知佛與心　體性皆無盡

(상기 게의 60화엄송)

마음처럼 부처님도 그렇고
부처님처럼 중생도 그러하여
마음과 부처와 중생
세 가지에 차별이 없다.

如心佛亦爾 如佛衆生然 心佛及衆生 是三無差別

만약 사람이
삼세 모든 부처님을 알고자 한다면
응당히 법계성을 관하라
일체는 오직 마음이 짓는 바니라.

若人欲了知 三世一切佛 應觀法界性 一切唯心造

(열 번째 지림보살 게송)

모든 부처에게 법이 따로 없거늘
부처가 어찌 말씀이 있으랴
다만 그 마음을 따라서
이와 같은 법을 설한다.

諸佛無有法 佛於何有說 但隨其自心 謂說如是法

[야마천궁게찬품의 요지]

경에 이르기를 "어느 날 나형裸形 외도가 부처님께 묻기를, 괴로움이란 스스로 지은 겁니까?" 부처님이 묵연히 계시니 "세존이시여, 만약 괴로움이 스스로 짓지 않았다면 이것은 다른 자가 지었습니까?" 부처님께서 또한 말씀이 없으시니, "세존이시여 만약 괴로움이 자기도 짓고 다른 자가 짓기도 하는 겁니까?" 부처님께서 또한 대답이 없자 "세존이시여, 만약 그렇다면 괴로움이란 인연 없이 저절로 나오는 겁니까?" 부처님은 대답을 하지 않으셨다.

이것을 해석한다면 여기 두 가지 뜻이 있으니, 하나는 괴로움이란 본래 공했기 때문에 이 네 가지 질문 밖에 있기 때문이고, 둘째는 괴로움이 만일 신(다른 이)의 힘이라면 잘나고 못난 것이 모두 신의 소작이 되어 좋고 나쁨과 고와 낙 등은 아무 의미가 없어집니다. 때문에 이렇게 되면 어떤 말도 사견이 되므로 아무런 대답도 하지 않은 것입니다.

(스님과 목사와 대화)

산승이 지난날 열차 안에서 어느 목사와 한자리에 우연히 앉아 대화를 한 적이 있는데 먼저 목사가 산승에게 말하기를 "구약 창세기에 태초에 신이 있어 천지창조를 했다는데 이를 어떻게 생각하느냐" 라고 했습니다. 산승은 여기에 대해 답하기를 "천지가 창조되기 전에 한 마음이 먼저 있었으니, 이 마음은 신보다 먼저가 아니겠는가. 왜냐하면 신이라 이름을 붙힌것도 마음이기 때문이다. 따라서 마음은 천지보다 위대한 것이다. 그러므로 신을 알기 전에 그대 마음이 무엇인지 아는 것이 우주 자연의 비밀을 아는 열쇠가 될 것입니다." 라고 말했습니다.

(서양철학과 동양철학 그리고 불교철학)

본래 서양철학의 시조는 소크라테스라고 볼 수 있는데 여기에는 한개 신선한 충격이 있었습니다. 그것은 소크라테스가 어느 신전에 가니 벽면에 '너 자신을 알라' 라는 글을 보고 큰 충격을 받고나서 생각하기를 '세상을 알기 전에 나 자신을 먼저 알아야겠다.'는 고민에 빠졌던 것입니다. 이로부터 소크라테스는 평생을 나는 무엇이며 나의 진정한 정체는 무엇인가 그리고 세상의 정의란 무엇인가라는 철학적 의문을 가졌다고 했습니다. 이것은 서양철학의 근본이며 동시에 동양철학의 근본이기도 합니다.

그러나 여기에 대해 동서철학 대부분 불가지론(不可知論)이라고 볼 수 있습니다. 소크라테스는 이에 대해 인생에 대한 어떤 정의도 말하지 못했으며 단지 가설만 남겼으니 숨 떨어지기 직전에 "신은 없다 그러나 이것은 나의 가설일 뿐이다." 라는 유명한 말을 남기고 죽었으며 박식했던 중국의 공자까지 "나는 아직 삶(인생)을 모르는데 어찌 죽음을 알 수 있겠는가."라고 했습니다. 노자는 여기에 대해 "도라고 하면 도가 아니다 때문에 인생과 도에 대해 어떤 명칭도 부칠 수 없다 만일 무엇이라 말한다면 모두 거짓(가설)이 될 뿐이다."라고 했습니다. 그러면서 무위자연이 도라고 했습니다. 노자는 거기 어떤 이름도 붙일 수 없다고 했지만 부득이 도에 가장 가까운 이름을 말한 것입니다.

그럼 불교는 여기에 대해 무엇이라 했습니까? 화엄에서는 '일체유심조'라고 했으며 금강에서는 '무아 무상'이라 했고 법화에서는 '이와 같다.(如是)' 라고 했습니다. 일찍이 부처님이 숲 속에서 좌선하는데 잃어버린 여자를 찾아 헤매는 청년들에게 말하기를 "잃어버린 여자를 찾는 것 보다 자신을 찾는 것이 훨씬 유익하지 않겠는가." 라고 했습니다. 이처럼 소크라테스는 신전에 '너 자신을 알라'는 이 말에 끝내 답을 찾지 못했으나 부처님은 "잃어버린 너 자신을 찾으라." 했으며 그 답은 "일체는 오직 마음의 조작일 뿐이다.(일체유심조)"라고 했습니다.

이제 우리는 여기에서 명백한 이치를 보아야 합니다. 동 서양 성인들이 모두 인생이란 무엇인가에 대한 고민은 같았으나 오직 부처님만이 분명하게 말한 것입니다. 마조선사는 말하기를 "마음도 아니요 부처도 아니다." 했고 또 어느 때는 "마음이 곧 부처"라고 했습니다. 어떤 선사는 "마음밖에 한 물건도 없다" 했으며 어느 선사는 "마음밖에 한 물건도 진실하지 않는데 만물이 나를 에워싸고 있다 한들 나와 무슨 상관있는가." 라고 했습니다. 그러나 이러한 말이 많아도 만물은 한마음으로 귀결되기 때문에 "만법귀일(萬法歸一)"이라 합니다.

또 청량국사는 화엄경 야마천궁게찬품에 나오는 사구게 가운데 "만약 사람이/ 삼세 모든 부처님을 알고자 한다면/ 응당히 법계성을 관하라." 여기까지는 일체차별이 다 마음의 지은 바라 법을 보면 곧 부처를 보는 것이므로 법계성이 곧 화엄의 진여문眞如門에 해당한다. 했는데 이것은 모든 현상적인 생멸문을 일체유심조 차원으로 보면 나타난 수많은 생멸현상은 진여실상으로 바로 보게 되기 때문입니다. 진여를 실관實觀하는 이것이 대승의 핵심을 관하는 오직 마음일 뿐입니다. 이 한 마음으로 일체법을 모두 거두니 진여와 생멸을 서로 융합무애하여 한 맛이 되므로 삼세제불이 이 근본을 증득하여 지극히 묘한 경지에 이르렀고 이것을 잠시라도 수지할 때 능히 지옥도 깨뜨릴 수 있는 것이라고 했습니다.

이것을 증명하기 위해 청량국사가 지은 초鈔에서 찬영기(纂靈記)를 인용했는데, 중국 당나라 때 왕명간이라는 사람이 갑자기 죽어 어디를 갔다가 스님을 만났는데, 이 분이 지장보살이었습니다. 지장보살은 "그대는 이제부터 모든 생각을 끊고 오직 이 화엄경 사구게를 일심으로 외우라"고 했습니다. 이 사람은 지옥에 떨어질까 무서워 염라왕을 만나서도 사구게만을 외우니, 염라왕은 이 사람을 다시 인간세상으로 내보내게 되었는데, 이때 부인은 절에서 남편을 위해 일심으로 지장보살을 외우고 있었습니다. 이 인연으로 지장보살 가피로 지옥에서 벗어날 수 있었다는 기록이 영험록에 실려 있습니다. 이 때문인지 오늘 날 절에서도 매일 새벽 종성에 화엄경 사구게가 빠지지 않는 것을 알 수 있습니다.

이처럼 본 품의 게송은 화엄의 대의이자 불교와 우주 자연의 대의가 되는 게송이므로, 우리는 본 품의 게송을 잘 수지 독송해야 합니다. 화엄경 사구게에는 우주와 자연의 근본원리를 보였고 불교와 화엄의 종지를 드러내었기 때문입니다. 특히 아홉째로 설하신 각림보살의 화엄경 사구게는 지옥까지 무너뜨리는 법력이 있다고 청량국사 화엄소초에서 밝히고 있으니, 본 텍스트를 집에 잘 두고 자주 본 품의 요점 게송을 반복해서 많이 읽으시면 무량겁의 업장을 소멸하고 맑은 기운을 얻게 될 것입니다.

(화엄경 제21품)

❀ 십행품 요점해설

저 언덕으로 가는 길

동녘하늘 밝아오는 고요한 아침에
깊고 묘한 숲속으로 들어가니
산새는 지저귀고 맑은 기운 전해온다.
만물은 존재 그대로 선향이 되어
그윽한 향기는 사방으로 퍼져가고
주고받음 없는 속에 가득한 축복이여!
자기도 이롭고 남도 이로운 속에
날마다 좋은 날 행복 아님 없고
이 가운데 진정한 보살도가 있구나.
저 언덕으로 가는 바라밀이여!
여기 열 가지 거룩한 행동 있으니
이 길에서 우주와 인생을 넘어선다.

[십행품의 대의]

본 품에서는 공덕림보살이 부처님의 가피를 받고 대승심을 가진 보살이 어떻게 보살도를 행할 것인가에 대해 열 가지 바라밀을 설하고 있습니다.

1. **환희행歡喜行(보시)**: 즐겁고 기쁜 마음으로 각종 보시를 잘 실천하는 것.

2. **요익행饒益行(지계)**: 계율을 통해서 모든 존재들이 행복과 이익을 위하는 행.

3. **무위행無違行(인욕)**: 모든 어려움을 잘 참고 중생들과 어긋나지 않는 행.

4. **무굴행無屈行(정진)**: 항상 정진하되 보살행 중에 어떤 고난도 물러서지 않는 행.

5. **무치행無癡行(선정)**: 맑고 고요한 바탕에서 선정과 지혜로움을 닦아가는 행.

6. **선현행善現行(반야)**: 몸과 마음이 청정하여 방편과 지혜가 잘 나타나는 행.

7. **무착행無着行(방편)**: 중생을 위해 가지가지 방편으로 교화하되 집착 없는 행.

8. **난득행難得行(서원)**: 보리를 구하고 중생을 제도하겠다는 큰 원력과 실현의지.

9. **선법행善法行(능력)**: 큰 능력으로 중생을 구제하는 대자대비를 실현하는 행.

10. **진실행眞實行(지혜)**: 이상의 여러 가지 보살도를 진실하게 실천하는 보살행.

이 십바라밀이 보살도의 결정판이므로 본 품의 내용을 잘 기억하고 실천하도록 노력해야 합니다. 이 열 가지 보살도를 현실 속에서 실천하고 실현하기 위해 무량무변한 공덕의 숲이라는 이름을 가진 공덕림보살이 본 품의 법주가 되어 보살의 법을 설하고 있습니다.

[십행품의 핵심 경문]
이때에 공덕림보살이 여러 보살에게 말씀하시되, "불자여, 보살행이란 불가사의하여 법계의 허공과 같나니, 그럼 무엇이

보살마하살의 행인가. 여기 열 가지가 있는데 이것은 과거 현재 미래 모든 부처님도 항상 설하는 것이니라.

첫째, 보살의 **환희행歡喜行(보시)**: 보살이 시주자가 되어 모든 물건을 시주하되, 그 마음이 평등하여 아끼는 마음을 갖지 말아야 하며, 시주의 공덕이나 과보를 바라지 말아야 하며, 명예와 이익을 생각하지 말아야 하느니라. 다만 중생을 구제하기 위함이며, 일체 중생을 이익 되도록 하기 위함이며, 부처님 법을 수행하기 위함이며, 일체 중생의 고통을 여의고 해탈을 얻게 하기 위함이어야 하느니라.

보살은 중생을 이익 되도록 하되 공법空法과 무소유법無所有法과 무상법無相法과 무체법無體法과 무처법無處法과 무의법無依法과 무작법無作法을 관찰해야 하나니, 이렇게 관할 때 자신을 보지 않으며, 시주물을 생각하지 않으며, 받은 자를 보지 않으며, 시주한 공덕과 과보가 많고 적음을 생각하지 말아야 하느니라.

둘째, 보살의 **요익행饒益行(지계)**: 보살이 청정한 계율을 가지되 몸과 마음 어디에도 집착이 없어야 하며, 중생을 위해 설하되 세력이나 종족이나 부귀나 모양 등에 집착하지 말고, 오직 일체 결박과 번뇌에서 벗어나기 위함이며, 정법을 얻기 위해 계율을 받아 지녀야 하느니라. 혹 어떤 사람들이 다가와 어떤 유혹을 하더라도 부처님처럼 마음이 청정해야 하느니라. (이것은 攝律儀戒이니 지악止惡이다) 오직 방편을 가지고 중생을 교화하되 마구니와 모든 여자 남자들과 고뇌하는 중생을 하나도 버리지 아니하고 인도하여 무상계無上戒에 머물게 하여 부처님 법에 물러서지 않게 하며, 마침내 부처님의 대 열반에 들어가게 할지니라.(이것은 攝衆生戒니 수선修善이다) 모든 악행과 나의 집착을 떠나 부처님 법을 중생을 위해 설하여 전도된 소견을 버리도록 해 주어야 하느니라.(이것은 攝善法戒니 해탈이다) 보살은 이러한 법으로 중생을 구제하되 항상 부처님을 따라 세속 법을 떠나고 위없는 평등에 머물러 마음은 항상 무상無上 무설無說 무의無依 무동無動 무량無量 무변無邊 무진無盡 무색無色한 깊은 지혜에 안주해야 하느니라.

셋째, **무위역행無違逆行(인욕)**: 불자야 보살의 무위역행無違逆行이란 무엇인가. 보살은 항상 참는 법으로써 겸손 공경하여 스스로 해치거나 남을 해치거나 남의 피해를 주거나 명리와 이익을 탐하거나 탐진치 마음을 내지 않고, 항상 인욕과 유순함에 안주해야 하느니라. 보살은 역경계를 당할 때 이런 생각을 하되, 내가 오랜 과거부터 생사에 머물러 수많은 고뇌를 받았으니 스스로 잘 사유하고 권면하여 마음을 청정하게 가지고 마음을 잘 조복해야 하며, 또 사유하되 이 몸이 공적空寂하여 '나'와 대상이 없으며 모든 법이 공함을 깨우쳐 부처님 법 가운데 안주해야 하느니라.

넷째, **무굴요행無屈撓行(정진)**: 불자여 무엇이 보살의 무굴요행無屈撓行인가. 보살이 여러 가지 수행을 정진하되 삼독심과 교만심과 숨기는 마음과 시기 · 질투와 아첨과 삐뚤어진 마음이 없어야 하며, 오직 번뇌와 악습을 제거하기 위해 정진해야 하며 일체 불법의 평등성을 알기 위해 정진해야 하며, 일체 중생이 큰 열반에 들어가게 하기 위해 정진하는 가운데 어떤 어려움에도 굴복하지 않고 끝까지 정진해야 하느니라.

다섯째, **무치난행**無癡亂行**(선정)**: 불자야, 무엇이 보살의 어리석고 어지러움을 떠나는 행인가. 보살은 항상 정념에 머물러 마음이 산란하지 아니하고 부동청정심으로 일체 미혹에서 벗어나는 것이다. 정념인 까닭에 일체 세속적 언어에 마음이 어지럽지 않으며 선지식을 섬기거나 마군을 대할 때나 혼란이 없으며, 탐욕도 내지 않고 성냄도 일어나지 않고 정념도 잃어버리지 않아(不生於貪 不起於瞋 不失於念 而不染着) 물들지 않고 오랜 세월 보살행을 하더라도 산란하지 않으므로 점점 선정삼매를 이루고 마침내 위없는 정념 속에서 일체 지혜를 얻고 무여열반에 들어가느니라.

여섯째, **선현행**善現行**(반야)**: 불자야, 무엇이 보살의 선현행인가. 이 보살은 신업身業 구업口業 의업意業이 청정하여 삼업三業이 무소득에 머물러, 일체 얽매임이 없고 어디에도 의지하는 바가 없느니라. 항상 진여법성에 머물러 방편으로 나타나기에 업보가 없으며 언제나 열반적정에 머무른다. 또 진실무성眞實無性한 성품에 머물러, 언어의 길이 끊어지니言語道斷 세간을 초월하므로 의지할 것이 없느니라. 이 보살은 일체 중생이 성품 없음으로 성품을 삼으며無性爲性, 일체 모든 법도 무위로써 성품을 삼으며無爲爲性, 일체국토도 무상으로 상이 되어無相爲

相, 부처님 법이 세간법과 다르지 않고 세간법이 부처님 법과 다르지 않아 불법과 세간법이 혼잡하지 않으며 차별되지 않아 법계의 체성이 평등한 줄 알고 삼세에 들어가느니라.

佛法不異世間法 世間法 不異佛法 佛法世間法 無有雜亂 亦無差別 了知法界 體性平等 普入三世 永不捨離大菩提心 恒不退轉化衆生心 轉更增長大慈悲心 與一切衆生 作所依處

일곱째, **무착행無着行(방편)**: 불자여, 무엇이 보살의 무착행인가. 보살이 부처님도량에 나아가 불사를 하고 헌공하되 마음으로 싫은 생각이 없어야 하며, 일체 장엄에 집착심을 내지 말아야 한다. 중생을 교화하거나 삼매를 닦을 때 어디에도 집착이 없어야 한다. 집착이 없을 때 마음에 장애가 사라지고 보리를 증득할 수 있으며 계법을 받들 수 있고 바른 가르침에 머물러 보살심을 가질 수 있다. 또 보살은 이렇게 생각하되 모든 법계란 환幻과 같으며, 보살행도 꿈과 같은 줄 알아 어디에도 집착이 없어야 한다. 보살은 항상 몸은 무아無我라고 관하므로 부처를 보는데 걸림 없고 중생을 교화하는데 장애가 없다. 한 생각도 염착심을 내지 않으면 어디에도 의지하지 않게 되고 자신도 이롭고 남도 이로움을 청정하게 만족할 수 있게 된다.

여덟째, **난득행難得行(서원)**: 불자야, 무엇이 보살의 난득행인가. 보살이 얻기 어려운 선근과 부사의한 선근과 자재력선근을 성취한 것이니라. 보살행을 닦을 때 정진을 게을리 하지 않으며, 대승원大乘願에 물러서지 않는 것이니라. 보살은 오랜 세월 중에서도 보살원력을 버리지 않으며, 일체 불사를 하는 가운데에서도 무상정등정각에 물러서지 않음이다. 마치 강을 따라 바다로 향하는 배가 중간 어디에도 머무르지 아니하고 마침내 바다에 이르는 것과 같다. 보살도 이와 같아 생사와 열반에도 머물지 않고 일체 중생계에 머물거나 집착하지 않음이다. 보살은 일체법이 법계에 둘 아님을 요달했기 때문이다. 보살은 무상無相에 머무르되 청정한 모양으로 그 몸을 장엄하며, 법에 성품 없음을 요달했지만 능히 세간의 일체상을 잘 분별한다.

(청량소에서 "난득행의 근본은 곧 원력(難得行 體即是願)"이라고 했다.)

아홉째, **선법행善法行(능력)**: 불자야, 무엇이 보살의 선법행인가. 보살은 일체 중생을 위해 정법을 수지하여 부처님 종자가 끊어지지 않게 하느니라. 끝없는 세월이 흘러가도 법회는 끝나지 않으며, 모든 사람이 다가와 질문하더라도 겁약하지 말고 의심을 풀어주며, 만일 일체 중생이 다함께 질문하면 그에 맞추어 설법하되 말이 끊어지지 않게 하고 법문 들으면 모두 다 깨달음을 얻고 환희심이 나게 되며, 일체 지혜를 구족하게 되느니라. 보살에게는 열 가지 몸이 있나니, 생기지 않는 몸이기에 무생無生평등법에 머무르며, 무너지지 않는 몸이기에 법계성품이 무너지지 않으며. 한 가지 모양의 몸이라 삼세언어가 끊어진 까닭이다. (一相身이라 三世語言道斷故)

열째, **진실행眞實行(지혜)**: 불자여, 무엇이 보살의 진실행인가. 보살은 가장 깊은 진리를 잘 설하고 능히 말한 대로 행하고 행하는 대로 설하느니라. 보살은 본래 원을 버리지 않음으로 위없는 지혜에 들어가 중생을 이익되게 하고 만족하게 하여 본래 서원에 따라 모두 다 구경각을 얻게 하며, 일체법에서 지혜가 자재하여 일체 중생을 두루 청정·해탈하게 하느니라.

(십행품 계송)

과거사람 중에 가장 수승한 이여!
공덕이 무량하나 집착이 없고
제일가는 용맹스러움은 비교할 곳 없으니
모든 번뇌를 떠난 자 이러한 도를 행한다.

過去人中諸最勝 功德無量無所着 勇猛第一無等倫 彼離塵者行斯道

멀리 '나'를 떠나 번뇌가 없고
항상 큰소리로 정법을 펴되
시방세계 미치지 않는 곳 없나니
비유할 수 없는 성스러운 자, 이러한 도를 행한다.

遠離於我無惱害 恒以大音宣正法 十方國土靡不周 彼絶譬者行斯道

시방에 있는 무량무변한 세계에
있는 모든 중생들
내가 다 구호하고 버리지 않나니
이렇게 두려움을 없애주는 자, 이러한 도를 행한다.

十方無量無邊界 所有一切諸衆生 我皆救護而不捨 彼無畏者行斯道

끝없는 복과 지혜를 닦고
널리 시원한 공덕의 연못을 만들며
일체 모든 중생을 이익 되게 하나니

이렇게 제일가는 사람은 이러한 도를 행한다.
修習無邊福智藏　普作淸凉功德池　利益一切諸群生　彼第一人行此道

이러한 법을 널리 권하여 닦아 이루게 하고
다 수승한 방편과 능력을 갖추어
중생을 제도하되 그 수가 끝없으나
잠시라도 중생상에 떨어지지 않는다.
普勸修成助道法　悉令得住方便地　度脫衆生無有數　未曾暫起衆生想

　　[십행품의 정리]
본 품에서는 어떻게 살 것인가에 대해 보살이 가야할 열 가지 바라밀을 제시하고 있습니다. 불자들이 만일 이 내용에 의지하여 수행한다면 이 시대 진정한 대승보살이 되어 천상과 인간의 스승이 될 것입니다. 상기 십바라밀은 과거 모든 성인들이 닦으신 공동의 길이므로 현재와 미래 수행자들도 반드시 잘 배우고 익혀야할 내용입니다. 그러므로 불자들은 이 열 가지 바라밀을 잘 이해하고 실천하기 위해 수시로 본 글을 보시기 바랍니다.

(화엄경 제22품)

❀ 십무진장품 요점해설

다함없는 마음창고

밤하늘에 반짝이는 수많은 별과
시방세계에 충만한 모든 존재들
이 모두가 근원적 작용이기에
모든 법은 있는 그대로 여여하고
인연 따라 나왔다가 들어가지만
들고 나는 그대로 고요하구나.
누가 주고 누가 받는가.
주고받음 없는 속에 일체법이 일어나고
나고죽음 없는 속에 부질없이 기멸한다.
열 가지 다함없는 창고여!
일체 성인이 다 함께 의지하는
중중무진한 마음의 곳간이로다.

[십무진장품의 대의]

본 품에서 무진장이란 영원한 진리의 보물이 무궁무진하게 갖추어
져 있는 창고를 뜻합니다. 지난 십행품에서 열 가지 행의 중요성을
설했는데, 열 가지 행동의 근본은 열 가지 무진장의 진리를 통해서
실현할 수 있으므로, 본 품의 열 가지 무진장은 모든 보살이 보살
행을 닦아 가는데 필수적인 요소로서, 이것을 근거로 거룩한 행을

완성할 수 있습니다. 그럼 십무진장이란 무엇인가요?

1. 신장信藏: 법에 대한 바른 믿음으로서, 모든 실천의 근원이 됩니다.
2. 계장戒藏: 청정성에 의지하므로 만법의 근본을 이루게 합니다.
3. 참장慙藏: 모든 업장에 대해 부끄러운 마음을 가지고 참회하는 마음입니다.
4. 괴장愧藏: 진실로 부끄러워하는 마음에 의해서 양심을 갖도록 하는 마음.
5. 문장聞藏: 보살행을 실현하는데 필요한 지식을 습득하는 마음입니다.
6. 시장施藏: 나와 남을 구분하지 않고 모든 물질을 필요한 곳에 쓰는 것.
7. 혜장慧藏: 보살행에서 중생심을 떠나 반야바라밀에 의지하는 것입니다.
8. 염장念藏: 언제나 정념에 의지하여 망념에 사로잡히지 않는 마음입니다.
9. 지장持藏: 부처님의 가르침을 잘 받아 지님으로써 법을 오래 유전하도록 함.
10. 변장辯藏: 부처님말씀을 중생들에게 잘 설하여 삼계에서 벗어나게 해주는 것입니다.

[십무진장품의 핵심 경문]

불자여, 무엇이 보살의 **신장信藏**인가.
보살은 일체법이 공함을 믿어야 하며, 일체법이 무상無相 무원無願 무작無作 무분별無分別 무소의無所依 무생無生인 줄 믿어야 하느니라. 보살이 이와 같은 이치에 따라 수순하면 깨끗한 믿음이 생겨 겁약하지 않게 되고 부처님의 무궁무진한 지혜를 깨달아 불생불멸의 경계에 들어 부처의 집에 머물게 되느니라.

(청량소에 이르기를, 믿음으로 인해 무생이 되므로 불법에 무생은 근본이 된다. 중생이 무진하므로 법계가 끝이 없고 허공은 의지하지 않으므로 열반에 분별이 없다.)

불자여, 무엇이 보살의 **계장戒藏**인가.

보살이 중생을 두루 이익 되게 하는 계와 받을 것 없는 계(외도계)와 머물지 않는(삼계) 계와 다툼 없는 계와 잡스럽지 않는(邊見 雜戒) 계와 탐욕 없는 계와 허물없는 계와 범하지 않는 계이니라.

불자여, 무엇이 보살의 **참장慙藏**인가.

보살은 과거에 지은 모든 악업을 돌이켜보고 부끄러워할 줄 알아야 하나니라. 보살은 스스로 생각하되 내가 끝없는 옛적부터 모든 중생들과 함께 부모 형제 자매 남녀가 되어 탐욕 성냄 어리석음과 교만·아첨·번뇌·망상으로 서로 간에 투쟁하고 원친을 만들어 온갖 업을 지었으니, 이제 이것을 참괴하고 뉘우쳐야 하느니라.

불자여, 무엇이 보살의 **괴장愧藏**인가.

불자여, 보살은 스스로 생각하기를 내가 오랜 옛적부터 다섯 가지 욕망을 탐구하되 싫어하지 않으므로 탐진치 삼독심 등 번뇌가 치성하게 일으킨 것에 대해 심히 부끄럽게 여기고 다시는 이런 행동을 하지 않겠다고 생각해야 하느니라. 또 생각하기를 중생이 무지하여 번뇌를 일으키고 악행을 하면서 서로 공경 존중하지 않고 서로 원수를 맺어 악행을 서로 칭찬하고 협조하여 지혜를 잃고 바른 견해를 잃게 되느니라. 이런 까닭에 나는 마땅히 부끄러운 마음을 닦아 정각을 이루고 중생을 제도하기 위해 참된 법을 연설해야 하느니라.

불자여, 무엇이 보살의 **문장聞藏**인가.

보살은 이 일이 있는 고로 이 일이 있고, 이 일이 없는 고로 이 일이 없고, 이 일이 일어나는 고로 이 일이 일어나고, 이 일이 멸하는 고로 이 일이 멸하듯, 세간법과 출세간법 유위법과 무위법 유기법有記法과 무기법無記法 등 십이연기법 등을 아는 것이니라. 일체 중생이 나고 죽는 가운데 많이 듣지 못하면 일체법을 알 수 없나니, 이에 많이 듣고 실천하여 마침내 정각을 이루고 중생을 위하여 설법하는 것을 다문장이라 하느니라.

(청량소에 이르기를, 십이연기가 다 이것이 있으므로 저것이 있다는 것이며, 지을 것이 없지만 생겨남을 반연하는 까닭이며, 작용 또한 생겨남을 반연하는 까닭에 이것이 있으므로 저것이 있는 것이다. 지음이 없으나 생겨남을 반연한다는 뜻이란 오직 반연이 있는 까닭이다. 또한 생겨난다고 하나 어디에서 나온 곳이 없고 소멸했다고 하나 갈 곳이 없으므로 불생불멸이다.

법이란 본래 생겨남도 소멸됨도 없으므로 모든 오온의 성품은 공적하고 공한 까닭에 소멸함이 없다. 만일 오온을 취하지 않으면 무루無漏오온이라 한다. 이것이 무생의 뜻이며, 이 뜻 아는 것을 다문이라 한다.

대품에 이르기를, 보살은 십이인연을 허공처럼 관하여 열반은 다함이 없다고 보므로, 십이인연이 곧 불성으로 본다고 했다. 법이란 무주無住인데, 만일 머무름이 있다면 허망이 된다. 십이연기 또한 결정된 주처住處가 없으므로 여래법신 또한 주처가 없다. 일체 중생이 다 불성이 있으므로 십이연기가 곧 불성이며 불성이 곧 여래이며 무위이다.)

불자여 무엇이 보살의 **시장施藏**인가.
보살은 열 가지 보시를 해야 하는데, 먼저 분감시分減施이니 나의 것을 나누는 보시를 하는 것이고, 갈진시竭盡施이니 남김없이 보시하는 것이며, 안으로 목숨을 아끼지 않는 보시(內施)와 밖으로 물질을 아끼지 않는 보시(外施)와 안과 밖의 모두를 아끼지 않는 보시(內外施)와 일체 보시(一切施)와 과거의 보시(過去施)와 미래의 보시(未來施)와 현재의 보시(現在施)와 구경의 보시(究竟施)가 있느니라.

불자여, 무엇이 보살의 **혜장慧藏**인가.
보살은 오온과 십이연기와 성문, 연각, 보살열반까지 사실대로 잘 알며, 보살은 다함없는 지혜를 얻어 널리 일체 중생을 깨달아 들어가게 하느니라.

불자여, 무엇이 보살의 **염장念藏**인가.
보살은 모든 어리석음을 떠나 완전한 사유를 얻어 한량 없는 과거와 미래를 생각하는 것이며, 청정한 생각과 빛나는 생각과 무장애 등을 기억하고 생각하는 것이니라. 이 청정한 마음과 기억으로 중생을 위해 부처님 세상에 나타나서 가르침을 설하는 것이다.

불자여, 무엇이 보살의 지녀야 하는 **지장持藏**인가.

보살이 모든 부처님의 요의의 뜻과 이치를 가지되 잊어버림이 없어 일생동안 잘 가지는 것이며, 가히 말할 수 없는 오랜 세월동안 가지며, 가히 말할 수 없는 대중과 성품과 삼매를 가지고 설하는 것이다.

불자여, 무엇이 보살의 **변장辯藏**인가.

보살은 깊은 지혜가 있어 진실한 법을 알아 널리 중생을 위해 연설하되, 일체 부처님 경전을 어기지 않으며 모든 경전을 잘 설하며 부처님의 명호와 무진한 명호를 설하며 부처님의 수기를 설하고 수다라를 설하며 한량없는 삼매와 성품을 설하며, 한량없는 세월동안 설법하되 한 글자 한 글귀의 뜻은 다함이 없느니라. 어찌된 까닭인가? 보살은 열 가지 무진장을 성취한 연고니라.

불자여, 이 열 가지 다함없는 법이란 일체 중생을 이롭게 하는 연고이며, 본래 서원으로 잘 회향하는 연고며, 일체겁 동안 끊어짐이 없는 연고며, 허공계가 다하도록 깨달음을 열어주되 마음에 한정을 두지 않음이며, 유위에 회향하되 집착이 없으며, 한 생각 속에 일체법이 다함없는 연고며, 큰 원력이 변하지 않음이며, 모든 경전을 다 거두는 연고며, 모든 부처님이 호념해주시는 연고며, 일체법이 다 환과 같음을 아는 연고라, 이 십종의 다함없는 법이 되느니라.

[십무진장품의 내용정리]

본 품에서는 보살행에 있어 필수적인 내용을 자세하게 설했습니다. 화엄경의 특징은 어떻게 대승보살의 길을 온전하게 구현할 수 있는가에 초점을 두고 내용을 전개하고 있습니다. 따라서 본 품 또한 보살행에 있어 갖추어야 할 내용을 무한한 법의 창고에 열 가지로 분류하여 정리했습니다.

이 시대는 극도의 이기주의로 살아가는 세상입니다. 때문에 여기에는 필연적으로 보살행이 아니면 현대인의 모든 문제를 해결할 수 없습니다. 이에 우리는 본 품의 내용을 잘 음미해서 대승보살의 길을 온전하게 구현해야 합니다.

(화엄경 제23품)

❀ 승도솔천궁품 요점해설

걸림 없는 도솔세계

존재하는 그대로 일체가 장엄되니
시방세계 그대로 불국토 아님 없구나.
백만억으로 장엄된 보배궁전에
부처님이 오르시니 광명으로 빛나고
여래의 공덕과 지혜는 끝이 없지만
이 모두가 중생을 위한 마음이로다.
모든 하늘은 청정한 업으로 받들고
보살대중은 법으로 공양장엄 했도다.
도솔천에서 펼쳐진 법의 향연이여!
이제 부사의 한 축복은 무궁무진하여라.

[승도솔천궁품의 대의]

본 품에서는 부처님이 도솔천이라는 곳에 가서 법회를 여시는 광경을 설하고 있습니다. 여기에서 도솔천이란 무엇을 하는 곳인가요. 미륵보살이 상주하는 도량으로서, 부처님의 교화 공덕으로 모든 사람들은 수행자답고 사심이 없으므로 항상 만족한 줄 알며 미륵부처님 설법으로 마음은 지극히 정화되어 수승한 경계에 머무는 근기들입니다. 석가모니부처님께서 이러한 상근기 중생을 위하여 만족이라는 경계에 머물지 말고, 보살의 회향을 설하고자 신통력으로 도솔천에 올라가셨습니다.

본 품에는 백만억이라는 엄청난 숫자를 말하는데, 이것은 일체 모든 법이 다 부처님의 장엄이라는 것을 보여주기 위함입니다. 여기에서 나열한 각종 장엄이 무량 백천만억이라는 최고 최상으로 법자리를 장엄했고, 백천만억의 누각과 휘장과 사자좌대의 장엄과 사방장엄과 영락장엄, 향장엄, 비·구름장엄, 온갖 잡장엄, 광명장엄, 보배옷과 보배당번과 음악과 찬탄하는 소리와 설법하고 제도하는 장엄과 보살의 이익장엄과 바라밀과 팔부신장의 예경장엄과 보살의 법공양장엄과 모든 하늘의 공양장엄으로 백만억 보살이 일체 중생을 교화한다고 했습니다. 이것은 도솔천의 정신적 경계를 보여주는 내용입니다.

[승도솔천궁품의 핵심 경문]

이와 같은 세계의 도솔천왕이 부처님을 받들어 가장 높은 법자리에 모셨으니 일체 세계의 도솔천왕도 다 이와 같았으며, 이와 같이 장엄했으며 이와 같은 격식이었으며, 이와 같이 믿고 즐겼으며 이와 같이 마음이 청정했으며, 이와 같이 기뻤으며 이와 같이 존중했으며, 이와 같이 희유한 생각을 냈으며 이와 같이 좋아하고 우러러 바라보되 모두 다 같았느니라.

도솔천궁에서는 말할 수 없는 모든 보살들이 허공에 머물러서 일심으로 정근하며 모든 공양구를 장만하여 부처님께 공양하며 예경하고 무량한 음악을 일시에 연주했느니라. 지혜의 경계가 다함이 없어서 비교할 수 없는 삼매에서 나왔으며 그 몸이 지을 바 없어 일체 중생들 몸 가운데 두루하며 무량 중생이 다 환희하며 일체 지혜의 종자가 끊어지지 않게 하느니라.

모든 부처님이 필경 머무는 바에 머무르고 삼세 모든 부처님의 집에 태어나 무수한 중생의 믿음과 이해를 청정하게 하며 일체보살로 하여금 지혜를 성취케하여 모든 근기들이 기뻐하며, 법의 구름이 허공법계에 두루 덮혀 중생을 교화하고 조복하기를 나머지가 없게 하며, 중생심을 따라서 만족케하고 무분별지에 안주케 한다.

평등하게 중생을 관하되 마음으로 집착이 없고 걸림 없는 경계에 머물러 부처님의 열 가지 힘을 얻어 장애가 없으며 마음은 항상 고요하고 안정되어 산란함이 없고 일체 지혜에 머무느니라.

항상 부처님의 밝은 해가 법계에 두루 비추며 본래 원력에 따라 항상 나타나 소멸되지 아니하며, 항상 법계에 머물러 부처님이 머무는 곳에 머무르며, 변하지 않아 나와 나의 처소에 집착이 없고 출세법에 머물러 세간법에 물들지 않느니라.

지혜의 달이 법계를 두루 비추니 일체가 다 얻을 바 없음을 요달하고, 항상 지혜로 세간이 환과 같고 그림자 같으며 꿈과 같고 변하는 것인 줄 알아 일체가 다 마음으로 자성을 삼아 이와 같이 머무느니라.

모든 중생의 업보가 같지 않고 마음에 즐거워함이 차별되므로 모든 근기에 따라 부처님 몸을 나타낸다. 여래는 항상 무수한 중생과 반연되어 인연 따라 일어남을 설하시고 모든 법은 다

상이 없지만 오직 이것은 한 모양이라는 지혜로 근본인 줄 알아 중생들이 모든 상에 집착을 끊게 하고, 일체 세간의 성품과 모양을 보여주지만 세간 속에서 행하시어 위없는 보리를 열어주고 보여주느니라.

일체 중생을 구제하기 위해 세간에 나타나 부처님의 도를 보이시고 여래의 몸을 보게 하며 선근인연을 잊지 않고 기억하며, 부지런히 닦아 세간의 번뇌를 소멸하고 보리행을 수습하여 마음으로 산란하지 않으며 대승의 문을 원만하게 얻어 일체 모든 부처님의 공덕을 얻게 하느니라.

대법왕이 되어 해와 같이 널리 비추며 세간의 복전이 되어 큰 위신력을 갖추어 모든 세상에 화신을 나투며 지혜의 광명을 놓아 다 깨달아 들어가게 하고 중생이 부처님의 무량무변한 공덕을 갖추신 것을 알게 하느니라.

이와 같이 믿고 이해해야 하며 이와 같이 관찰해야 하며 이와 같이 지혜의 깊은 연못에 들어가야 하며, 이와 같은 공덕의 바다에서 놀아야 하며, 이와 같은 허공과 같은 지혜에 이르러야 하며, 이와 같지만 중생의 복전을 알아야 하며, 이와 같은 정념이 현전하여 관찰해야 하며, 이와 같이 부처님의 모든 일과 상호를 관해야 하며, 이와 같이 부처님이 세간에 두루 나타남을 관해야 하며, 이와 같이 부처님이 신통자재함을 관해야 하느니라.

옛적에 부처님이 계셨으니 이름이 무애월이라.
모든 성스러움 가운데 가장 수승하셨는데
이 부처님이 일찍이 장엄된 이 궁전에 오셨으니
이런 까닭에 여기가 최고로 길상한 도량이로다.

昔有如來無礙月 諸吉祥中最殊勝 彼曾入此莊嚴殿 是故此處最吉祥

옛적에 부처님이 계셨으니 이름이 광지廣智라
모든 길상 가운데 가장 수승하셨는데
저 부처님이 일찍이 이 금색전에 들어오셨으니
이런 까닭에 여기가 최고로 좋은 곳이로다.

昔有如來名廣智 諸吉祥中最殊勝 彼曾入此金色殿 是故此處最吉祥

청량국사는 도솔兜率이란 이름의 뜻을 다음과 같이 밝혔습니다.

1, 이 하늘은 만족한 줄 아는 곳이니 모든 것이 구족된 까닭에 기쁨이 충만한 하늘이다. 또 스스로 만족한 줄 아는 연고로 욕계 여섯 하늘 가운데 가장 중심이 되는 여기에는 자비와 지혜가 균등하기 때문에 중심이 된다. 또 이 하늘에는 세 가지 복을 닦아야 하는데 세 가지란 보시와 지계와 선정이다.

2, 사변제事邊際가 있으니 여기 두 종류가 있다. 하나는 자상사自相事(別業)이고 하나는 공상사共相事(共業)이다. 이 가운데 사事란 곧 경계를 말한다.

3, 무상법無相法이 곧 청정진여이다.

4, 연기의 이치에 깊이 들어가면 연기에 성품은 없고 법이란 무상無相인 줄 알 때, 상도 없고 다름도 없다. 이것이 한 가지 상(一相)이다.

5, 여래의 평등한 법신을 관찰할 때, 바라밀다의 공덕을 원만하게 이룬다.

6, 법신과 지혜가 허공과 같은 줄 알 때 장애가 없고 끝도 없고 지음도 없으며 다함도 없고 줄어들지도 않지만, 변하거나 바뀜도 없으며 무애라고 하나 능히 모든 일을 나타내는데 허공과 같다.

상기 1, 2번은 **법신변사法身邊事**(법신의 바깥 일)의 이치를 말하고 3, 4, 5, 6번은 **법신의 본사本事**(본래청정심)를 말한다.

[승도솔천궁품의 내용]

본 품에서는 일생보처一生補處(보살 최고의 경지로, 이번 일생만 마치면 부처의 지위에 오를 수 있는 보살의 가장 높은 지위, 등각等覺보살)라는 지위에 들어간 보살이 거하는 도솔천에 부처님이 올라가신 내용과 도솔천의 장엄은 무엇인지, 그리고 거기에서 보살은 어떤 공덕과 지혜로 중생을 구제하고 계시는가에 대한 뜻을 밝혔습니다. 그런데 여기에서 왜 부처님이 도솔천에 올라가셨을까요? 화엄이라는 초우주적 진리를 설함에 있어 도솔천은 매우 중요한 뜻이 숨어있기 때문입니다. 즉 보살이 마지막 한 생을 남겨놓은 시점에 본래구족의 의미를 깨닫고 더 이상 구함이 없는 청정무구의 경계에서 다시 중생에게 회향을 하는 대비 원력을 세워야 하기 때문입니다.

우리는 여기에서 만족의 의미를 깨달아 무구행無求行을 지을 줄 알아야 하며 동시에 진정한 무상無相공덕을 지어야 한다는 것입니다. 이 때문에 본 품에서는 무상無相을 많이 강조했는데 이것은 큰 진리로 나아가는 곳에 '나'라는 가장 큰 걸림돌을 넘어서기 위함입니다. 때문에 여기 불자님들은 철저한 무아·무상의 마음으로 영원한 행복을 이루도록 정진해야 하겠습니다.

(화엄경 제24품)

✸ 도솔천궁게찬품 요점해설

도솔의 정신

하늘에는 흰 구름 흘러가고
푸른 숲속에는 매미소리 들린다.
만 가지 모양과 만 가지 법은
존재 그대로 도솔정신 아님 없도다.
있는 그 자체가 없는 것이니
텅 빈 그대로 충만하여라.
시방의 성자들이 제각기 자리에 앉아
도솔의 정신을 노래 부르니
산천초목 그대로 화엄경계가 되고
일심을 드러내니 만법과 통했다.
이사무애 속에 거룩한 사사무애여!
부처세계와 중생세계가 원융무애 하구나.

[도솔천궁게찬품의 대의]

본 품에서는 대체로 도솔천에 거주하는 사람들이 비록 욕계의 경계에서 벗어나지 못했지만 정신단계는 매우 높아 어느 정도 법식으로 양식을 삼을 수준이 되었으므로, 도솔(법에 의해 만족을 아는 단계)의 진정한 정신을 시방에서 오신 여러 대 보살들이 게송으로 격려 찬탄하고 도솔의 정신을 노래 부르는 내용입니다. 이 노래 하나

하나에 깊은 부처님의 뜻이 있기 때문에 이 게송으로 이정표 삼아 수행한다면 우리도 도솔의 정신에 들어가고 마침내 도솔천 내원궁에 계시는 미륵부처님을 친견할 수 있을 것입니다.

[도솔천궁게찬품의 핵심 경문]

이때에 부처님의 신통한 힘으로 시방에 계시는 여러 대보살들이 각각 일만 부처님의 세계에 작은 수많은 보살을 거느리고 일만 부처님세계의 작은 무량한 수의 국토 밖에 여러 세계로부터 이곳 부처님처소에 나왔으니 그 이름이 금강당보살 견고당보살 용맹당보살 광명당보살 등이며 그들이 온 나라는 묘하고 보배로운 세계이며, 묘하고 즐거운 세계이며, 묘하게 은빛이 나오는 세계이며, 묘하게 금빛이 나오는 세계 등이다.

이때 금강당보살이 부처님의 가피를 받고 시방세계를 관한 후 게송을 읊었다.

여래는 본래 세상에 나온 적이 없으며
또한 일찍이 열반에 들 일도 없지만
본래 큰 원력으로써
자재하게 법을 나타내 보이시도다.

如來不出世며亦無有涅槃 以本大願力 示現自在法

이 법은 불가사의하여
마음으로 알아낼 수 없도다.
오직 반야바라밀로써 이를 수 있나니
이때 부처님의 경계를 본다.

是法難思議　非心所行處　智慧到彼岸　乃見諸佛境

이 몸뚱아리는 부처가 아니며
음성 또한 그러하다.
그러나 색과 소리를 떠나지 아니하고
부처님의 신통을 본다.

色身非是佛　音聲亦復然　亦不離色聲　見佛神通力

작은 지혜로는
모든 부처님의 참다운 경계를 알지 못하나니
오래도록 청정한 수행을 해야만
이것을 능히 알게 되리라.

少智不能知　諸佛實境界　久修淸淨業　於此乃能了

바른 깨달음이란 온 곳이 없고
따라서 갈 곳도 없다.
청정하고 묘한 색신은
신통한 힘으로 나타나도다.

正覺無來處　去亦無所從　淸淨妙色身　神力故顯現

한량없는 세계 가운데
여래의 몸이 나타나서
널리 미묘한 법을 연설하지만
마음에는 아무런 집착이 없다.

無量世界中　示現如來身　廣說微妙法　其心無所着

지혜가 끝이 없으니
일체법을 요달하셨고
널리 법계에 들어가
자재한 힘을 보이시도다.

智慧無邊際 了達一切法 普入於法界 示現自在力

일체 지혜를 구하고
속히 위없는 깨달음을 이루고자 한다면
응당히 깨끗하고 묘한 마음으로써
보리행을 잘 수습해야 하느니라.

欲求一切智 速成無上覺 應以淨妙心 修習菩提行

이때 견고당보살이 부처님의 신력을 입고 시방을 둘러본 뒤
게송을 설했다.

여래는 어디에도 비교할 수 없고
깊고 깊어 가히 말로 할 수 없으니
말의 길마저 넘어섰기에
청정하기가 허공과 같다.

如來勝無比 甚深不可說 出過言語道 清淨如虛空

뜻으로 짓는 업이 항상 청정하여
모든 부처님께 공양 올리되
끝내 피로하거나 싫어하지 않는다면
능히 저 부처님 도에 들어간다.

意業常清淨 供養諸如來 終無疲厭心 能入於佛道

이때 용맹당보살이 부처님의 가피를 입고 시방을 둘러본 뒤 게송을 읊었다.

비유컨대 밝은 눈으로도
해를 통해서 사물을 볼 수 있듯이
깨끗한 마음도 이와 같아서
부처님 힘을 가져야만 여래를 볼 수 있느니라.

譬如明淨眼 因日覩衆 淨心亦復然 佛力見如來

비유컨대 가타약이
능히 일체 독을 소멸시키듯
부처님 법도 이와 같아서
중생들의 모든 번뇌를 소멸한다.

譬如伽陀藥 能消一切毒 佛法亦如是 滅諸煩惱患

비유하건대 이 큰 허공계가
일찍이 생겨나지도 멸하지도 않듯
모든 부처님 법도 이와 같아서
필경 생멸하지 않는다.

譬如虛空界 不生亦不滅 諸佛法如是 畢竟無生滅

이때에 광명당보살이 부처님 가피를 입고 시방을 둘러본 뒤 게송을 설했다.

비유하건대 한마음의 힘에서

능히 가지가지 마음이 나오듯
이와 같이 한 부처님 몸에서
널리 일체부처님이 나타난다.

譬如一心力 能生種種心 如是一佛身 普現一切佛

삼세 모든 부처님이
법신은 다 청정하지만
중생들 근기 따라 응해서
널리 묘한 색신을 나툰다.

三世一切佛 法身悉淸淨 隨其所應化 普現妙色身

부처님 몸은 변화하지 않지만
그렇다고 변화하지 않음도 없나니
저 변화 없는 법 가운데
변화하는 모습을 보이기도 한다.

佛身非變化 亦復非非化 於無化法中 示有變化形

이때에 지당보살이 부처님의 가피를 입고 시방을 둘러본 뒤
게송을 설했다.

비유컨대 둥근 보름달이
널리 일체 물에 나타나지만
그림자는 비록 많아도
본래 달은 두 가지가 없도다.

譬如淨滿月 普現一切水 影像雖無量 本月未曾二

환과 같은 모든 현상은
생겨남이 없으므로 일어날 것도 없듯이
부처님 몸도 이와 같아서
나타나지만 생겨나는 것은 없다.

如幻所作色　無生亦無起　佛身亦如是　示現無有生

이때 보당보살이 부처님 가피를 입고 시방을 둘러본 뒤 게송을 읊으셨다.

부처님 몸 처소가 없지만
일체처에 충만하도다.
허공처럼 끝이 없듯이
이와 같이 부사의 하도다.

佛身無處所　充滿一切處　如空無邊際　如是難思議

이때 정진당보살이 부처님의 신력을 입고 시방을 둘러본 뒤 게송을 읊었다.

부처님 몸은 안에 있지도 않고
그렇다고 밖에 있는 것도 아니다.
오직 신비로운 힘으로 나타내시니
인도하는 스승의 법도 이러하시다.

佛身不在內　亦復不在外　神力故顯現　導師法如是

이때 이구당보살이 부처님의 신력을 입고 시방을 둘러본 뒤 게송을 읊었다.

부처님은 본래 오고 감이 없으며
또한 다시 머무르는 바도 없다.
멀리 모든 전도몽상을 떠났으니
이것을 이름하여 위없는 정각이라 한다.

導師無來去 亦復無所住 遠離諸顚倒 是名等正覺

이때 성숙당보살이 부처님의 신력을 입고 시방을 둘러본 뒤
게송을 읊으셨다.

부처님은 중생의 마음을 따라
널리 일체 몸에 나타나시니
도를 이루고 법을 전했으며
마침내 큰 열반에 들어가신다.

佛隨衆生心 普現一切身 成道轉法輪 及以般涅槃

이때 법당보살이 부처님의 신력을 입고 시방을 둘러본 뒤 게
송을 읊으셨다.

여래의 자재한 힘을
무량겁에도 만나기 어렵나니
만약 한 생각으로 믿음을 낸다면
속히 위없는 정각을 증득하리라.

如來自在力 無量劫難遇 若生一念信 速證無上道

모든 부처님 법은 무너지지 않으며
또한 무너뜨릴 자도 없나니
걸림 없는 큰 광명이
널리 저 세간에 두루 보여주도다.
諸法不可壞 亦無能壞者 自在大光明 普示於世間

청량소에 이르기를, 진응眞應에 각각 두 가지 뜻이 있나니, **불변不變**의 뜻이란 비록 변화하나 항상 담연湛然하다. **수연隨緣**의 뜻이란 자성을 지키지 아니하나 나타나지 않음이 없는 까닭에 참된 가운데 수연隨緣이 곧 불변隨緣인 까닭이다. 이러므로 참되나 참됨이 아니며 참됨이 아니나 참되지 않음은 없다. 법신은 교화하나 교화가 아니며 교화가 아니지만 교화하지 않음도 없다.
眞應各有二義 不變義 謂雖化而常湛然 隨緣義 謂不守自性無不現故 眞中 隨緣卽 不變故 是故亦眞亦非眞 非眞非不眞 名眞法身 亦化非亦化 非化非不化 名爲佛化 身

[도솔천궁게찬품의 요지]

본 품에서는 부처님의 본래 뜻은 불생불멸이라 가고 옴도 없는 절대성 경계에 항상 계시지만, 중생을 위하여 가지가지 방편을 베풀고 구제한다는 내용을 열 명의 대보살이 각기 맡은 바 세계에 입각하여 부처님의 가피를 입고 나와, 한 번 시방세계를 살펴보고 게송을 읊는 내용입니다. 이 때문에 본 품에서는 부처님의 대자대비한 본래의 뜻과 무주無住·무상無相이라는 근본적인 이치를 잘 보여주고 있습니다.

(화엄경 제25품)

❀ 십회향품 요점해설 1

근원으로 향하는 길

모든 존재는 자연에서 나왔다가
인연 따라 자연으로 돌아간다.
변화하고 전변하는 그 가운데
인생도 자연도 다 함께 흘러간다.
자연스런 현상에 맡겨 흐르는 것
만법의 본질적인 회향이다.
여기 흐르지만 흐르지 않음도 있으니
이것이 불변不變과 수연隨緣의 뜻이다.
이 두 가지가 하나로 움직이는 곳에
회향이라는 진정한 의미가 있다.
화엄의 열 가지 거룩한 회향이여!
모든 성인이 걸어가는 길이며
우주만법이 움직이는 원리이다.

[십회향품의 대의]

본 품에서는 보살이 가지가지 바라밀을 행할 때 마지막으로 온 우주법계와 중생과 보리도에 회향하는 법을 설했는데, 이러한 회향을 통해서 온 우주·자연의 도와 하나 되고 절대적 해탈 그 무여열반으로 나아가는 뜻입니다.

본 품에서는 이러한 회향의 뜻을 열 가지로 설했는데, 내용이 방대하여 이 품 하나만으로도 두꺼운 책 한권 될 정도입니다. 그러므로 여기에서 말하는 회향의 진정한 뜻은 모든 행위의 목적을 뜻하며, 일체 만법이 마침내 근원으로 돌아가는 원리라고 할 수 있습니다.

그만큼 보살의 회향이란 매우 중요하여 화엄에서는 비교적 자세하게 설했으니, 우리는 여기에서 불조佛祖의 회향처를 잘 알아야 합니다. 의식문에 보면 회향삼처실원만이라 했으니, 그것은 세 곳에 두루 회향하여 다 원만하다는 뜻입니다. 회향삼처란 첫째 중생회향이니 깨달음의 진리를 일체 중생에게 회향하여 모두 다 열반에 들어가게 하는 회향이고, 둘째 보리회향이니 모든 수행을 깨달음으로 나아가는 길에 회향하는 것이며, 셋째 진여회향이니 진리의 성품바다에 회향하는 것입니다.

[십회향품의 핵심 경문]

이때에 금강당金剛幢보살이 부처님의 가피를 입고 보살의 지혜로운 광명삼매에 들어갔다가 나오니, 시방세계 모든 국토와 모든 부처님이 다 같은 금강당이라는 이름(금강당불金剛幢佛)을 갖게 되었다.

(가피의 연유)

모든 보살로 하여금 청정하여 두려움 없게 하기 위함이며, 걸림 없는 변재를 갖추기 위함이며, 다함 없는 선근을 성취하기 위함이며, 일체 부처님의 신통력을 나타내기 위함이며, 일체 지혜가 끊어지지 않기 위함이며, 큰 원력을 이루기 위함이며,

모든 부처님의 평등한 선근을 닦기 위함이며, 일체 여래의 종자를 보호하기 위함이다.

(열 가지 회향의 명칭)

불자여, 보살에게 회향이 열 가지가 있으니, 삼세제불이 다 함께 설하셨느니라.

1. 일체 중생을 구호하되 중생의 상相을 내지 않는 회향
2. 무엇으로도 파괴할 수 없는 회향
3. 일체 제불과 같은 회향
4. 일체 처소에 이르는 회향
5. 다함없는 공덕의 창고 회향
6. 일체 평등한 선근에 들어가는 회향
7. 일체 중생을 위해 수순하는 회향
8. 진리의 세계를 향한 회향
9. 일체 걸림 없는 해탈에 회향
10. 법계에 들어가는 무량한 회향

이것이 보살의 열 가지 회향이니 과거 현재 미래 모든 부처님이 과거 미래 현재에 항상 설할 법이니라.

(선근에 회향함)

불자야, 보살이 보시를 행하고 계행을 깨끗이 하며 인욕을 닦고 정진을 일으키고 선정에 들어가며 지혜에 머물러 4무량심에 의지하여 선근을 닦아야 하느니라. 이와 같이 선근을 닦을 때 이 선근인연으로 널리 일체 중생이 이익 되고 청정하여 마침내 구경정각에 이르러 모든 중생이 일체 괴로움에서 벗어나

기를 원해야 하느니라.

(보살이 회향하는 마음)
비유하건대, 하늘에 떠 있는 태양이 세상에 있는 한 가지만을 위해 비추지 않듯 보살도 한 중생을 위해 선근을 닦는 것이 아니라 일체중생을 위해 선근을 닦아 아뇩다라삼먁삼보리에 회향한다.

(회향하는 마음)
보살은 마땅히 이와 같이 생각하되, 나의 수행은 모든 중생이 다 무상정각을 이루게 하기 위함이요 나 자신만을 생각하지 않고 해탈을 구하는 것이다.

(은혜를 보답하는 회향)
불자야, 보살은 이러한 생각을 하되 마치 해가 일체를 비추지만 은혜나 보답을 바라지 않듯 중생들이 비록 사악하더라도 은혜를 골고루 비추어준다. 그러므로 선근이 있더라도 일체 중생들에게 이익 되게 하지 않으면 회향이 아니거니와 하나의 선근이라도 중생을 위해 베풀어 주고 사회에 환원하면 회향이라고 이름 하느니라.

(회향의 여러 가지)
중생이 법에 편안히 있게 하는 회향과, 회향마저 의지하거나 집착하지 않는 회향과, 선근에 대해 집착하지 않는 회향과, 모든 현상에 집착하지 않는 회향과, 업을 취하지 않고 과보를 구하지 않는 회향과, 처소와 인연에 집착하지 않는 회향과, 모든 전도된 견해를 일으키지 않는 회향과, 일체 중생의 평등한 모양을 보는 회향과, 일체 법을 관찰하여 탐착을 여의는 회향이니라.

(회향의 이익)

보살이 이와 같이 회향할 때 중생을 제도하되 쉬지 않고 법이라는 상相에도 떨어지지 않으며, 비록 불성에는 일체를 초월했으나 중생은 업보에 빠져 있으므로 이 모든 중생을 방편으로 잘 인도하여 회향하게 하나니, 보살이 이와 같이 회향하므로 일체 허물에서 벗어날 수 있고 모든 부처님으로부터 칭찬을 받게 되느니라.

(제1 중생들을 구호하는 회향 게송)
자신의 쾌락을 구하지 아니하고
다만 모든 중생 구제하고자 하나니
중생을 가엾이 여기는 마음을 일으켜
걸림 없는 지위에 들어가도다.
不爲自身求快樂 但欲救護諸衆生 如是發起大悲心 疾得入於無碍地

시방에 있는 일체 모든 세계에
모든 중생들을 다 거두어 주나니
구제하는 까닭으로 좋은 마음에 머물러
모두 닦은 선근을 회향하도다.
十方一切諸世界 所有衆生皆攝受 爲救彼故善住心 如是修學諸廻向

이와 같이 저 언덕에 회향하여
널리 뭇 중생으로 하여금 모든 업장을 여의고
영원히 일체 의지하는 바를 떠나서
마침내 의지할 곳 없는 곳에 들어간다.

如是廻向到彼岸하 普使群生離衆垢 永離一切諸所依 得入究竟無依處

이 사람은 마침내 구경열반에 회향하니
마음은 항상 청정하여 모든 독을 떠났다.
이것은 삼세의 여래가 다 부촉한 바이니
위없는 큰 법의 궁전에 머물도다.

此人廻向得究竟 心常淸淨離衆毒 三世如來所付囑 住於無上大法城

몸으로 짓는 업이 다 청정하여
일체 언어에 허물됨이 없도다.
마음은 항상 부처님에게 있으니
능히 모든 부처님을 기쁘게 하도다.

所有身業皆淸淨 一切語言無過失 心常歸向於如來 能令諸佛悉歡喜

일체 중생의 언어가
항상 그 종성에 따라 차별되도다.
보살은 다 능히 분별하여 설하나
마음에 집착 없으니 걸림 없도다.

一切衆生語言道 隨其種類各差別 菩薩悉能分別說 而心無着無所碍

보살이 이와 같이 회향하니
공덕과 방편은 말로 다할 수 없구나.

능히 시방세계 가운데
일체 모든 부처님이 칭찬하도다.

菩薩如是修廻向　功德方便不可說　能令十方世界中　一切諸佛皆稱歎

[십회향품의 내용]

부처님께서는 일찍이 참다운 진리는 처음도 좋고 중간도 좋으며 끝까지 좋은 법이라 했습니다. 본 품에서 말하는 회향이란 모든 선근을 잘 닦아야 하지만 마지막을 어떻게 해야 하는지 밝히고 있습니다. 회향이란 진실한 목적을 뜻하는 것이며, 이러한 목적을 향해 끝까지 한결같이 정진하라는 내용이 본 품의 뜻입니다.

세상에서도 마무리가 좋지 못하면 처음 세운 뜻과 다른 방향으로 갈 수 있기 때문에 무슨 일을 하든지 중생들의 공익을 등지게 되면 자신에게도 최악의 결과가 될 수 있다는 것을 가르치고 있습니다. 그러므로 불자들은 현실을 살아갈 때 처음과 중간과 끝을 잘 살펴 잘못되지 않도록 노력하지 않으면 안 됩니다.

본 장에서는 열 가지 회향 가운데 첫 번째, 일체중생을 구호하지만 구호한다는 생각마저 떠난 진실한 회향을 해야 한다고 말했습니다. 때문에 우리는 여기에서 어떤 선행을 하더라도 개인의 공덕이라 생각하지 말고 부처님과 법과 승에 회향할 때 한량없는 참 공덕이 됩니다. 그러므로 어떤 행위에서도 중생심을 내지 않을 때 참된 공덕이 되고 진실한 회향이 된다는 것을 명심해야 합니다.

(화엄경 제25품)

❀ 십회향품 요점해설 2

진정한 삶의 회향

본래청정 그 자리에 한 물건이 있으니
과거 현재 미래에 변한 것 없구나.
진정한 보살행에 상대가 끊어졌으니
행주좌와 어묵동정 그대로 진실하다네.
무너지지 않는 진실한 회향이여!
모든 부처님의 회향과 동등하도다.
한 생각도 일으키지 아니하지만
널리 육도만행을 닦아가는 것
이것이 모든 부처님의 회향이며
모든 보살의 진정한 삶의 회향이다.

(무너지지 않는 회향에 대해)
불자야, 무엇이 보살의 무너지지 않는 회향인가.
이 보살은 과거 현재 미래의 모든 부처님처소에서 무너지지 않는 신심을 얻었기에 일체 부처님을 받들 수 있고 일체 보살의 선근을 닦지만 피로하거나 싫어하지 않는다.

(회향하는 마음자세)
보살은 이와 같은 모든 선근공덕을 일체 지혜에 회향하여 모든 부처님을 친견하기를 원해야 하며, 착한 벗을 가까이하여 모든 보살과 함께 머무르며, 일체 지혜를 생각하여 마음속에 잠시도 떠나지 말 것이며, 부처님 가르침을 보호하고 가지되 일체 중생을 교화하고 성숙하게 해야 하느니라.

(회향을 성취하는 일)
보살이 모든 선근을 회향할 때 비록 생사를 따르나 변하지 않으며, 일체 지혜를 구하되 물러서지 않으며, 모든 존재에 대해 마음이 산란하지 않으며, 일체 중생을 해탈하게 해야 한다. 세상법에 물들지 아니하고 걸림 없는 지혜를 잃지 않으며, 부처님 법을 증장시키고 거기에 회향하며 모든 선근을 갖추느니라.

(모든 선근에 아상我相 없는 행을 성취하는 일)
청정한 뜻으로 잘 분별하여 일체법이 다 마음 따라 나타난 줄 깨달아야 하며, 모든 업이 환과 같은 줄 알고 인연에 의해 법이 나오지만 메아리와 같은 줄 알아야 하며, 보살행을 실천하고 수행하되 일체 상에 집착 없어야 하느니라.

(회향하는 일)
보살은 모든 선근에 대해 이와 같이 회향해야 하나니, 일체중생을 모두 해탈하도록 도와주어 부처의 종자가 끊어지지 않게 하며, 또한 모든 중생이 청정한 지혜를 얻어서 깊은 방편에 들어가 나고 죽는 법에서 벗어나게 해야 하며, 부처님의 선근을 얻어 영원히 일체 마군의 일을 끊어야 하며, 진리의 도장으로 널리 모든 업을 소멸하며, 일체 지혜에 들어가 부처님법을 성취하고 세간법에서 벗어나느니라.

(금강당보살의 게송)

보살이 이미 무너지지 않는 뜻을 얻어
일체 모든 선근의 업을 닦나니
이런 까닭에 능히 부처님을 환희케 하나니
지혜로운 자는 이렇게 회향한다.

菩薩已得不壞意　修行一切諸善業　是故能令佛歡喜　智者以此而廻向

한량없이 많은 부처님께 공양 올리고
보시와 계율로 모든 감각을 조복 받으며
모든 중생을 이익 되도록 하기 위해
모든 행동이 다 청정무위하도다.

供養無量無邊佛　布施持戒伏諸根　爲欲利益諸衆生　普使一切皆淸淨

불가사의한 무한 세월동안
가지가지로 보시하되 싫증을 내지 않고
백천만겁이 지나도록
모든 좋은 법을 한결같이 닦아가도다.

不可思議無量劫　種種布施心無厭　百千萬億衆劫中　修諸善法悉如是

비교할 수 없는 수승한 성상을 조성하여
온갖 보배로써 장엄했다.
홀로 외로이 높고 높은 산의 왕이
그 수를 헤아릴 수 없는 백 천억이로다.

造立無等最勝形　寶藏淨金爲莊嚴　巍巍高大如山王　其數無量百千億

보살이 모든 공덕을 닦아
익히 수승하여 비교할 수 없어라.
체성이 다 있지 않음을 요달하고
이와 같은 결정마저 다 회향하도다.

菩薩修習諸功德 廣大最勝無與比 了達體性悉非有 如是決定皆廻向

부처님 국토에는 의지할 바 없나니
일체 불국토 또한 그러하도다.
또한 세상법에 물들지 않나니
법성이 의지할 곳 없음을 알기 때문이니라.

菩薩修習諸功德 廣大最勝無與比 了達體性悉非有 如是決定皆廻向

(경계에 마음이 움직이지 않는 회향)
불자여, 무엇이 보살의 모든 부처님과 같은 회향인가. 이 보살은 과거 미래 현재 모든 부처님의 회향하는 길을 잘 따라 배우나니, 이와 같이 배울 때 모든 현상에서 접촉할 때와 아름답거나 나쁜 것을 보더라도 좋아하고 싫어하는 마음을 내지 않고, 마음에 자재함을 얻어 잘못하지 않으며 청정한 마음으로 인해 항상 기쁨이 따르고 모든 고뇌가 없으므로, 마음은 부드러워 모든 육체기관이 편안하고 시원하다.

(재가불자들이 가져야 할 보살의 마음)
불자야, 보살이 가정에 있으면서 처자와 함께 지내지만 잠간이라도 보리심을 잃지 말아야 하며, 정념과 깨달음에 의지하여 스스로 제도하고 다른 사람도 제도해야 하느니라. 항상 좋은 방편으로 권속을 교화하여 보살의 지혜에 들어가게 해야 하며, 비록 많은 사람과 동거하나 마음에 집착이 없으며 자비심으로 대하여 보살의 청정한 도에 걸림 없어야 하느니라.

(보살이 중생들을 이익 되도록 하는 일)
보살은 일체 중생을 요익되도록 하기 위해 무량한 원력을 세워야 하며, 일체를 구제하되 아만심을 내지 말아야 하며, 항상 부처님의 도를 생각하여 일체 잡된 생각을 멀리 떠나야 하고, 속가에 머물 때는 선근에 의지하여 불도에 회향해야 하느니라.

(모든 부처님과 보살에 회향)

불자야, 보살은 과거 모든 부처님들이 보살행을 닦을 때 모든 선근을 회향하듯 미래와 현재의 보살도 이렇게 회향해야 한다. 회향이란 최승회향, 무상회향, 무등등회향, 악을 떠나는 회향, 청정회향이니라. 보살은 회향하되 마음에 집착이 없어야 하느니라.

(금강당보살의 게송)

보살은 회향할 때
무량한 대비심을 일으켜야 하나니
마치 부처님이 공덕을 회향하듯
나도 그렇게 수행하여 다 원만하기를 원하노라.
菩薩修行此廻向 興起無量大悲心 如佛所修廻向德 願我修行悉成滿

자신의 이익을 구하지 않고
일체 중생이 다 안락하도록 행동한다.
잠시라도 희론심을 내지 않고
다만 모든 법이 공하여 '나' 없음을 관한다.

不爲自身求利益　欲令一切悉安樂　未曾暫起戲論心　但觀諸法空無我

모든 보살은 몸을 깨끗이 가진 다음
뜻을 청정하게 가져 먼지 티끌이 없다.
말로 하는 업이 맑아 허물이 없으니
마땅히 뜻이 청정하나 집착이 없다.

彼諸菩薩身淨已　則意淸淨無瑕穢　語業已淨無諸過　當知意淨無所着

　　　(모든 선근을 일체처에 회향하는 일)
불자야, 무엇이 보살의 일체처 회향인가. 보살은 모든 선근을
회향할 때 이런 생각을 해야 한다. 원컨대 이 선근공덕의 힘
을 일체처에 이르게 할지니, 비유컨대 진실한 법은 이르지 못
할 곳이 없어 일체 사물과 세간과 중생과 국토와 법과 허공과
삼세에 이르듯이, 이 선근도 이와 같아 일체 여래처소에 이르
며 삼세 일체 부처님께 공양 올리되 일체 허공법계에 두루하
게 하느니라.

　　　(선근 공덕의 회향)
이 선근으로 이와 같이 회향할지니 이른 바 어지럽지 않는 회
향, 일심회향, 자의自意회향, 존경회향, 부동회향, 무주無住회
향, 무의無依회향, 중생심 없는 회향, 적정(無相·寂滅) 한마음회
향 등이니라.

(널리 여래를 거둔다)

비유하건대 '나' 없음으로 일체법을 거두듯이 나의 모든 선근도 이와 같아 널리 일체 여래를 포섭하나니, 함께 공양하되 나머지가 없는 연고이며, 널리 일체 무량한 법을 거두어 능히 깨달아 들어가게 하지만 걸림 없는 연고이며, 널리 일체 보살을 거두어 구경에는 다 선근이 같도록 하는 연고이다.

(선근을 회향하는 공덕)

불자야, 보살이 모든 선근을 이렇게 회향하면 이것이 모든 부처님의 마음이며, 일체중생을 교화하여 성취하게 하며 일체 부처님 법을 수지하므로 일체 중생의 최상의 복밭이 되어 부처의 종자를 지키며, 능히 모든 법의 둘 아님을 관하므로 욕망을 떠나 진실한 도에 들어가나니, 이것이 보살의 네 번째 일체처에 회향하는 것이니라.

(금강당보살의 게송)

안과 밖 일체 모든 세간에서
보살은 다 집착함이 없고
중생을 요익하게 하되 버리지 않나니
큰 선비는 이와 같은 지혜를 수행하느니라.

內外一切諸世間 菩薩悉皆無所着 不捨饒益衆生業 大士修行如是智

널리 시방세계 가운데
일체 중생을 나머지 없이 거두지만
그 바탕은 있지 않음을 관하여
일체처 모두에 이르도록 잘 회향하느니라.

普攝十方世界中　一切衆生無有餘　觀其體性無所有　至一切處善廻向

[십회향품의 내용]

십회향 가운데 '무너지지 않는 회향'이란 어떤 공덕을 닦고 회향을 할 때 역경을 만나도 물러서거나 후회하지 않고 굳건한 신심으로 스스로 선택한 일에 밀고 나가는 마음의 자세를 가지는 회향입니다.

'부처님과 같은 회향'이란 부처님이 어떤 일을 하고 회향할 때 내가 무엇을 하고 어디에 회향한다는 생각 없이 행을 하듯, 행위에 어떠한 조건이나 계산이 없고 절대평등한 마음에서 하는 한 점 티끌 없는 순수무구한 회향을 말합니다.

'일체처에 회향'이란 모든 공덕을 유정 무정 등 천상 인간 만물 만법에 회향하되 어떠한 마음도 일으키지 아니하고 단지 회향하는 마음을 말하는 것입니다.

일반적인 불자들이 이렇게 수승한 회향을 행하기 어렵겠지만 아는 것만으로도 선근이 되고 마음에 공덕을 쌓는 일이 되니 성인의 회향법을 잘 알아야 합니다.

(화엄경 제25품)

❀ 십회향품 요점해설 3

보살의 온전한 회향

가을하늘 고요하고 청명한 속에
미묘하고 화려한 작용 있으니
대자연은 무심 속에 일체를 완성한다.
모든 물은 바다로 흘러가다가
마침내 큰 허공으로 돌아가듯
보살의 선근도 세 곳으로 들어간다.
중생, 보리, 법계회향이여!
이것은 대자연과 근본이 같아
모든 법은 마침내 허공과 하나 되네.
보살의 회향 속에 만물의 길이 있고
원효와 서산도 그 길을 걸어갔으니
모든 성인들의 진정한 회향처가 되는구나.

(영원한 공덕회향)
불자야, 무엇이 보살의 다함없는 공덕회향인가.
불자여, 이 보살은 일체 업장을 참회하고 소멸하여 그 선근으
로 일체 제불에게 예경하고 그 선근으로 모든 부처님께 설법
을 청하고 그 선근으로 초발심에서 발심수행하고 그 선근으로
보살행을 하며 마침내 정각을 성취하느니라.

불자여, 보살은 그 선근으로 이와 같이 회향하되 근본이 진실하여 지혜가 열렸고 법계에 깊이 들어가 염불念佛(근본)을 성취했으며 염법念法(가르침)이 진실하여 불가사의하며 염승念僧(청정한 행)이 두루하여 그 생각을 버리지 않으며, 법의 공덕이 원만하고 지혜의 빛이 골고루 비추어 보는데, 장애가 없고 무생無生을 얻어 가느니라.

보살이 이와 같은 비교할 수 없는 회향으로 보살의 마음이 광대하여 허공과 같으며 불가사의한 경계에 들어가 마음은 항상 적멸하고 널리 일체 법계에 들어가며, 보살은 일체법이 다 연기를 쫓아 일어난 줄 관하여 어디에도 머무는 바가 없느니라.

일체 법이 모두 인연으로 나오므로
근본은 있는 것도 아니고 없는 것도 아니지만
인연이 일어나는 거기에
어디에도 집착하는 바가 없도다.
一切諸法因緣生 體性非有亦非無 而於因緣及所起 畢竟於中無取着

(견고한 일체 선근에 따르는 회향)
불자여, 무엇이 보살의 견고한 선근에 회향하는 것인가.
보살이 만일 큰 임금이 되어 정치를 하면 위신력이 널리 퍼져 이름이 천하에 두루하여 모든 원수와 적들도 귀순하지 않는 자 없을 것이며, 항상 사섭법四攝法(보살이 중생을 불도에 이끌어 들이기 위한 네 가지 방법)에 의지하여 모든 공덕을 보시회향하고 일체 중생을 구제하므로 전륜성왕이라 하느니라.

불자여, 보살은 왕위에 처하더라도 세간의 명예와 이익에 집착하지 아니하고 세간적 희론에 떨어지지 아니하며, 법을 들으면 기쁜 생각으로 깨끗한 신심으로 몸과 마음을 부처님께 공양 올리고, 일체 선근과 처자권속과 집과 원림과 토지와 명예와 지위 등 모든 소유를 다 보시하고 정법에 편안히 머무느니라.

불자여, 보살이 모든 선근을 회향할 때 몸과 입과 마음의 업에서 다 해탈하여 얽매이지 아니하며, 중생이라는 생각도 없고 목숨에 대한 생각도 없느니라. 법이란 가히 취할 것이 없으며 집착할 것도 없다(無法可取 無法可着) 일체 모든 법이란 법 아니지만 법 아님도 아니며(一切諸法 非法非非法) 있음 아니지만 있음 아님도 아니며(非有非非有) 모든 법은 환과 같음을 알지만 인연과 업력에 따라 중생을 구제한다.

영원히 세상을 건너 피안에 이르므로 회향이 되며 영원히 오온에서 벗어나 피안에 이르렀기 때문에 회향이 되며 말과 생각을 초월했기에 회향이 되느니라. 보살이 이와 같이 회향하면 곧 일체법을 통달하여 일체 부처님을 받드는 것이라 한 부처도 받들지 않는 부처가 없으며, 한 법도 공양 올리지 않음 없느니라.

혹 처자나 왕위도 보시하며
그 몸을 보시하여 노비가 되더라도
그 마음 청정하여 항상 기뻐한다.

이와 같이 일체를 시주하되 근심하거나 후회하지 않는다.
或施妻子及王位 或施其身作僮僕 其心淸淨常歡喜 如是一切無憂悔

마음으로 망녕되이 과거를 취하지 말며
또한 미래 일도 탐하지 마라.
현재에도 머물지 않는다면
과거 현재 미래가 다 공적空寂한 줄 알게 되리라.
心不妄取過去法 亦不貪着未來事 不於現在有所住 了達三世悉空寂

모든 법을 대할 때 항상 상相에 머무르지 아니하고
그렇다고 없다는 상(斷滅相)에도 집착하지 않나니
법성法性은 있음도 아니고 없음도 아니다.
업의 이치는 차례대로 전개하되 끝이 없도다.
不取諸法常住相 於斷滅相亦不着 法性非有亦非無 業理次第終無盡

   (일체 중생을 평등하고 자비롭게 대해주는 회향)
불자여, 무엇이 일체 중생에게 평등하고 자비롭게 대하는 회향인가. 장소에 따라 일체 선근을 모아 키워주는 것이다. 보살은 이 모든 선근에 안주하고 수행하며 바른 행에 의지하여 항상 일체 선근을 닦아 가느니라. 보살은 이렇게 회향할 때 업이나 과보, 몸, 물질, 국토, 중생, 일체법 등에 집착하지 않느니라.

그러나 일체법에 집착하지 않지만 일체법이 없다는 것에도 집착하지 않느니라. 이와 같이 회향할 때 중생이 국토와 어긋나지 아니하고, 국토와 중생이 업과 어긋나지 않으며, 마음이 생각을 어긋나지 않고, 세상에서의 평등이 부처님의 평등과 어긋나지 않으며, 보살행이 일체 지혜를 어긋나지 않느니라.

보살이 세상을 관찰할 때
몸과 입과 마음이 다 평등하고
또한 모든 중생으로 하여금 평등에 머물게 하되
마치 비교할 수 없는 부처님을 대하듯 하느니라.

菩薩觀察諸世間　身口意業悉平等　亦令衆生住平等　猶如無等大聖尊

보살은 선업을 다 회향하여
널리 중생으로 하여금 모양을 청정하게 한다.
이렇게 보살은 복과 덕과 방편을 다 갖추었으니
이것을 위없는 스승이신 부처님이라 한다.

菩薩善業悉廻向　普令衆生色清淨　福德方便皆具足　同於無上調御士

　　(진여라는 세계에 회향)
불자여, 무엇이 보살이 진여세계에 회향하는 것인가. 보살은 정념이 분명하여 미혹을 멀리 떠나 수행에만 전념하고 마음이 부동하여 물러서지 아니하며 항상 대승을 구하여 무량 선근을 성취하고 좋은 법을 만들어 지혜와 방편으로 회향하느니라.
보살은 항상 일체 중생에게 사랑스럽고 즐거우며, 걸림 없는 방편을 얻어 일체법에 근본(體性) 없음을 깨우치기를 원하며, 일체 중생이 사랑스럽고 즐거운 마음과 걸림 없는 방편으로 일체법이 마침내 둘 아닌 줄 알아서 일체 장애를 끊기를 원하며, 일체 중생이 사랑스럽고 즐거운 마음으로 탐욕에서 벗어나 일체법이 평등하고 진실한 줄 깨우치길 원하느니라.

비유컨대, 일체법이 진실로써 성품이 되듯 선근의 회향도 이와 같으며 비유컨대, 진여는 항상 본성을 지켜 변하지 않듯 선근 회향도 이와 같으며 비유컨대, 일체법이 '성품 없음'(無性)으로 성품을 삼으며 '상 없음'(無相)으로 상이 되듯 선근회향도 이와 같아 일체법이 무상으로 상이 되는 줄 깨우치며 비유컨대, 진여는 한 물건도 없듯 선근 회향도 이와 같아 그 성품에 한 물건도 없음을 통달하며

비유컨대, 진여는 체성이 무생(無生)이듯 선근 회향도 그러하여 방편으로 생겨남을 보이나 사실은 생겨남이 없으며 비유컨대, 진여는 '나'와 나의 대상도 없듯 선근 회향도 그러하여 '나'와 나의 대상이 없는 청정한 마음으로 시방에 있는 모든 불국토에 충만하며 비유컨대, 진여가 일체에 머물러 선근을 회향하고 일체 중생이 망상을 버리고 지혜에 머물러 보현행으로 스스로 장엄하느니라.

모든 불자들은 마땅히 이와 같이 알아야 하나니
일체법의 성품은 항상 공적空寂하여
한 법도 능히 조작하지 않나니
이것이 모든 부처님의 나없음(無我)이니라.
彼諸佛子如是知　一切法性常空寂　無有一法能造作　同於諸佛悟無我

　　(집착 없고 구속 없는 해탈회향)
불자여, 무엇이 보살의 집착 없고 얽매임 없는 해탈회향인가.

이 보살은 일체 선근에 마음으로 존중하며 집착 없는 마음으로 보현행을 이루어 뜻을 어기지 않으며 법을 잘 가져서 언사가 청정하고 설법이 무궁하며 일체 중생을 교화하고 업장을 조복하게 하느니라. 보살은 선근을 회향하되 몸과 입과 마음과 과보와 세간과 중생과 법에 집착 없고 얽매임 없느니라.

세상의 중생들이 행동이 같지 않아
나타났다 숨김이 끝없고 무량하구나.
보살은 이러한 차별상을 다 알아서
그 모양이 다 무상無相인 줄 아느니라.
世間衆生行不同　或顯或隱無量種　菩薩悉知差別相　亦知其相皆無相

　　　(법계와 같은 무량한 회향)
불자여, 무엇이 보살의 법계와 같은 무량회향인가.
보살이 법보시 등 모든 선근으로 일체 선근을 길러내므로 회향이라 하며, 일체 부처님 국토를 깨끗하게 장엄하므로 회향이며, 일체 중생이 다 마음이 청정하여 움직이지 않게 하므로 회향이며, 일체 중생이 다 부처님 법에 깊이 들어가게 하므로 회향이며, 일체 중생이 다 일체 공덕을 얻게 하므로 회향이며, 일체 중생이 다 보현행을 얻게 하므로 회향이며, 일체 중생을 위해 일체법을 펼쳐서 모두를 환희케 하므로 회향이니라.

과거 미래와 현재에서
있는 바 모든 선근을 가지고
나는 항상 보현행을 닦아서

속히 보현의 지위에 안주하노라.

過去未來及現在 所有一切諸善根 令我常修普賢行 速得安住普賢地

보살은 몸과 마음과 언어가
언제 어디서나 짓는 바가 청정하여
모든 수행에 찌꺼기가 없나니
이로써 보현보살과 같다고 하느니라.

菩薩身心及語業 如是所作皆淸淨 一切修行無有餘 悉與普賢菩薩等

지혜로운 사람은 회향하는 법을 잘 가지나니
모든 부처님도 이미 열어보여 주었다.
가지가지 선근을 잘 회향한다면
이 인연으로 능히 보살도를 성취하게 되리라.

智者所有廻向法 諸佛如來已開示 種種善根悉廻向 是故能成菩薩道

[십회향품의 정리]

열 가지 회향 중 '영원한 공덕회향'이란 불자가 삼보에 회향하므로 공덕과 지혜가 생겨나고 필경 무생을 깨닫는다는 것입니다. '견고한 선근에 따르는 회향'이란 사섭법에 따라 중생들 근기에 맞추어 가는 회향이며, '일체 중생을 평등과 자비로 대하는 회향'이란 누구에게나 차별심 없이 회향하는 마음이며, 제8 '진여에 회향'이란 진리에 회향하는 일이고, '집착 없는 해탈회향'이란 어떤 좋은 일에도 집착 없이 진여해탈에 회향하는 일이며, 열 번째 법계와 같은 무량한 회향이란 우주·자연과 같은 진리 자체가 되는 최상의 회향을 말합니다.

불자가 만일 이와 같은 열 가지 회향에 입각하여 일상을 살아간다
면 그대로 도의 세계에 들어가 영원히 생사를 끊고 열반의 묘락을
받게 됩니다. 보살의 길이란 일체에 회향하는 길이며 자아의 탈을
벗고 무아의 길을 걷는 것이니, 이 열 가지 회향의 길이 진정한
보살의 회향처가 됩니다.
우리 모두 다 함께 열 가지 회향을 배우며 아름답고 영원한 보살
의 길을 걸어가길 간절히 바래 봅니다.

(화엄경 제26품)

✸ 십지품 요점해설 1

열 단계 보살의 길

보살이 가는 길에 열 단계 있으니
모든 성인들은 이 길로 나아간다.
청정한 신심과 보리심 공덕이여!
환희로운 가운데 보살의 마음이여!
미묘한 법으로 모든 업장 씻어내니
위없는 축복 속에 광명이 드러난다.
지혜의 불은 어둔 세상 밝혀주고
고요하고 청정한 경지에 들어가니
반야의 지혜로 중생을 이롭게 하는구나.
흔들림 없는 경지에서 무진설법으로
감로 같은 단비를 시방세계에 뿌려주네.

[십지품의 대의]

화엄경에서 십지품은 대승보살이 구경각에 이르는 지혜를 증득해
가는 단계를 밝혔는데, 먼저 십회향을 통해서 보살의 길을 확립했
기 때문에 화엄경의 대요가 되는 십지를 설하게 되었습니다. 십지
품은 양적으로나 내용적으로 매우 많아 공부하기가 쉽지 않으니
마음을 고요히 하고 산승의 강설을 들어야 합니다. 그럼 본 품의
대의는 무엇일까요? 여기에서는 십지를 닦는 보살이 정각을 이루
기 위해 마땅히 보살이 갖추어야할 지혜와 공덕을 설하고 있다는

것입니다.

청량국사는 "십지품 이전은 이치를 가르친 것이고 여기에서는 증득한 경계를 보인 것이다"(前是敎道 此是證道) 라고 했으며 "부처님 법에 두 가지 뜻이 있으니, 하나는 부처란 법 자체로 인한 것과 법을 증득한 것이 다 같기 때문에 말길이 끊어지고 마음으로 나아갈 길도 없다."(佛法有二義故 一是佛因法 二是佛所證法 同證如故 謂言語道斷 心行處滅)

"마음으로 행할 곳이 없으므로 부사의하다."(心行滅故 名不思議) 라고 했습니다. 유식론에 이르기를 "번뇌장(煩惱障)과 소지장(所知障)을 끊어가는 과정에서 소승은 경계를 따라가며 번뇌만 끊으려하고 보살은 한번에 번뇌(迷惑障)와 소지장(所知障:지식장애)을 영원히 끊는다."(如是二障二乘但能斷煩惱障 菩薩俱斷永斷二種)

이처럼 십지품에서는 말길이 끊어지고 마음으로 헤아릴 길이 소멸했기에 오직 증득해 갈 뿐입니다. 그리고 번뇌를 끊는 방법에서도 소승은 현상을 따라가며 끊으려 하니 부분적이 되고, 보살은 닦아 증득해 들어가므로 번뇌장과 소지장을 영원히 끊을 수 있다고 했습니다. 우리는 이 십지품의 가르침을 잘 배워서 보살도를 원만하게 성취해야 합니다.

[십지품의 핵심 경문]

이때에 세존께서 타화자재천 마니보배 궁전에서 여러 큰 보살과 함께 계셨는데, 이 모든 보살들은 다 보리심에서 물러서지 않는 보살들이다. 불자야, 보살의 지위에 열 가지가 있는데,

이것은 삼세 부처님의 공통된 법이다. 그럼 열 가지가 무엇인가. 1. 환희지歡喜地 2. 이구지離垢地 3. 발광지發光地 4 염혜지.焰慧地 5. 난승지難勝地 6. 현전지現前地 7. 원행지遠行地 8. 부동지不動地 9. 선혜지善慧地 10. 법운지法雲地이니라.

자성은 본래 공적하기에
그것은 둘이 아니고 끝도 없다.
저 모든 경계에 벗어났으니
열반에 평등하게 머무느니라.

自性本空寂 無二亦無盡 解脫於諸趣 涅槃平等住

(1 환희지歡喜地의 수행과 공덕)
불자야, 보살이 환희지에 머무르면 청정한 믿음과 중생을 애락愛樂하는 마음이 많아지고 투쟁하거나 번민하거나 성내는 마음이 없어지느니라. 보살이 환희지에 머물면 모든 부처님과 부처님법과 모든 보살행을 생각하고 환희로운 마음 가운데 청정한 바라밀과 부처님이 중생을 교화하는 방편과 지혜를 생각하며 일체 악도를 끊어버리고 보살의 평등한 성품에 들어가기 때문에 환희심이 생겨나느니라.

불자야, 보살이 대자대비의 마음에 따라 환희지에 머물기 때문에 일체 모든 물질을 아까워하지 않고 부처님의 지혜를 구하기 위해 큰 버림(大捨)을 수행하느니라. 그리하여 금 은 등 보배와 집과 동산과 처자와 권속과 나의 신체를 보시하여 부처의 지혜를 구하나니, 이와 같이 보살은 초지인 환희지에 머물러 큰 버림을 성취하느니라.
항상 큰 자비와 연민심을 실천하고
항상 믿음과 공경심을 가지며
참회하고 부끄러워하는 마음과 공덕을 갖추고
밤낮으로 선근을 키워 가느니라.

常行大慈愍 恒有信恭敬 慚愧功德備 日夜增善法

저 모든 이익과 명예를 탐하지 않고
오직 부처님의 깨달음을 즐거워하며
일심으로 부처님의 지혜를 구하되
그 길에 전념하여 다른 생각이 없도다.

不貪於利養 唯樂佛菩提 一心求佛智 專精無異念

모든 부처님의 집을 더럽히지 아니하고
보살계를 버리지 아니하며
모든 세상일을 즐기지 아니하고
항상 세상을 이익 되게 하느니라.

不汚諸佛家 不捨菩薩戒 不樂於世事 常利益世間

미세한 일체 털끝에서
일시에 정각을 이루게 되나니
이와 같은 모든 큰 서원을
헤아릴 수 없는 행원行願이라 한다.

一切毛端處 一時成正覺 如是等大願 無量無邊際

(2 이구지離垢地의 수행과 공덕)

부처님의 계율을 잘 받들어 지키는 계(攝律儀戒): 불자야, 보살이 환희지를 닦고 나면 제2지에 들어가는데, 여기 열 가지 깊은 마음을 일으키나니 1. 정직한 마음 2. 유연한 마음 3. 모든 어려움을 감내하는 마음 4. 조복하는 마음
5. 번뇌가 쉬어 고요한 마음 6. 순수하고 착한 마음 7. 잡스럽지 않은 마음 8. 연정을 품지 않는 마음 9. 넓은 마음 10. 큰마음이니 보살은 이 열 가지 마음으로 제2 이구지離垢地에 들어가느니라.

부처님의 모든 가르침을 잘 받드는 계(攝善法戒): 불자야, 보살이 이구지에 머무르면 성품이 저절로 살생, 도적질, 사음, 거짓말, 양설, 악구, 꾸며 되는 말, 탐욕, 성냄, 삿된 견해 등 십악을 멀리하고 열 가지 선을 행하되 잠시도 끊어지지 않게 십선을 행하느니라.

중생을 구제하는 계(攝衆生戒): 상기 열 가지 좋지 못한 계를 많이 범하면 지옥이 되고, 중간 정도면 축생이 되며, 그 다음은 배고픈 귀신이 되느니라.

비유컨대 진금을 만들 때 잡석을 제거하듯 법을 단련함도 이와 같아 일체 번뇌의 때를 제거하여 밝고 깨끗하게 하느니라. 보살이 이구지에 머무름도 이와 같아 오랜 세월동안 파계와 간탐과 시기를 하지 않고 보시와 지계와 청정을 구족하느니

라.

불자가 여기에 머무르면 전륜왕이 되어
널리 중생을 교화하고 십선을 행하며
모든 선근을 다 수습하므로
열 가지 힘을 갖추어 세상을 구제하느니라.
佛子住此作輪王 普化衆生行十善 所有善法皆修習 爲成十力救於世

(3 발광지發光地의 수행공덕)
보살이 제3 발광지에 들어가면 마땅히 열 가지 깊은 마음을
내나니 청정심과 안주하는 마음과 탐욕을 떠나는 마음과 물러
서지 않는 마음과 견고한 마음과 밝은 마음과 용맹심과 넓은
마음과 큰마음이니, 이 열 가지 마음으로 제3지에 들어가느니
라.
(참고로 三地의 수행과 증과: 十心 發大精進 正法勤修 發光地의 四禪 四空
四無量心)

보살이 제3지에 들어가면 일체 유위법의 참모습을 관하느니
라. 이른 바 무상無常 고苦와 부정不淨과 찰라생멸, 우비고뇌憂
悲苦惱, 삼독맹화三毒猛火 등이 날마다 치성하여 조금도 쉴 틈
이 없느니라. 이에 보살은 이러한 유위법에서 벗어나 부처의
지혜에 나아가 고통 받는 무량중생을 제도하느니라. 보살은
이러한 마음으로 열 가지 바라밀 가운데 중생을 이롭게(饒益衆
生) 하는 것으로 근본을 삼느니라.

모든 유위법이란 중병이 걸린 사람 같아

우비고뇌와 미혹에 얽혀있음이요.
삼독심의 맹렬한 불길이 치성하여
시작 없는 옛적부터 쉬지 못하느니라.

觀諸有爲如重病 憂悲苦惱惑所纏 三毒猛火恒熾然 無始時來不休息

삼계를 멀리 떠나 탐착심을 끊어버리고
오로지 부처지혜 구할 뿐 다른 마음 없으니
헤아리고 생각하기 어렵고 비교할 수 없으며
무량무변하니 핍박도 고뇌도 없도다.

厭離三有不貪着 專求佛智無異念 難測難思無等倫 無量無邊無逼惱

(4 염혜지焰慧地의 수행공덕)

불자야, 보살이 이 염혜지에 머무르면 열 가지 지혜로 내면을 성숙시키는 법을 가지고 여래의 집에 태어나게 되나니 무엇이 열 가지인가. 1. 부처님 법에 대한 깊은 마음으로 물러서지 않으며 2. 삼보에 대한 믿음이 무너지지 않으며 3. 세상에 대해 모든 생멸을 관하고 4. 세상에 있는 모든 법의 본성은 무생인 줄 관하며 5. 모든 세간의 이치는 생멸生滅인 줄 관하며 6. 업으로 인해 태어남이 있음을 관하며 7. 생사와 열반을 관하며 8. 중생과 국토의 업을 관하며 9. 과거와 미래를 관찰하며 10. 어떤 법도 끝이 없음을 관하는 것이니, 이것이 염혜지에서 성숙시키는 법이니라.

수행시 열 가지 정진이 있나니, 쉬지 않고 하는 정진과, 잡스러움에 물들지 않는 정진과, 불퇴전 정진과, 광대한 정진과, 무변한 정진과, 치연熾然 정진과, 무등등無等等 정진과, 무능괴

無能壞 정진과, 중생을 이롭게 하는 정진과, 진리와 진리 아님을 구별하는 정진이니라. 이와 같이 염혜지에 들어간 보살은 동사섭同事攝과 열 가지 정진위주로 수행하게 되느니라.

보살이 이 염혜지에 머무르니
그 마음 청정하여 영원히 잃지 않으며
바른 견해로써 선근을 키우고
모든 의혹과 혼탁한 때를 다 떠나느니라.
菩薩住此焰慧地 其心淸淨永不失 悟解決定善增長 疑網垢濁悉皆離

 (5 난승지難勝地의 수행공덕)
불자야, 보살이 염혜지의 도를 원만하게 닦으면 제5 난승지難勝地에 들어가나니, 여기에 열 가지 평등하고 청정한 마음을 닦아야 하느니라.

부처님 법에 대해 평등하고 청정한 마음을 가져야 하며, 계戒에 대해 평등하고 청정한 마음을 지녀야 하며, 마음에 대해 평등하고 청정한 마음을 지녀야 하며, 도道와 비도非道에 대해 지혜롭고 평등하며 청정한 마음을 지녀야 하며, 수행지견智見이 평등하고 청정심을 지녀야 하며, 일체 중생을 교화하되 평등하고 청정심을 가져야 하나니, 이러한 청정심으로 보살의 제5지인 난승지에 들어가느니라.

불자야, 보살이 제5지에 머물면 깨달음으로 나아가는 법을 잘 닦으며, 착하고 깨끗하며 깊은 마음을 가지며, 위없는 큰 도를

구하며, 진여에 수순하며, 원력을 지니며, 일체 중생을 자민慈
愍하게 생각하여 버리지 않으며, 부지런히 수행하되 쉬지 않으
며, 언제나 사섭법四攝法으로 중생을 교화하며, 항상 여래의 호
념護念을 받느니라.

보살이 염혜지를 잘 닦아 청정해지면
삼세 부처님의 평등성을 사유하고
계행에 의지하여 모든 의혹을 제거하나니
보살은 이렇게 관찰하여 제5지에 드느니라.
菩薩四地已清淨　思惟三世佛平等　戒心除疑道非道　如是觀察入五地

미망迷妄에 표류하여 돌아올 기약 없으니
이들을 불쌍히 여기는 까닭에
마땅히 중생을 제도하리라.
오온이라는 집에
인식이라는 뱀이 사는데,
모든 견해는 화살과 같고
마음의 불은 치성한데
어리석음의 감옥은 참으로 두껍도다.
애욕의 강물에 휩쓸리어 수행하지 않으니
괴로운 바다에 빠져 밝은 스승 멀리하는구나.
그대는 이와 같이 알고 부지런히 정진하여
하는 일마다 모두 중생을 구제할지니라.
迷妄漂流無返期　此等可愍我應度　蘊宅界蛇諸見箭　心火猛熾癡闇重
愛河漂轉不暇觀　苦海淪胥闕明導　如是知已勤精進　所作皆爲度衆生

[본 장의 줄거리]

본 장에서는 보살이 증득해가는 열 계단의 차례를 밝히고 그 지위에 있는 공덕과 보살의 마음을 밝혔습니다. 본 장에서는 제1 환희지, 제2 이구지, 제3 발광지, 제4 염혜지, 제5 난승지까지 수행공덕을 밝히고 제6 이후는 다음 장에 나오게 됩니다. 참고로 중국 화엄종의 초조인 두순화상은 보살 5지에 들었고, 제2조인 지엄화상은 보살 제3지에 들었다 했으며, 그의 제자 의상대사는 제2지라고 말했습니다. 원효대사는 스스로 보살8지에 올랐다고 말했는데, 그것만으로도 얼마나 도력이 수승한지 알 수 있을 것입니다.

(화엄경 제26품)

❀ 십지품 요점해설 2

열 단계 보살의 길

끝없는 환희와 법희 선열로 (歡喜地)
잡석을 제거하고 진금을 이루니(離垢地)
번뇌는 사라지고 광명은 나타나네.(發光地)
지혜의 불은 번뇌의 숲을 태우고(焰慧地)
'나'라는 깊은 늪에서 벗어나는구나.(難勝地)
삼계란 오직 마음이라 연기일 뿐이니(現前地)
방편과 지혜로써 보살 마음 확립하고(遠行地)
생겨남이 없기에 흔들리지 않는 원력으로(不動地)
열 가지 힘과 네 가지 걸림 없는 지혜를 갖추니(善慧地)
대천세계에 법 비 뿌려 모든 중생 구제하네.(法雲地)

[십지품의 핵심 경문]

(제6 현전지의 수행과 공덕)
법성은 본래 고요하여 모든 상이 없으니
허공처럼 분별심이 없도다.
모든 집착을 초월하고 언어가 끊어졌으니
진실하고 평등하여 항상 청정하다.

法性本寂無諸相　猶如虛空不分別　超諸取着絶言道　眞實平等常淸淨

만약 능히 법성을 통달한다면
모든 존재에 무심하여 움직임 없다.
오직 세상을 구제하기 위해 부지런히 수행하나니
이렇게 부처님 입(가르침)으로 참된 불자 나온다.

若能通達諸法性　於有於無心不動　爲欲救世勤修行　此佛口生眞佛子

모든 상을 취하지 않으나 보시를 행하며
본래 모든 악을 끊었지만 굳게 계율을 가지며
이미 번뇌가 없지만 항상 선정에 들어가고
성품이 공했지만 법을 잘 분별한다.

不取衆相而行施　本絶諸惡堅持戒　已盡煩惱入諸禪　善達性空分別法

불자야, 보살이 이미 제5 난승지를 갖추면 제6 현전지에 들어가느니라. 여기에 열 가지 평등법을 관찰해야 하나니 1. 일체법이 무상無相인 고로 평등하며 2. 본체가 없으므로 평등이며 3. 무생이므로 평등이며 4. 이룰 게 없으므로 평등이며 5. 본래 청정하므로 평등이며 6. 희론이 없으므로 평등이며 7. 취하고 버림이 없으므로 평등이며 8. 고요하므로 평등이며 9. 헛개비 꿈 그림자와 같으므로 평등이며 10. 둘 아니므로 평등이니라.

삼계가 오직 일심이라, 여래는 여기에서 분별 연설하느니라. 십이인연도 다 일심에 의지해 섰으며, 탐욕 등도 마음에 따라 일어나느니라. 불자야 무명에 두 종류가 있으니 첫째는 중생이 현상에 미혹한 것과, 둘째 행동에 의해 인연된 것이다.

행동에 두 가지 업이 있으니 하나는 능히 미래의 업보를 내는 것과, 둘째는 인식에 의해 인연되어 짓게 되는 것이니라.

불자야, 보살이 현전지에 머물면 다시 만족하여 무너지지 않는 마음과, 결정심과, 순선純善한 마음과, 깊은 마음, 불퇴전의 마음, 휴식 없는 마음, 광대하고 끝없는 마음, 지혜를 구하는 마음, 방편지혜의 마음을 수습하여 다 원만하게 하느니라. 제 6 현전지에 들어간 보살은 십바라밀 가운데 반야바라밀을 위주로 닦아 가느니라.

(청량소에 이르기를) 장엄론에서는 생사와 열반에 머물지 않으므로 지혜가 현전한 것이다. 십주론에서는 마군을 조복 받고 보살도가 현전했기 때문이다. 하경에서는 일체법은 모두 인연을 근본으로 한다. 중론에서는 일찍이 한 법도 인연을 쫓아 일어나지 않음이 없다. 때문에 일체법이 공 아님이 없으며 진공과 중도가 다 인연일 뿐이다. 열반경에 이르기를 모든 행이 다 무상인 줄 어떻게 아는가. 일체법이 다 인연을 쫓아 나오기 때문이다.

비록 모든 인연의 참 뜻이 공함을 관하지만
거짓 이름을 버리지 않고 화합하여 쓰고 있나니
지음 없고 받음 없고 사념 없이
모든 행은 구름처럼 두루 일어난다.
觀諸因緣實義空 不壞假名和合用 無作無受無思念 諸行如雲偏興起

(유심게唯心偈)

삼계가 마음에 의지하여 존재하고
십이연기 또한 그런 줄 통달할지니라.
나고 죽음이란 마음으로 말미암아 일어나니
마음이 만일 소멸하면 생사 또한 소멸된다.

了達三界依心有　十二因緣亦復然　生死皆由心所作　心若滅者生死盡

이와 같이 연기에 의한 행동은
지음 없고 받음 없고 진실하지 않으며
환과 같고 꿈과 같고 그림자 같지만
어리석은 사람이 불을 꽃으로 보는 것과 같다.

如是普觀緣起行　無作無受無眞實　如幻如夢如光影　亦如愚夫逐陽焰

(제7 원행지의 수행과 공덕)

이때 금강장보살이 해탈월보살에게 말씀하시기를 "보살이 제6
지를 구족하면 다시 제7 원행지에 들어가야 하는데 여기 열
가지 닦아야 할 방편이 있다. 보살은 비록 공空과 무상無相 무
원無願을 닦지만 자비로 중생을 버리지 않으며, 비록 부처님의
평등한 이치를 증득했지만 모든 부처님께 공양 올림을 즐거워
하며, 비록 공문에 들어갔지만 항상 복덕을 닦으며, 삼계를 멀
리 떠났으나 삼계를 장엄할 줄 알며, 비록 모든 번뇌를 소멸
했으나 일체 중생을 위해 다스리며, 자성에 둘이 없지만 마음
에 따라 업의 작용이 무량하며, 일체 국토가 허공과 같으나
청정묘행으로 불국토를 장엄하느니라."

보살이 부지런히 최상의 도를 구하되

일체행에 방편과 지혜를 버리지 않느니라.
모든 행을 하나하나 부처님 도에 회향하나니
생각 생각에 바라밀을 성취하느니라.

菩薩勤求最勝道 動息不捨方便慧 一一廻向佛菩提 念念成就波羅蜜

(제8 부동지의 수행과 공덕)
한 개 작은 털끝에 여섯 갈래 길과
삼악도와 인간과 천상과
모든 천신과 아수라가
각기 자신의 업보에 따라 과보를 받는다.

一毛端處有六趣 三種惡道及人天 諸龍神衆阿修羅 各隨自業受果報

일체법은 본래 무생無生 무상無相 무진無盡 무성無性으로 성품이 되며 초·중·후라는 시간성이 평등하여 일체 의식 분별을 떠나 취하거나 집착할 바가 없기에 일체법이 허공성품과 같은 이치에 들어가나니, 이것을 무생법인無生法忍이라 한다. 불자야, 보살이 이러한 법인을 성취하면 곧 제8 부동지에 들어가므로 차별심이 사라지며 일체상과 일체 집착을 떠나므로 성문과 벽지불이 능히 알 수 없느니라.

부동지에 머무르면 일체 심의식에 의한 행이 나타나지 않으며 세속적인 마음도 나타나지 않는다. 불자야, 보살은 이와 같은 지혜를 성취하여 부처님 경계에 들어가며 부처님 공덕을 비추며 부처님 위의를 갖추며, 부처님 경계가 현전하여 항상 여래의 호념을 받고 모든 신장들이 항상 호위하게 되며, 언제나 모든 삼매를 버리지 않으며 일체 마군을 조복 받고 무량국토에 보살행을 닦으며 물러서지 않는 법을 얻게 되나니, 이것이 제8 부동지에 머무는 모습이니라.

(청량소에 이르기를) 성품 없음으로 성품 삼는다는 것은(無性爲性) 곧 자성이란 생겨남이 아니기 때문이다. 그래서 무성無性이 곧 법무아法無我의 이치다.

모든 부처님 법을 다 성취하고
계율을 잘 지니되 수미산처럼 움직이지 않는다.
열 가지 힘을 성취하여 동요됨이 없으니
일체 마군이 어찌하지 못하도다.
所有佛法皆成就 持戒不動如須彌 十力成就不動搖 一切魔衆無能轉

고요하고 부드럽지만 때 없는 청정이여
경계에 따라 들어가 잘 수습하고
마음은 허공처럼 시방에 나아가서
널리 불도를 설하여 중생을 깨닫게 한다.
寂靜調柔無垢害 隨所入地善修習 心如虛空詣十方 廣說佛道悟群生

비유컨대 환술사가 모든 현상을 보이지만
가지가지 형상이 진실이 아니듯
보살의 지혜와 방편도 이와 같아
비록 일체를 나투지만 있음과 없음을 떠났도다.
譬如幻師作衆事 種種形相皆非實 菩薩幻智亦如是 雖現一切離有無

(제9 선혜지善慧地의 수행과 공덕)

불자여, 보살이 제9 선혜지에 머무르면 좋은 방편과 걸림 없는 지혜를 얻으며, 부처님의 법을 얻어 대법사가 된다. 불자야, 이 보살은 다시 정진하여 큰 지혜를 얻나니 이 경지에서는 한 털 끝에 불가사의한 세계의 수많은 모든 부처님법회에 있으되, 하나하나 법회마다 무량한 중생이 있으며 하나하나 중생마다 말할 수 없는 수많은 세계의 중생심이 있으며 모든 부처님이 그 중생심에 따라 각각 법문을 한다.

부처님 법을 모두 아우르는 삼매가 다 청정하여
능히 일념 속에 많은 부처님을 보고
하나하나 부처님 법회에서 다 법문을 들으며
다시 묘한 음성으로 연설하고 드날린다.

總持三昧皆淸淨　能於一念見多佛　一一佛所皆聞法　復以妙音而演暢

(제10 법운지法雲地의 수행과 공덕)

불자야, 보살이 법운지에 머무르면 무량한 백천 큰 삼매를 얻는 까닭에 이 보살의 몸과, 몸의 업과, 말과 말의 업과, 뜻과 뜻의 업과, 신통이 자재함과, 과거 현재 미래를 관찰함과, 삼매의 경계와, 지혜의 경계와, 일체 해탈문에 유희함과, 변화를 지어냄과, 신통을 지어냄과, 광명을 지어냄과, 발을 들었다가 놓는 일 등을 가히 측량할 수 없으며, 모든 행위를 제9지에 도달한 사람도 알지 못하느니라.

보살행에 열 가지 모양이 있는데 1. 환희지는 큰 원력을 출생하여 점차 깊어지는 까닭이며 2. 이구지는 일체 파계하거나 더러움에 물들지 않으며 3. 발광지는 세속적인 허명에 떨어지지 않으며 4. 염혜지는 부처님의 청정한 공덕과 한 맛이며 5. 난승지는 무량한 방편과 신통으로 중생을 위해 온갖 공덕을 나타내며

6. 현전지는 연기를 관찰하여 깊은 이치를 드러내며 7. 원행지는 광대한 지혜로 잘 관찰하며 8. 부동지는 광대하고 장엄한 일을 나타내주며 9. 선혜지는 해탈을 이루어 세상을 살아갈 때 사실되로 알아 허물이 없고 10. 법운지는 능히 일체 모든 부처님의 진리의 법비를 받지만 싫어하거나 만족하지 않고 능히 중생을 위해 널리 불사를 짓는다.

보살이 백천억 대광명을 놓아
일체 중생의 고뇌를 소멸하고
다시 비로정상에서 광명을 놓아
널리 시방에 모든 부처님 회상으로 들어가도다.

放大光明百千億　滅除一切衆生苦　復於頂上放光明　普入十方諸佛會

보살이 이 법운지에 머물면서
염력을 구족하고 부처님 법을 가지니
비유컨대 큰 바다에서 용과 비를 받아주듯
법운지에 이른 보살이 법을 받음도 이와 같도다.

菩薩住此法雲地　具足念力持佛法　譬如大海受龍雨　此地受法亦復然

[십지품의 주요내용]

화엄경 십지품에는 대승보살이 나아가야 할 길이 열 가지 단계로 잘 정리되어 있습니다. 보살이 증득해서 올라가는 단계인 십지(十地: 열 가지 지위)는 화엄경의 핵심사상으로서 용수보살이 화엄경을 편찬할 때 십지경이 별본으로 존재했으나, 내용상 십회향 다음에 십지가 있어야 하므로 화엄경에 편입시켰다 했습니다. 이렇게 하여 화엄경 십지품이 된 까닭에 본 품의 양은 금강경의 열배 정도 되는 분량입니다.

그러나 십지품은 화엄경에서 매우 중요한 비중이 있고 내용에서 보살도 정신을 차례로 잘 밝힌 가르침이라 화엄을 배우는 보살은 누구나 본 십지품을 통해서 대승보살의 근본을 확립해야 합니다. 때문에 불자들은 본 내용을 집에서도 많이 복습하기 바랍니다.

(화엄경 제27품)

❀ 십정품 요점해설

무애자재한 묘용

밝고 밝은 백가지 풀끝에
밝고 밝은 조사의 뜻이여!
잿 머리 흙 얼굴로 천하를 주유하고
삼라만상 일체법을 낱낱이 긍정하네.
하나도 없는 속에 일체를 나투니
무애자재 신통묘용 끝이 없구나.
일찍이 서천에 달을 보다가
어느새 동천의 해를 삼켰네.
이 부사의한 화엄의 경계여!
일천 성인들이 노니는 곳이로다.

[십정품의 핵심 경문]

이때에 세존께서 보리도량에서 바른 깨달음을 이루시고 광명
으로 충만한 궁전 가운데서 순식간에 모든 부처삼매에 드시어
일체 지혜와 신통력으로 여래의 몸을 나투시니 청정무애하여
항상 한 가지 모양(一相)에 머물지만 이것은 상이 없는 도리이
다.

爾時世尊이 在摩竭提國阿蘭若法菩提場中하사 始成正覺하사 於普光明殿에 入
刹那際諸佛三昧하사 以一切智自神通力으로 現如來身하시니 淸淨無礙하며

恒住一相하니 所謂無相이러라

보살은 일체법이 다 무아無我인 줄 아는 까닭에 이 이름이 시간과 공간을 초월하는 법에 들어가는 것이며, 보살이 세상에서 부지런히 다툼 없는 법을 닦는 연고로 이 이름이 무아법에 머무는 자라 하고, 보살은 사실대로 일체 몸이 다 연기를 쫓아 일어나는 줄 보는 까닭에 이 이름이 무중생상無衆生相에 머무르는 자며,

보살은 일체법의 본성이 적정寂靜함을 보는 까닭에 이 이름이 적정법에 머무는 자라 하고, 보살은 일체법이 한 가지 모양인 줄 알기 때문에 이 이름이 무분별법에 머무는 자라고 하며, 보살은 법계에 가지가지 차별법이 있지 않음을 아는 까닭에 이 이름이 부사의한 법에 머무는 자라 하고, 보살은 일체 방편을 부지런히 닦아 중생을 잘 조복하는 까닭에 이 이름이 중생을 가엾이 여기는 법에 머문 자라고 하느니라.

菩薩이 知一切法이 皆無我故로 是名入無命法無作法者며 菩薩이 於一切世間에 勤修行無諍法故로 是名住無我法者며 菩薩이 如實見一切身이 皆從緣起故로 是名住無衆生法者며 菩薩이 知一切法의 本性寂靜故로 是名住寂靜法者며 菩薩이 知一切法의 一相故로 是名住無分別法者며 菩薩이 知法界無有種種差別法故로 是名住不思議法者며 菩薩이 勤修一切方便하야 善調伏衆生故로 是名住大悲法者니라

불자여, 비유하자면 해가 뜨고 나면 세간에 있는 마을과 도시, 건물, 산, 나무와 가지가지 물건을 눈 있는 사람은 모두 보지만 햇빛은 평등하여 어떤 것도 분별하지 않듯이, 이 삼매도

그러하여 체성이 평등하여 분별하거나 편애하지 않지만 보살들로 하여금 백천억 차별스런 모양을 알게 하느니라.

佛子야 譬如日出에 世間所有村營城邑과 宮殿屋宅과 山澤鳥獸와 樹林華果의 如是一切種種諸物을 有目之人이 悉得明見하나니 佛子야 日光이 平等하야 無有分別호대 而能令目으로 見種種相인달하야 此大三昧도 亦復如是하야 體性이 平等하야 無有分別호대 能令菩薩로 知不可說不可說百千億那由他差別之相이니라

불자여, 비유하건대 허공이 이 모든 세계를 가지고 있지만 이루고 머무름에 피곤해하거나 싫어하지 않고 차별하지 않으며 자성을 여의지 않나니, 그것은 허공의 성품이 본래 그러하듯이 보살도 그러하여 큰 원력을 세우고 일체 중생을 제도하되 마음으로 싫어하거나 피곤해 하지 않느니라. 불자야, 열반이란 무량한 중생을 제도하되 싫어하지 않나니, 일체법의 본성이 청정한 그대로 열반이기 때문이니라.

佛子야 譬如虛空이 持衆世界호대 若成若住에 無厭無倦하며 無羸無朽하며 無散無壞하며 無變無異하며 無有差別하야 不捨自性하나니 何以故오 虛空自性이 法應爾故인달하야 菩薩摩訶薩도 亦復如是하야 立無量大願하야 度一切衆生호대 心無厭倦이니라 佛子야 譬如涅槃이 去來現在無量衆生이 於中滅度호대 終無厭倦하나니 何以故오 一切諸法의 本性淸淨이 是謂涅槃이니라.

불자여, 비유하건대 큰 땅은 하나지만 거기에서 나오는 곡식은 가지가지 맛이 다르듯 보살이 삼매에 머무름도 이와 같아 분별하지 않으나, 한가지 정에 들어가나, 여러가지가 일어나며 여러가지 정에 들어가나, 한가지로 일어나느니라.

佛子야 譬如大地가 其味一種이나 所生苗稼가 種種味別하니 地雖無差別이나 然味有殊異인달하야 菩薩摩訶薩이 住此三昧도 亦復如是하야 無所分別이나 然有一種入定多種起하며 多種入定一種起니라

불자야, 이 보살에게 한 송이 연꽃이 있으니 그 꽃이 광대하여 시방에 충만하여 말할 수 없는 잎과 보배와 향으로써 장엄했는데, 그 꽃은 항상 모든 색상의 광명을 놓아 시방세계를 두루 비춘다. 거기에 미묘한 소리가 나오는데 그 소리는 일체 지혜로운 법을 연창하니, 이 큰 연꽃이 곧 여래의 청정한 장엄을 구족했다. 보살은 이 꽃 위에 결과부좌하니 크고 작은 몸이 꽃과 함께 합했으며 부처님가피력으로 보살 몸에 낱낱 털구멍마다 백만억 불국토에 무수한 광명이 나타나며 낱낱광명에 낱낱 색상과 낱낱 부처가 나타나 낱낱 법문으로 낱낱 중생계에 백만억 수많은 중생을 이 부처님법 속에서 다 조복하고 구제하느니라.

佛子야 此菩薩摩訶薩이 有一蓮華호대 其華廣大가 盡十方際하야 以不可說葉과 不可說寶와 不可說香으로 而爲莊嚴하고 其華가 常放衆色光明하야 普照十方一切世界하야 無所障礙하며 出微妙音호대 其音이 演暢一切智法하며 此大蓮華가 具足如來淸淨莊嚴하니 菩薩摩訶薩이 於此華上에 結跏趺坐하니

　　(보현보살의 열 가지 광대한 것)
1. 광대한 원력과 2. 광대한 마음과 3. 광대한 행과 4. 광대한 나아감과 5. 광대한 들어감과 6. 광대한 광명과 7. 광대한 출현과 8. 광대한 호념과 9. 광대한 변화와 10. 광대한 도道에 물러서지 아니하며, 쉬지도 않으며, 게으르거나 버리지 않으며, 산란하지도 않으며, 항상 정진하되 이어지나니 무슨 까

닭인가. 이 보살은 모든 법 가운데 대원을 성취하였고 대승법을 행하며 부처님 법의 방편 바다에 들어가 수승한 원력으로 모든 보살의 행과 대상에 지혜로 비추고, 좋은 방편을 얻어 보살의 신통변화를 구족하고, 잘 중생들을 호념해주고, 삼세 부처님처럼 호념하되 중생들에게 대비심을 일으켜 부처님의 법을 성취하도록 하느니라.

於普賢菩薩의 廣大願과 廣大心과 廣大行과 廣大所趣와 廣大所入과 廣大光明과 廣大出現과 廣大護念과 廣大變化와 廣大道에 不斷不退하며 無休無替하며 無倦無捨하며 無散無亂하야 常增進恒相續하나니 何以故오 此菩薩摩訶薩이 於諸法中에 成就大願하고 發行大乘하야 入於佛法大方便海하며 以勝願力으로 於諸菩薩所行之行에 智慧明照하야 皆得善巧하며 具足菩薩神通變化하야 善能護念一切衆生을 如去來今一切諸佛之所護念하야 於諸衆生에 恒起大悲하야 成就如來不變異法이니라

[십정품의 주 내용]

청량국사가 이르기를, "일체법을 관하면 하나의 상相이 무상無相이며 또한 모든 법의 자성은 괴멸하지 않는다."

(觀一切法 一相無相 亦不壞於諸法自性)

본 품에서는 보살이 등각·묘각에 이르면 일체법 그대로 진여실상으로 관하여 청정묘법신 속에 무상·무주·무념 속에 이사 원융자재함을 보이고 있습니다.

본 품에서는 보살행을 하는데 가장 중요한 것은 행위에 어떤 상을 내지 말라는 가르침을 강조했는데, 보살행에 아상이 있으면 삿된 경계에 빠지기 때문입니다. 보살의 열 가지 광대한 원행은 보살도의 근본으로서 초심보살도 이와 같은 광대한 원력과 마음을 가지고 보살도를 실천해야 한다는 것을 보이고 있습니다.

(화엄경 제28품)

❀ 십통품 요점해설

고요한 마음과 움직이는 마음

고요한 자리에서 한 생각 일어나니
백천 가지 묘용이 함께 같이 일어났다.
이름 없고 모양 없는 그 속에
백천 삼매와 신통묘유가 있으니
위로는 더 이상 나아갈 길이 없고
아래로는 그 어떤 모양도 볼 수가 없다.
이 불가사의한 선정 지혜 신통이여!
이것을 보현의 무애삼매라고 한다.

[십통품의 핵심 경문]
이때에 보현보살이 여러 보살에게 말씀하시기를 보살에게 열 가지 신통이 있으니, 다음과 같으니라.

1. **타심통**이니, 모든 세계 중생의 각종 마음을 아는것이다.
2. **천안통**이니 보살은 걸림 없는 청정한 천안지혜신통으로 모든 중생의 선도와 악도, 죄와 복 등을 모두 알며 중생의 미래를 아느니라.
3. **숙명통**이니, 자신뿐만 아니라 일체 중생의 과거 전생과 지

난 모든 일을 다 아는 것이다.

4. **미래통**이니, 모든 중생의 생멸변화하는 일과 선·악업의 미래에 받을 과보 등 미래에 관한 일을 다아는 것이다.

5. **천이통**이니, 걸림 없고 청정한 청각을 지녀 시방세계 어디서나 하는 말을 다 알아들을 수 있다.

6. **신족통**이니, 무작無作 평등 무량 광대 등 신통으로 일체 불국토를 왕래하는 지혜로운 신통이다.

7. **언어통**이니, 뛰어난 분별력으로 모든 중생의 각종 언사를 알고 쓰면서 그들을 알아듣게 하는 지혜로운 신통

8. **색신통**이니, 무량한 색신으로 장엄한 신통으로서 일체법의 색상과 차별상과 분별상과 청·황·적·백상이 없으며 일체 여래의 숨겨진 색과 일체 법색과 구족한 일체 보현행의 색을 출생하느니라. 일체 중생을 제도하기 위한 무수한 색신의 지혜신통이니라.

9. **지혜통**이니, 일체법의 지혜로운 신통으로 일체법의 문자와 종성과 불생불멸과 일상一相·무상無相 등의 이치니라. 보살은 세속법도 취하지 않고, 제일의第一義에도 머물지 않으며, 모든 법을 분별하지도 않으며, 문자도 세우지 않고(不立文字) 적멸한 성품에 따르며, 일체 원願을 버리지 않고, 실상實相이란 언설로 할 수 없음을 알지만 방편으로, 끝없는 변재로, 법과 뜻에 따라 차례로 연설하며 능히 문자를 떠난 법 가운데에서 문자를 내며, 인연 따라 설법하나 집착이 없고, 묘한 소리로 법비를 내리나니, 이것이 일체법 지혜신통이니라.

10. **누진통**이니, 일체법이 멸진滅盡한 삼매신통으로 생각생각

속에 멸진삼매에 들어가지만, 보살도는 버리지 않으며 대자대비의 마음도 버리지 않는다. 항상 바라밀을 수습하되 쉬지 않으며, 중생교화도 폐하지 않는다. 일체법이 평등한 줄 알아 일체 불법을 성취하고, 부처님종자에 들어가 피안에 이르며, 법의 무상을 요달하여 일체법이 다 연기緣起를 쫓아 일어나므로 체성이 없는 줄 알지만 세속에 맞추어 방편으로 연설하며, 비록 마음에 머무름 없지만 중생의 근기에 따라 방편으로 가지가지 법을 설한다.

"보살의 이 열 가지 신통은 불가사의하여 일체 천인과 성문 연각 보살도 사의思議할 수 없으며 오직 모든 부처님과 이 열 가지 신통을 얻은 보살만이 아나니, 불자야 보살이 만일 이 신통에 머물면 다 일체 삼세에 걸림 없는 지혜로운 신통을 얻게 되느니라."

　　　(십종 신통에 대한 총 정리)
일반적으로 성인에게 있는 6신통을 말하나 화엄경에서는 미래통(미래에 일어날 선·악·업보 등을 아는 능력)과 언어통(중생을 교화하기 위한 무애자재한 언변), 색신통(시공을 초월한 능력으로 시방 불국토를 자유왕래하는 능력), 지혜통(일체 세간·출세간의 이치를 잘 알아 중생을 교화하는 능력), 이 4가지 신통을 추가하여 보살행을 하는데 있어서 무량중생을 제도하는 능력을 갖추는 것입니다. 본 품에서는 오직 중생구제라는 보살행의 목적을 이루기 위해 온갖 방편을 모두 갖춘다는 뜻을 설하고 있습니다.

(화엄경 제29품)

☸ 십인품 요점해설

만상을 긍정하고

사시사철 무한한 작용들이여!
고요함과 움직임이 동시에 일어나니
이치와 묘용이 서로 걸림 없도다.
일어남과 고요함이 차별 없기에
현상은 진공과 다름없구나.
옳고 그르고 주고받음 그 속에
만법은 평등하여 차별 둘 수 없고
열 가지 도장으로 만법을 긍정하니
일심이라는 도장으로 해인삼매 드러낸다.

[십인품十忍品의 핵심 경문]

이때에 보현보살이 모든 보살에게 고하되, "불자야, 보살에게 열 가지 인忍이 있으니, 만일 이 인忍을 얻으면 곧 일체 보살의 걸림 없는 인지忍地를 얻어 일체 부처님법에 걸림 없으리니, 무엇이 열 가지인가. 음성인音聲忍이며 순인順忍이며 무생법인無生法忍이며 여환인如幻忍이며 여공인如空忍 등이니라.

음성인音聲忍이란 모든 부처님의 법을 듣고 놀래거나 두려워하

지 않고 깊은 신심으로 깨우쳐 나아가며 전심전력으로 억념憶
念하고 수습하나니 이것이 보살의 음성인이다.

순인順忍이란 모든 법을 사유·관찰하며 평등하여 어김 없고
잘 수순하고 알아차리며 마음이 청정하여 바르게 수습하고 성
취하나니, 이것이 순인이니라.

무생법인無生法忍이란 보살이 작은 법도 생겨남을 보지 않으며
작은 법도 소멸됨을 보지 않나니, 무슨 까닭인가. 생겨남이 없
으면 소멸함도 없으므로 그것이 다함 없음이요, 다함 없는 즉
더러움을 여읨이요, 더러움을 여읜 즉 차별 없음이요, 차별 없
는 즉 처소가 없음이요, 처소가 없으므로 적정이 되고, 적정하
므로 욕심을 떠남이요, 욕심을 떠남으로 지음이 없고, 지을 것
이 없으므로 원함이 없고, 원함이 없으므로 머무름 없고, 머무
름 없으므로 거래가 없으니, 이것을 보살의 무생법인이라 하
느니라.

여환인如幻忍이란 보살은 일체법이 다 환과 같아 인연 따라 일
어남을 알아, 한 법 가운데 여러 법을 알며 여러 법 가운데
한 법을 아나니, 보살이 환과 같음을 알아차리면 국토와 중생
과 법계와 세간평등과 부처님이 출현하는 평등과 삼세가 다
평등함을 요달(了達: 알아차리고 통달한다는 뜻)하여 가지가지
신통변화를 성취하느니라.

여공인如空忍이란 일체 법계가 허공과 같은 줄 요달了達하여 무

상無相인 까닭이며, 일체 세계가 허공과 같아 일어남이 없는 연고며, 일체법이 허공과 같아 둘이 아니기 때문이며, 일체 중생의 행동이 허공과 같아 행할 바가 없는 연고며, 일체 부처가 허공과 같아 차별 없는 연고며, 일체 선정이 허공과 같아 과거 · 현재 · 미래가 평등한 연고며, 보살은 허공으로 방편삼아 일체법이 실재하지 않음을 요달하느니라.

보살이 이와 같이 허공인지忍智로 일체법을 요달하면 허공 몸과 같은 신업을 얻으며, 허공 말과 같은 말의 업을 얻게 되고, 허공 뜻과 같은 뜻의 업을 얻게 되느니라. 보살이 짓는 바가 허공과 같으므로 닦아 익히고 엄정嚴淨하고 성취하는 바가 다 평등하여 한 몸, 한 맛이며 한 종류 하나의 분량이 된다."

청량소에 이르기를, "인忍이란 인印으로 이해하는 것이 옳다.(釋名者忍謂忍解印可) 또 이르기를 체體가 곧 지혜라 나머지는 같지 않다.(諸敎不同) 여기에서 인忍이란 인因을 뜻하고 지혜는 과果이다. 또 이르기를 팔지론에 네 가지 무생을 말했으니,

1. 현실에 무생이고(事無生) 2. 자성에 무생이며(自性無生) 3. 차별 속에 무생이며(差別無生) 4. 행위 속에 무생이다.(作業無生) 또, 이르기를 옛사람이 말하기를 식識을 환과 같이 보고 불꽃이나 메아리처럼 보라 했다. 또 이르기를 참된 법은 본래 스스로 나지 않으며 인연따라 나온 법에는 자성이 없으므로 무생이요, 무멸이다." 라고 했습니다.

불교의 기본교리 가운데 삼법인(三法印: 제행무상諸行無常 제법무아諸法無我 열반적정涅槃寂靜)이 있습니다. 그런데 이 세 가지는 우주와 인생의 이치를 설명한 진리임을 확정(印)했다는 뜻이 있습니다. 마치 임금이 문서에 옥쇄도장을 찍은 것과 같은 이치입니다.

그럼 여기에서 삼법인三法印과 무생법인無生法印은 어떤 차이가 있을까요. 결론은 같다고 보면 됩니다. 왜냐하면 제행무상하므로 제법무아가 되고 제법무아 그대로 열반적정이며 열반적정이 곧 무생법인이기 때문입니다. 다시 본론으로 돌아가 무생법인(忍)과 무생법인(印)은 같은 뜻으로 보면 된다는 것입니다.

(순인順忍에 대한 게송)

청정심을 이루어
밝게 사무쳐 크게 환희심을 내고
법이란 인연따라 일어남을 알아
용맹스럽게 부지런히 닦아간다.
成就淸淨心 明徹大歡喜 知法從緣起 勇猛勤修習

평등하게 모든 법을 관하면
자성을 요달하게 되어
부처님의 법의 창고를 어기지 않고
널리 일체법을 깨달게 된다.
平等觀諸法 了知其自性 不違佛法藏 普覺一切法

(무생인無生忍에 대해)

일체 모든 법이
다 인연을 쫓아 일어남을 관찰하면
생겨남이 없으므로 소멸함도 없게 되고
소멸함이 없으므로 다함이 없다.

觀察一切法 悉從因緣起 無生故無滅 無滅故無盡

이 인忍이 최상이라.
법에 다함 없음을 요달하면
참된 법계에 들어가되
실로 들어간 대상은 없다.

此忍最爲上 了法無有盡 入於眞法界 實亦無所入

(여환인如幻忍에 대해)
세간에 있는 가지가지 법이
일체가 다 환과 같나니
만약 능히 이렇게 안다면
그 마음 움직이지 않는다.

世間種種法 一切皆如幻 若能如是知 其心無所動

비유하건데 환술사가
모든 환술을 나타낼 때
허망하게 대중은 탐착하지만
필경 아무 소득 없는 것과 같다.

譬如工幻師 普現諸色像 徒令衆貪樂 畢竟無所得

세상도 이와 같아서
일체가 다 환과 같나니
자성이 없기에 생겨남이 없으나
가지가지를 나타내 보이느니라.

世間亦如是　一切皆如幻　無性亦無生　示現有種種

[십인품+忍品의 내용]

본 품에서는 보살이 여러 가지 법을 인가 받아 이무애理無碍를 이루고 걸림 없는 지혜와 신통으로 이 세상을 밝히고 무량한 중생에게 진리의 빛이 되어 준다는 뜻입니다.

대장부가 한 세상을 살아감에 업보에 시달리며 살아가는 것 보다 청정미묘법을 인가 받고 인간과 천상을 벗어난 절대성 자유 속에 살아간다는 것은 온 우주만유 가운데 가장 위대한 일이니, 우리는 비록 그 경지에 가지 못했으나 그 이치를 멀리서 동경하고 바라보는 것만으로도 해탈할 인연이 되니, 이 얼마나 다행한 일이 아니겠습니까.

우리 모두는 속히 모든 상을 내려놓고 무생법인을 증득한 뒤 불, 보살의 뒤를 따라가야 하겠습니다.

(화엄경 제30품)

❀ 아승지품 요점해설

무한 절대의 경계

마음 달이 홀로 밝았으니
빛은 만 가지 형상을 삼켰도다.
이 끝없는 허공 속 진정한 모습이여!
여래의 공덕은 다함이 없구나.
비유할 수 없고 말할 수 없는 세계에
오직 무심으로 통하는 길이 있으니
증득한 자만이 묵연히 계합하도다.

[아승지품의 핵심 경문]

이때에 심왕보살이 공경하는 마음으로 부처님께 말씀 올리되, "세존이시여, 무엇이 아승지阿僧祇(말로 표현할 수 없는 무량한 세월)이며 가히 말할 수 없고 말로 다할 수 없는 것입니까?" 부처님이 심왕보살에게 말씀하시기를, "착하구나 선남자여, 네가 이제 모든 세상 사람들이 부처님의 수량(數量: 숫자와 크기)이라는 개념을 알기 위해 부처님께 묻는구나. 너는 잘 들으라. 하나의 다함없음이 모든 다함없음이 되어 하나의 출생이 되고, 모든 출생이 하나의 무아가 되고 모든 무아가 한 개 청련화青蓮華가 되고, 모든 청련화가 하나의 아승지가 되고 모든 아승지가 굴러 무량無量이 되고, 모든 무량이 굴러 무변無邊이 되고, 모든 무변이 굴러 무등無等이 되고, 모든 무등이 굴러 하나의 불가수不可數가 되고, 모든 불가수가 굴러 불가칭不可稱이 되고 모든 불가칭이 굴러 불가사不可思가 되고, 모든 불가사가 굴러 불가량不可量이 되고, 모든 불가량이 굴러 불가설不可說이 되고, 모든 불가설이 굴러 다시 불가설이 되고 모든 불가설이 되느니라."

하나의 미세한 털끝에
가히 말할 수 없는 보현보살이 있고
모든 털끝에도 다 그러하나니
이와 같이 모든 법계에 두루하다.
於一微細毛端處　有不可說諸普賢　一切毛端悉亦爾　如是乃至徧法界

하나 털끝에 온 세계가 있으니
그 수가 무량하여 말로 할 수 없다.
저 한 개 터럭 끝에 모든 국토가
무량하지만 차별스럽게 머문다.
一毛端處所有刹　其數無量不可說　彼毛端處諸國土　無量種類差別住

한 세상의 국토를 분쇄하여 가루를 만들면
그 티끌 수를 말로 다할 수 없듯이
이처럼 티끌 수 같이 많은 국토를
다 끌어 한 털 끝에 모운다.
以一國土碎爲塵　其塵無量不可說　如是塵數無邊刹　俱來共集一毛端

[아승지품阿僧祇品의 줄거리]

앞 품에서 무생법인을 인가 받고 이무애理無碍를 이루면 본 품에서는 사무애事無碍를 이루어 중생의 경계에서 영원히 떨어지지 않고 살활자재殺活自在하는 단계를 보인 것입니다.

흔히 알기만 하고 실천하지 않는다면 그 앎은 아무 의미가 없고 오히려 악용될 소지가 있다고 합니다. 본래 법은 차별 없으나 받아들이는 근기 따라 천차만별이 생겨납니다. 이무애가 사무애로 이어지지 않는다면 물러설 수 있으므로, 수행자는 항상 본인이 스스로 점검하여 허물이 보이는 그때 바로잡지 않으면 나와 남이 함께 잘못된 길로 떨어지게 되니 이 어찌 명심하지 않을 수 있겠습니까.

화엄경 변상도

(화엄경 제31품)

❀ 여래수량품 요점해설

누가 여래를 보는가

부처님 공덕이 무량무변하니
시방세계 중생이 모두 다 귀의하네.
한 부처 속에 여러 부처들이여!
그 부처의 수명 또한 끝이 없도다.
시방과 삼세에 수많은 불국토여!
존재하는 그대로 여여한 부처들이다.
여기 모든 법은 무아로 존재하니
부처는 부처와 나눌 수 없고
부처와 부처는 보는 바 없다.

[여래수량품의 핵심 경문]

이때에 심왕보살이 대중 가운데에서 모든 보살에게 이르기를, "불자야, 석가모니부처님이 계시는 사바세계의 일겁一劫이 극락세계에 계시는 아미타부처님의 국토에 하루가 되며, 이와 같이 차례로 백천만억 아승지 세계를 지나 최후 세계의 일겁이 승연화勝蓮華세계 현승불의 국토에 하루가 되나니, 이 가운데 보현보살과 함께 수행하는 대보살 등이 무수하게 많이 있느니라.

爾時에 心王菩薩摩訶薩이 於衆會中에 告諸菩薩言하사대 佛子야 此娑婆世界

釋迦牟尼佛刹一劫이   於極樂世界阿彌陀佛刹에   爲一日一夜요   極樂世界一劫이
於袈裟幢世界金剛堅佛刹에   爲一日一夜요   佛子야   如是次第로   乃至過百萬阿僧
祇世界하야   最後世界一劫이   於勝蓮華世界賢勝佛刹에   爲一日一夜니   普賢菩薩
과   及諸同行大菩薩等이   充滿其中하니라

[여래수량품의 대의]

본 품은 화엄경 가운데 가장 짧은 품이며 여기에서는 모든 시간 속에
부처님의 공덕이 충만해 있다는 뜻을 밝혔습니다. 모든 불국토는 본래
시간성과 공간성을 초월하여 존재하지만, 중생을 위해 여러 차별된 현
상을 보여주고 있습니다. 여기에서 생각해야 할 점은 모든 불국토는 중
생을 구하기 위한 것이므로, 대열반을 성취한 부처님이라도 보살행은
끝나지 않음을 보여주고 있습니다.

(화엄경 제32품)

✸ 제보살주처품 요점해설

보살이 머무는 곳

한법도 보지 않을 때 도라고 하나
보살이 가는 곳에 도 아님이 없다.
처처가 도량이요 일마다 불사이니
시방법계가 한 집안 일이로다.
법왕보살이 여러 보살들에게
시방세계에 보살의 주처를 밝혔으니
부처의 공덕이 온 법계에 가득하도다.

[제보살주처품의 핵심 경문]

(보살이 머무는 산)

심왕보살이 모든 보살에게 이르기를 "불자야, 동북방에 도량이 있으니 이름이 청량산(중국 오대산)이다. 예로부터 모든 보살이 머무는데, 현재 문수보살이 일 만 보살과 함께 그 속에서 설법하고 계신다. 또 바다(우리나라)가운데 도량이 있으니 금강산(강원도에 있는 산)이다. 예로부터 모든 보살이 머무는데 현재 법기보살이 천이백 보살과 함께 머물며 설법하고 계신다. 진단국(중국을 인도에서는 진단이라 부른다)에 나라연굴이 있는데 예로부터 모든 보살이 머문다.

爾時에 心王菩薩摩訶薩이 於衆會中에 告諸菩薩言하사대 佛子야 東方에 有處하니 名仙人山이라 從昔已來로 諸菩薩衆이 於中止住어니와 現有菩薩하니 名金剛勝이라 與其眷屬諸菩薩衆三百人俱하야 常在其中하야 而演說法이니라 (중간생략) 東北方에 有處하니 名淸凉山이라 從昔已來로 諸菩薩衆이 於中止住어니와 現有菩薩하니 名文殊師利라 與其眷屬諸菩薩衆一萬人俱하야 常在其中하야 而演說法이니라 海中에 有處하니 名金剛山이라 從昔已來로 諸菩薩衆이 於中止住어니와 現有菩薩하니 名曰法起라 與其眷屬諸菩薩衆千二百人俱하야 常在其中하야 而演說法이니라

청량국사 소에, 공자가 말하기를 어진 자는 산을 즐거워하고(仁者樂山) 지혜로운 자는 물을 즐거워한다.(智者樂水) 어진 자가 산을 좋아하는 것은, 산이란 본래 안정하고 움직임이 없기 때문이고 지혜로운 자가 물을 좋아하는 것은 물의 덕을 생각하기 때문이다.

청량산은 여름에도 눈이 내리므로 청량산이라 하나 오대산을 말하는 것이며, 오대의 뜻은 오탁을 맑혀 진리라는 높은 이상에 오른다는 뜻이 있다. 금강산이란 해동(한반도를 말함)에 있는데 사람들은 예로부터 이 금강산에 간혹 성인이 출현한다고 했으며 진나라 60권 본 화엄에서는 바다 가운데 지달나(枳怛那: 금강산을 뜻함)라는 곳에 담무갈(曇無竭은 法起라 번역된다)보살이 일만 이천 보살들을 데리고 선정에 들어있다고 했다.

(보살이 머무는 읍성)

비사리 남쪽에 한 개 머무는 곳이 있으니, 이름이 근본에 잘 머무는 것이라 예부터 모든 보살 대중이 그 가운데 머무른다. (중간 생략) 진단국(중국)에 한 주처가 있으니 이름이 나라연굴이라, 예부터 모든 보살과 함께 그 가운데 머무르며, 소륵국에 한 주처가 있는데 이름이 우두산이라 예부터 보살 대중이 거

기에 머무르며, 가섭미라국에 한 개 주처가 있는데 이름이 차제라 예부터 모든 보살과 그 가운데 머물러 있느니라.

毘舍離南에 有一住處하니 名善住根이라 從昔已來로 諸菩薩衆이 於中止住하니라 震旦國에 有一住處하니 名那羅延窟이라 從昔已來로 諸菩薩衆이 於中止住하니라 疏勒國에 有一住處하니 名牛頭山이라 從昔已來로 諸菩薩衆이 於中止住하니라 迦葉彌羅國에 有一住處하니 名曰次第라 從昔已來로 諸菩薩衆이 於中止住하니라

[제보살주처품의 주 내용]

보살이 머무는 곳을 나열했는데, 인도를 중심으로 동서남북에 흩어져 있는 수많은 명산에 부처님의 화신化身(부처님을 대신하는 화신부처)보살이 무수한 보살을 거느리고 설법하고 정진하는 도량을 밝혔습니다. 이 가운데 특이한 점은 인도에서 동북방은 중국을 말하는데 동쪽에 있는 북쪽에 청량산 곧, 지금의 오대산에 문수보살이 일만 보살을 거느리고 계신다고 했으며, 바다 가운데 처소가 있으며 이름이 금강산인데(海中에 有處하니 名金剛山이라) 그 가운데 법기보살이 천이백 명 보살을 데리고 설법하고 있다(現有菩薩하니 名曰法起라 與其眷屬 諸菩薩衆千二百人俱하야 常在其中하야 而演說法이니라)고 했습니다. 이로써 부처님 경전에 중국 오대산과 우리나라 금강산은 불국토로서 문수보살과 법기보살이 법을 가르치고 머물러 계신다니, 이 얼마나 신기한 일이 아니겠습니까.

이처럼 본 품에서는 보살의 주처를 세계의 명산 뿐만 아니라, 일반적인 도시와 동네 마을 어디에나 수많은 보살이 중생을 구제하고 있다는 것을 밝히고 있습니다. 이것은 우리 눈에 보이거나 보이지 않는 영역에서 수많은 보살이 부처님 법을 지키고 중생을 교화하

고 있는 이치를 보였으니, 이 모두가 대승보살행의 극치를 보여주
는 것이며, 보살은 지금도 시방세계 처처에서 항상 보살만행을 하
고 있는 가운데 대승 원력을 세운 불자는 어떻게 보살의 길을 가
야 하는지 잘 보여주고 있습니다.

(화엄경 제33품)

❀ 불부사의법품 요점해설

만법의 본질

흰 구름 바람에 실려 흘러가는데
그 가운데 변함없는 텅 빈 허공이여!
온갖 작용 미묘하게 움직이지만
그 자체는 본래부터 하염없나니
유위 그대로 무위가 되어
하는 일 모두가 걸림 없도다.
부처님 법 부사의 함이여!
이 법은 본래부터 청정하고 미묘하여
유위와 무위를 나눌 수 없으니
있고 없고 가고오고 주고받는 가운데
이치와 현상은 걸림 없기에
이것을 이사무애 사사무애라 한다.

[불부사의법품의 핵심 경문]

(모든 부처님의 불국토에 관한 의문에 답하다)

이때에 모든 보살이 생각하기를, 모든 불국토와 모든 부처님의 본원과 모든 부처님의 종성種性과 모든 부처님의 출현과 모든 부처님의 지혜와 모든 부처님이 자재하심과 모든 부처님의 해탈 등이 불가사의하여 의문을 지으니, 이에 청연화장보살이 부처님의 신력을 입고 보살들의 의문하는 바에 답하기를, "불자야, 모든 부처님들은 항상 무량에 머무르며, 대비大悲에 머무르며, 가지가지 몸으로 불사를 지으며, 평등한 뜻에 머물러 법을 전하며, 변재로써 법을 설하며, 부사의한 법에 머물며, 장애가 없는 구경의 법에 머무느니라."

爾時大會中에 有諸菩薩이 作是念호대 諸佛國土가 云何不思議며 諸佛本願이 云何不思議며 諸佛種性이 云何不思議며 諸佛出現이 云何不思議며 諸佛身이 云何不思議며 諸佛音聲이 云何不思議며 諸佛智慧가 云何不思議며 諸佛自在가 云何不思議며 諸佛無礙이 云何不思議며 諸佛解脫이 云何不思議오

(부처님의 본원에 대해 말씀하시기를)
"불자야, 모든 부처님은 일념 중에 능히 무량한 세계와 하늘로부터 내려옴을 보여주며, 일체 모든 부처님은 일념 중에 무량한 세계에 보살로 받아 나심을 보이며, 무량한 세계에 출가 수도하며, 보리수아래에 정각을 이루고 법륜을 굴리며, 널리 중생을 교화하시느니라."

(부처님의 종성種性)
"불자야, 일체제불은 일념 중에 과거·미래·현재 모든 부처님과 근본이 다르지 않나니, 모든 부처님은 일체법이 나아갈 바 없음을 알지만 능히 회향하고 원력과 지혜를 내며, 일체법은 무아無我·무중생無衆生임을 알지만 중생을 조복할 지혜를 내며, 일체법이란 본래 무상無相인 줄 알지만 모든 상을 떠나는 지혜를 내며, 일체법이란 생멸 없음을 알지만 생멸을 마치는 지혜를 내느니라."

(부처님은 각종 불사佛事를 하는데, 다음과 같다)

1. 상생上生불사 2. 강탄降誕불사 3. 현생現生불사 4. 출가불사 5. 성도成道불사 6. 전법륜轉法輪불사 7. 위의威儀불사 8. 기행起行불사 9. 기용起用불사 10. 열반불사

佛子야 諸佛世尊이 有十種廣大佛事가 無量無邊하야 不可思議라 一切世間에 諸天及人이 皆不能知며 去來現在의 所有一切聲聞獨覺도 亦不能知요 唯除如來威神之力이니 何等이 爲十고 所謂一切諸佛이 於盡虛空徧法界一切世界兜率陀天에 皆現受生하사 修菩薩行하야 作大佛事하사대

(위의불사)

모든 부처님이 무수한 세계에 온갖 중생들이 마음으로 즐거워하는 속에서 항상 염불을 권하며 부지런히 보아 살펴 모든 선근을 심고 보살행을 닦게 한다.

(기행불사)

"불자야, 모든 부처님이 혹은 아란야에 머물며 불사를 하며 혹은 삼매에 머물며 불사를 하며, 혹은 중생들을 따라서 방편으로 교화하되 쉬지 않으며, 혹은 천신으로 혹은 야차로 혹은 사람과 사람 아닌 모습으로 혹은 보살과 성문 연각 모습으로 일체지혜를 구하며 불사를 짓는다."

(기용불사)

"혹은 염불삼매를 설하여 발심수행하도록 하며 항상 즐겁게 부처님을 보게 되고 부처님 일을 하게 되느니라."

(법신의 미묘한 힘)

"불자야, 모든 부처님은 모두 동일한 법의 몸이며, 경계가 한
량없는 몸이며, 공덕이 끝이 없는 몸이며, 삼계에 물들지 않는
몸이며, 뜻에 따라 나투는 몸이며, 진실하지도 허망하지도 않
는 평등하고 청정한 몸이며, '한 가지 상이나 무상'(一相無相)인
법자성法自性의 몸이니라."

청량국사가 이르기를, 부처님의 공덕과 법은 말과 생각을 초월했으
므로 부처님의 부사의법不思議法이라 한다. 이러한 여래의 부사의
법을 본 품에서는 다음과 같이 구분했다.
1. 불국토(如來境) 2. 본원本願 3. 종성種性 4. 출현 5. 몸 6. 음성
7. 지혜 8. 자재自在 9. 무애 10. 해탈

[불부사의법품의 주 내용]

본 품에서는 부처님이 처음 불국토와 원력과 부처님이 출현하는
뜻을 설했고, 그 가운데 부처님은 전생에 도솔천에 상생하신 다음
하생하여 무슨 불사를 하셨는지 설명하고 있습니다. 그러나 부처님
은 일생 그대로가 광대무변한 불사라는 것을 보여주고 있습니다.

근본에서 말한다면 일체 중생마다 불성을 가지고 있으니 어느 곳
도 불국토 아님이 없습니다. 일체 만법이 다 불성을 여의고 사는
것이 아니므로, 어느 곳도 부처님 품 속 아님 없는 줄 알 때 있는
그대로에서 육도윤회를 벗어나 절대성 평등경계에 들어가 이사원
융무애한 대해탈을 이루게 됩니다. 그러기 위해 누구나 '나'라는
아상의 산을 넘어야 삼계라는 큰 늪에서 빠져나올 수 있습니다. 우
리 모두 대 해탈을 향해 수행정진해야 합니다.

여기에서 중요한 것은 생활을 떠나 도道를 구해서는 안 된다는 것입니다. 왜냐하면 도道(진리)는 멀리 있는 것이 아니라, 현실을 바로 보는 곳에 있기 때문입니다.

그래서 경에 말하기를 **현법낙주現法樂住라.** 즉, 현재 있는 그대로에서 도道에 머문다는 것입니다. 우리는 언제나 불국토 속에, 부처님 품 안에 살아가고 있으니 오직 그 가운데에서 도道만 행하면 있는 그대로 해탈이기 때문입니다.

본 품에서는 이러한 도리를 말하고 있는 것이니 잘 알아차리기 바랍니다.

(화엄경 제34품)

❀ 여래십신상해품 요점해설

완연한 봄소식

봄이 오니 만물은 점점 새롭고
전각을 스치는 한 줄기 바람 따라
매화는 이미 졌고 도화는 한창인데
아직도 깨어나지 못한 어둠이 있다.
한번 안으로 마음을 돌이켜보라
천지에 봄기운은 완연하거늘
어찌하여 세상을 무명이라 하는가.
불일佛日은 빛나고 공덕바다는 끝없지만
눈먼 자 밖으로 허상만을 구하고
눈앞에 펼쳐진 화장세계 보지 못하네.

[여래십신상해품의 핵심 경문]

이때에 보현보살이 모든 보살에게 고하되, "불자야, 지금 너희들을 위하여 부처님의 거룩한 상相의 바다를 설하리라. 불자야, 여래의 정상에 32가지 장엄스런 대인상이 있으니 그 가운데 광명이 시방 일체를 비추는 대인상이 있다. 널리 무량한 대광명의 그물을 놓으니 일체가 다 묘해지는 보배로 장엄했는데 일체 끝없는 세계에 충만하여 색상이 원만한 부처님 몸을 나투었으니, 이것이 첫째가 되느니라.

부처님의 가슴에 대인상이 있는데 형상이 '만卍'자와 같으니 이름이 '길상의 바다 구름'이다. 보배구슬 꽃으로 장엄 되었고 일체 보배로운 색과 가지가지 광명 불꽃바퀴를 놓아 법계에 충만하여 널리 청정하게 했으며, 미묘한 음성을 내어 진리의 바다를 설하고 있으니 이것이 부처님의 53번째 법의 바다 모습이다.

부처님의 음장陰藏에 대인상이 있으니 이름이 널리 부처님의 음성구름이 흘러나오는지라. 일체 묘한 보배로 장엄되었고 마니(여의주) 등 불꽃광명을 놓았으니, 그 광명이 치성하여 모든 보배로운 색을 갖추어 일체 허공법계를 비추는데, 그 가운데 일체 모든 부처님이 유행하고 왕래하며 처처에 두루한 모습을 널리 나타냈으니, 이것이 부처님의 77번째 법의 바다의 모습이다.

여래의 왼쪽 발가락 사이에 대인상이 있는데 이름이 일체 부처님이 나타나는 바다구름이라. 마니보배꽃과 향불꽃등과 머리에 장식하는 화만과 일체 보배바퀴로 장엄했고 항상 보배바다의 청정광명을 놓아 허공에 충만하여 시방 일체세계에 보급하는데, 그 가운데 일체 모든 부처님과 모든 보살의 원만한 음성으로 만卍자 등 상을 보여주니 무량한 일체 중생을 이익되게 하는 이것이 부처님의 89번째 법의 바다이니라.

청량소에 이르기를, 여래의 열 가지 몸이란 부처님의 덕을 보인 것이고 상해相海란 부처님에게 나타난 상相을 말한다. 여래의 열 가지 몸은 부처님 복력의 모양이며 상相의 덕이 깊고 넓기 때문에 '상의 바다'(相海)라고 말한다. 상相에 네 가지 뜻이 있으니, 첫째는 상相이라는 이름을 작용에 따라 세우는 것이고, 둘째는 일체 묘하고 보배로운 몸으로 장엄함이며, 셋째는 낱낱마다 있는 업의 작용이며, 넷째는 하나 속에 여러 가지가 결집되어 있는 모양이다.

[여래십신상해품의 주 내용]

여래상해품에서는 부처님의 복덕과 그에 따르는 장엄을 설했습니다. 이것은 부처님의 삼신 가운데 원만보신 노사나불의 보신報身 덕상으로써 만법의 실상을 보인 것입니다. 그러나 본 경에서 말하는 진정한 뜻은 진리의 바다는 원만구족하여 보탤 것도 없고 뺄 것도 없어 있는 그대로 완전성이라는 뜻을 가르쳤습니다.

근본에서 본다면 마음 밖에 한 법도 없으므로 따로 뛰어난 것을 추구할 것이 없지만, 수행이 원만하여 공덕이 쌓이면 저절로 중중무진한 32상 80종호라는 장엄보신을 갖추게 됩니다. 이 후천적인 보신의 공덕으로 현세에 화엄정신을 실현하게 됩니다.

본래 진리는 이념 속에 갇히면 망상이 되고, 바로 이 순간 그것이 수용 될 적에 깨달음의 현재화, 진리의 현상화, 생활을 진리화하는 화엄정신이 됩니다.

(화엄경 제35품)

✿ 여래수호광명공덕품 요점해설

온전한 대자연

부처님이 한 번 꽃을 들어 보이니
온 천하는 백억 꽃으로 장엄되었고
가섭이 여기에 미소로 답을 하니
삼천대천세계에 새 봄이 돌아왔구나.
천이백 아라한은 아름다운 장엄되니
이로써 온전한 대자연을 완성했다네.
위없이 거룩한 정법안장이여!
모든 중생의 나아갈 길이 되고
무수한 보살들이 원행을 이루니
만유생명들이 고향으로 돌아가누나.

[여래수호광명공덕품의 핵심 경문]
이때에 세존이 보수보살에게 말씀하시되 "불자야, 정각을 이룬
여래에게 좋은 모습이 있나니, 이름이 원만왕이다. 이 좋은 모
습에서 큰 광명이 나왔는데 이름이 치성함이니, 칠백만 아승
지광명으로 권속을 삼았느니라.
(이것은 부처님의 수승한 과보공덕입니다)

모든 하늘의 아들들아, 너희는 마땅히 저 보살처소에 나아가

서 친근하게 공양하고 세속적 오욕락을 탐착하지 말지니라. 모든 하늘 아들아, 비유하건대 세상의 종말의 불이 수미산을 태울 때 모든 것을 소멸시키고 나머지가 없듯이 탐욕과 얽혀 있는 마음도 이러하여 마침내 염불하고자 해도 염불할 뜻도 갖지 못하게 되리라. 모든 천자야, 너희들은 마땅히 은혜를 알고 은혜를 갚을 줄 알아야 하나니, 은혜 갚을 줄 모르면 악도에 떨어지게 되느니라.

모든 천자야, 내가 지금 눈으로 보지 않지만 능히 소리가 나오듯 보살이 더러움을 떠나는 삼매도 이와 같아, 눈으로 보지 않지만 능히 처처에 보여주고 태어나서 분별심을 떠나고 교만을 제거하며 더러움에 물들지 않느니라.
모든 천자야, 비유컨대 환술사가 환으로 사람의 눈을 미혹하게 하듯 모든 업장도 이와 같은 줄 안다면 진실한 참회가 되어 일체 죄악이 다 청정해 지느니라.

불자야, 비유컨대 밝고 둥근 거울에 달(月)같은 지혜여래가 항상 무량한 대중에게 그 몸을 나타내시니, 대중이 모두 다가와 청법하므로 부처님은 본생(本生)의 일을 설하되 한 순간이라도 끊어지지 않나니, 만일 중생이 그 부처님 이름을 들으면 반드시 그 부처님 국토에 왕생하게 되고, 보살이 만약 잠시라도 그 광명을 만나게 되면 반드시 보살십지의 지위에 들어가게 되나니, 먼저 수행한 선근의 힘인 연고니라.

청량소에 이르기를, 악업과 선근이 다 인연 따라 왔으나 인연에 성품이 없으므로 인연 따라 와도 온 것이 아니다. 까닭에 지혜라는 법도 본래 인연은 아니다.

[여래수호광명공덕품의 내용]

앞서 있었던 부사의 품은 부처님의 본체적 법신의 의미를 보였고 (법신), 그 다음 여래상해품은 여래의 복덕장엄이니 보신의 의미를 보였고(보신), 본 품인 여래수호품은 여래가 중생을 교화하는 화신의 덕을 보였습니다.(화신) 이렇게 열거한 세 품의 내용은 비교적 짧은 경이지만 법신의 공덕, 보신의 공덕, 화신의 공덕을 설했습니다.

(화엄경 제36품)

✤ 보현행품 요점해설

보현의 덕

텅 빈 하늘에 무수한 작용 있지만
나타났으나 일찍이 온 곳이 없고
소멸했지만 어디에도 간 곳은 없다.
본래 의지할 곳 없으니 지음이 없고
오고 가고 머무름이 한 가지 모양이나
이 모양에는 본래부터 모양이 없다.
한 생각도 나지 않지만 이미 구족했고
널리 일체를 비추되 부족함이 없으니
이것을 보현의 보살행이라 한다.
보현의 지극하고 거룩한 모양이여!
모든 보살들이 나아가는 기준이 되고
일체 성인들의 회향처가 되는구나.

[보현행품의 핵심 경문]

불자야, 만일 보살이 다른 사람에게 성내는 마음을 일으키면 곧 백만 장애가 따라 일어나느니라. 그럼 무엇이 백만 장애가 되는 것인가. 깨달음에 들어가지 못하는 장애, 정법을 듣지 못하는 장애, 추악한 세계에 태어나는 장애, 병이 생겨나는 장애, 좋은 친구를 잃는 장애, 눈 어둡고 귀먹는 장애, 악한 귀신과 나쁜 사람을 만나는 장애, 보살행을 하지 못하는 장애,

부처님을 멀리하고 마구니를 가까이하는 장애, 지혜 있는 사람을 멀리하게 되는 장애, 착한 사람을 멀리하고 악한 사람을 가까이하는 장애 등이다.
(청량국사는 모든 법에서 한 개 허물도 보지 않는다고 한 것은 악의 본성은 공空했기에 일체법을 대할 때 어떤 허물도 보지 않는다는 것입니다.)

보살행을 구족하려면 응당히 열 가지를 갖추어야 하나니

1. 일체 중생을 버리지 않아야 하며
2. 모든 사람을 부처님으로 생각해야 하며
3. 부처님 법을 배척하지 말아야 하며
4. 중생계가 끝 없음을 알아야 하며
5. 보살행에 대해 깊은 신심과 즐거워하는 마음을 내며
6. 허공 같은 마음으로 보리심을 내며
7. 보리심을 내어 부처님의 힘을 일으키며
8. 부지런히 정진하여 걸림 없는 변재를 갖추고
9. 중생을 교화하되 힘들어하거나 싫어하지 않으며
10. 세상에 살더라도 집착함이 없음이다.

불자야, 보살은 열 가지 지혜에 머무르면 모든 세계가 한 개 털 속에 들어가고 한 개 털에 일체세계가 들어간다. 말할 수 없는 오랜 시간이 한 생각 속에 들어가고, 한 생각 속에 무량한 시간이 들어간다. 모든 부처님 법이 한 법으로 들어가고, 한 법으로 일체부처님 법이 들어간다. 과거 현재 미래가 한 세상이 되고, 한 세상 속으로 일체 삼세가 들어간다. 이때에 보현보살이 부처님의 신력을 입고 게송을 읊었다.

모든 부처님의 깊은 지혜는
해처럼 세간에 나타나되
일체 국토 중에
널리 나타나지만 멈추지 않는다.

諸佛甚深智　如日出世間　一切國土中　普現無休息

중생 및 세계가
꿈과 같고 그림자와 같나니
보살은 저 모든 세상 법에
분별심을 내지 않는다.

衆生及世界　如夢如光影　於諸世間法　不生分別見

마음은 세간에 의지하고
세간은 마음에 의지한다.
이것은 잘못 일어나지 않으니
이 두 가지를 분별하지 않는다.

心住於世間　世間住於心　於此不妄起　二非二分別

널리 시방세계에
무량한 몸을 나투지만
몸은 인연을 따라 나타나기에
마침내 집착함이 없다.

普於十方刹　示現無量身　知身從綠起　究竟無所着

비유하건대 환술사가

가지가지 일을 보이되
그것은 본래 온 곳이 없고
갔다고 하나 또한 간 곳도 없다.

譬如工幻師 示現種種事 其來無所從 去亦無所至

과거 현재 미래 가운데
모든 여래는
일체를 능히 아나니
오직 보현행(보살행)에 머무느니라.

如是三世中 所有諸如來 一切悉能知 名住普賢行

미묘하고 광대한 지혜로
깊이 여래의 경계에 들어가서
더 이상 물러서지 않나니
이것을 보현의 지혜라 한다.

微妙廣大智 深入如來境 入已不退轉 說名普賢慧

과거 가운데 미래가 있고
미래 가운데 현재가 있다.
삼세가 서로 섞이고 같아
하나하나 다 밝혔도다.

過去中未來 未來中現在 三世互相見 一一皆明了

(청량국사는 상기 게송의 뜻이 참으로 현묘하니
깊이 생각하고 살펴보라 했습니다.)

[보현행품의 주 내용]

화엄경에 있어 가장 중요한 주제가 있으니 보살도라는 것입니다. 본 품에서는 보살도를 실천함에 가장 구체적으로 열 가지 보현행을 말하고 있는데 그 중에서 일체중생을 버리지 않아야 하고, 모든 사람을 부처님으로 생각해야 하며, 부처님 법을 배척하지 말아야 하고, 보살행에 신심과 즐거운 마음을 내야하며, 중생을 교화하되 싫은 생각 갖지 말고, 세상에 대해 집착하지 말라는 등 열 가지를 보살행의 근본으로 말했습니다.

상기 글은 수행 분상에서 열 가지 기본을 말씀하셨고 보살도와 보현행의 근본이 되니 잘 명심불망해야 할 것입니다.

(화엄경 제37품)

❈ 여래출현품(性起品) 요점해설

하늘과 땅은 한 모양 한 이치

하늘과 땅이 모두 한 집안 일이니
동서남북 온 법계가 한 모양이구나.
하나의 이치로써 만 가지를 보이니
주고받는 모습이 신묘하도다.
이 가운데 나타난 한 줄기 빛이여!
도솔을 떠나지 않고 나왔으며
보리와 열반을 동시에 보였다.
위로는 더 이상 나아갈 길이 없고
아래에는 어디에도 머물 곳 없다.
자 말해보라. 이 무슨 이치인가?
한 송이 허공 꽃이 땅 위에 떨어지니
천 백억 부처가 동시에 나타났도다.

[여래출현품의 핵심 경문]

이때에 세존이 눈썹사이 흰 털 가운데 큰 광명을 놓으니 여래가 출현하고, 무량한 광명으로 권속이 되었다. 그 광명이 시방 세계를 비추니 일체 악도의 괴로움이 사라지고 일체 마구니의 궁전이 무너지며 일체 여래가 보리좌에 앉아 정각을 이루었다. 불자야, 비유컨대 큰 구름에서 나오는 비는 한 맛의 물이지만 장소에 따라 차별이 많아지듯 여래가 출현하는 것도 이와 같느니라.

법성은 지음이 없어 변하거나 바뀜이 없고
오직 허공처럼 본래 청정하니
모든 부처님의 성품도 이와 같아서
본성은 성품이 아니라 있고 없음을 떠났도다.

法性無作無變易　猶如虛空本淸淨　諸佛性淨亦如是　本性非性離有無

만약 부처님 경계를 알고자 한다면
마땅히 그 뜻을 허공처럼 맑게 하고
망상과 모든 욕망을 멀리 떠나
마음이 향하는 곳마다 걸림 없어라.

若人欲知佛境界　當淨其意如虛空　遠離妄想及諸取　令心所向皆無礙

너희 등은 마땅히 알아야 하나니, 일체 모든 행위는 뭇 괴로움이 치성하여 마치 끓는 쇳물과 같구나. 그러므로 이 모든 것은 무상하여 이것이 생멸하는 법이다. 오직 열반적정만이 영원한 안락이라, 모든 번뇌를 소멸한다.

불자야, 비유컨대 모든 물이 다 같은 한 맛이나 그릇이 다른 연고로 물의 차별이 생겨나듯 물 자체는 생각하거나 분별함이 없다. 마찬가지로 여래의 말씀도 이와 같아 오직 해탈이라는 한 가지 맛이나, 중생들 근기에 따라 차별이 있지만 그것을 생각하거나 분별함은 없느니라.

"청량국사가 이르기를 성품이 일어날 때(性起) 처음 깨끗하나, 인연을 만나면(緣起) 물이 든다. 그래서 연기緣起가 곧 성기性起가 되는 까닭이다. 이것은 서로 통한다. 연기緣起에 두 가지 뜻이 있으니 하나는 물듦이요, 하나는 깨끗함이다.

부처님이 중생을 가엾이 여겨 보살만행을 하는 것은 깨끗함에 속한다. 물든다는 것은 중생이 업에 미혹하므로 더러움으로 인해 깨끗함을 뺏으니 중생이 되고, 이것을 연기緣起라 한다. 만일 깨끗함으로 더러움을 뺏는다면, 이것은 모든 부처님에 해당되므로 성기性起라 한다.

누가 묻기를 "연기緣起는 일을 따르고 성기性起는 이치를 따르는데 어떻게 서로 합일이 되는가요?"

"연기를 따르지만 성품이 없이 성기가 나타나고, 또 연기가 일어나므로 성기를 알게 된다. 만일 연을 떠나면 다시 무슨 성품을 논하랴. 연을 여의고 성품이 있다면 이것은 단공斷空이 되는 까닭이다. 그러므로 성기는 곧 법신法身이지만 인因을 따르면 연기가 되고 연기는 곧 보신報身이 된다. 참됨을 쫓아 느낄 때 그것은 화신化身이 된다."

모든 부처님의 마음을 알고자 한다면
마땅히 부처님의 지혜를 관할지니
부처의 지혜는 의지할 대상이 없어
본래 허공처럼 의지할 바 없다.

欲知諸佛心 當觀佛智慧 佛智無依處 如空無所依

부처님 몸이란 숫자로 말할 수 없어 법계와 같나니
복력 있는 보살은 볼 수 있나니
이와 같은 무수한 낱낱 몸에
수명으로 장엄되어 구족 했도다.

佛身無數等法界 有福衆生所能見 如是無數一一身 壽命莊嚴皆具足

[여래출현품의 주 내용]

여래출현품에서는 성품이 일어나는 이치(性起)와 작용적인 연기(緣起)를 통해 여래의 본래 뜻을 보여주고 있습니다.
우주 만유가 어떤 인연을 따라 일어나면 거기에 작용이 있고, 이 작용이 외부의 반연과 합쳐 열두 가지 연기가 만들어지는데, 이 모든 작용이 처음 성품에 의지하여 일어나므로 성기性起라 합니다.

처음 성품이 작용을 일으킬 때(性起) 비록 순수한 것 같으나 거기에는 물듦이 있으므로(緣起) 잠재적 윤회의 씨앗이 되고 닦아 맑아지면 성기性起현상이 처음 일어날 때처럼 다시 순수성으로 돌아갈 때 진리와 계합을 하게 됩니다.
본 품에서는 수행자가 항상 이와 같이 본래 되로 돌아가는 회광반조廻光返照를 할 때 삼계를 벗어날 수 있습니다.

(화엄경 제38품)

❁ 이세간품 요점해설

한 송이 연꽃이 피는 이치

하염 있고 없는 그 속에 뜻이 있으니
한 송이 연화가 나오는 소식이다.
세간을 떠나지 않고 벗어났으니
세간과 출세간에 걸림 없도다.
세간에 있으나 물들지 않으니
출세간이 따로 존재하지 않는다.
세간과 출세간에 구별 없으니
현상을 떠난 이치가 따로 없고
이치와 현상에 걸림 없으니
이사무애 하므로 사사무애하구나.
이 진공묘유적 원융무애한 도리여!
진정으로 세간을 떠난 도리이다.

[이세간품의 핵심 경문]

이때에 세존께서 마갈제국 조용하지만 광명으로 충만한 도량 가운데 연화자리에 앉으시니, 묘한 깨달음이 충만하여 모든 상이 끊어졌고 절대적 평등에 장애 없는 경지에 이르렀으며, 부처님이 머무는 곳에 머무셨다.

爾時世尊이 在摩竭提國阿蘭若法菩提場中普光明殿하사 坐蓮華藏師子之座하사妙悟皆滿하시며 二行永絶하시며 達無相法하시며 住於佛住하시며 得佛平等하시며 到無障處하시며

불자야, 보살에게 열 가지 계가 있으니, 보리심을 버리지 않는 계와, 성문 연각에 떨어지지 않는 계와, 일체 중생을 이익 되도록 관하는 계 등이니라.

보살에게 열 가지 집착 없음이 있으니, 일체 세계와 일체 중생에게 집착 없으며, 일체 법에 집착 없고, 일체 짓는 일에 집착 없으며, 일체 선근에 집착 없고, 일체 얻는 것에 집착 없으며, 일체 소원에 집착 없고, 일체 행동에 집착 없으며, 일체 보살에 집착 없고, 일체 부처님에게 집착 없느니라. 만일 보살이 이러한 법에 안주하면 위없는 청정한 지혜를 얻느니라.

불자야, 보살에게 열 가지 동산 숲이 있으니, 나고 죽는 곳이 보살의 동산숲이니 그것을 싫어하거나 버리지 않기 때문이며, 중생을 교화하되 피곤해 하지 않나니 이것이 보살의 숲이며, 오랜 세월동안 머물며 큰 행을 짓나니 이것이 보살의 숲이며, 청정세계가 보살의 숲이니 거기 머무르기 때문이며, 일체 마구니의 궁전이 보살의 숲이니 모든 마를 조복 받기 때문이며, 육바라밀 사섭법 삼십칠 조도법 등이 보살의 숲이니 이것 외에 없기 때문이며, 보살은 온갖 신통과 자재한 힘으로 부처님 법을 전하고 중생을 교화하되 쉬지 않나니, 이것이 보살의 숲이다.

불자야, 보살은 이러한 생각을 해야 하나니 부처님의 위없이 높고 큰 깨달음은 마음을 근본으로 삼나니, 마음이 만일 청정하면 곧 능히 일체 선근을 원만하게 갖추게 되어 마음에 자재함을 얻고 부처님의 깨달음을 이루게 된다.

보살에게는 뿌리가 있는데, 먼저 환희의 뿌리이니 모든 부처님의 믿음이 무너지지 않기 때문이며, 물러서지 않는 뿌리이니 일체 모든 일이 다 구경究竟이기 때문이며, 안주의 뿌리이니 일체 보살행을 끊지 않기 때문이다.

불자야, 다음과 같은 행동은 부처님 법을 잃을 수 있으니 이를 마땅히 조심해야 하느니라. 법을 가르치는 스승을 우습게 보지 마라. 생사가 두려워 보살행을 멀리하지 마라. 세간을 싫어하여 소승법에 빠지지 마라. 정법을 비방하지마라. 또 보살은 다음과 같은 행동으로 부처님 법을 일으켜야 한다. 착한 벗을 가까이 하면 함께 선근을 심을 수 있다. 깊은 신심과 이해가 부처님법을 만드나니, 부처님의 자재함을 아는 까닭이다. 큰 서원을 세울 때 그 마음이 광대해져서 부처님 법을 세울 수 있다. 어려움을 참아내는 인욕행은 선근을 잃지 않는다. 오래도록 수행하되 싫어하거나 만족하지 않으므로, 성불하는 날까지 선근을 심을 수 있다.

불자야, 보살이 지혜를 닦아가는데 도움 되는 일이 있으니 무엇인가. 선지식을 친근히 하여 예배 공양하고 가르침을 어기지 않고 잘 수순하는 것이며, 모든 일에 정직해야 하며, 허위나 교만을 버리고 항상 상대방을 존중해야 하며, 몸과 입과 마음으로 짓는 업이 거칠지 않고, 부드럽고 유순하며, 거짓이나 아첨하지 않아야 한다.

일체 모든 법을 헛개비처럼 보고 공중에 나타난 허상처럼 보아야 하며, 일체법은 생멸하지 않으므로 일체 상을 허상으로 보아야 하며, 항상 지관止觀에 의지하고 마음은 항상 적정에 머물러 망념이 일어나지 않으며, 무아無我·무인無人의 바탕에서 무작無作·무행無行하고 나에 집착된 생각이 없으며, 나라는 업에 계산되지 않고 몸과 입과 생각 업에 끌리지 아니하며, 무래無來·무거無去한 가운데 일체 중생과 일체 모든 법에 마음이 다 평등하여 어디에도 머무르는 바가 없느니라.

불자야, 보살이 도솔천에서 내려올 때 여러 가지 일을 보였는데, 먼저 발 아래에 큰 광명을 놓았으니 이것을 안락장엄이라 한다. 삼천대천세계를 널리 비추니 일체 악도 중생이 그 빛을 보고는 괴로움을 없애고 안락함을 얻게 된다. 보살의 두 눈썹 사이 흰 털에서 깨달음이라는 큰 광명을 놓으니 모든 보살이 그 광명을 입고는 모두 다 보살이 하강할 것을 알고 한량 없는 공양물을 준비해서 보살의 처소에 나아가 공양을 올렸다.

또 보살이 하강할 때 오른쪽 손바닥에서 큰 광명을 놓으니 능히 삼천대천세계를 장엄했는데, 그 가운데 무루에 들어간 벽지불이 이 광명을 깨닫고 곧 목숨을 버렸으며, 보살이 하강하실 때 양 무릎에서 큰 광명이 나오니 이름이 청정장엄이다. 널리 일체 천궁과 온 세상을 두루 비추니 모든 하늘과 모든 보살이 함께 연모하여 온갖 꽃과 향과 번과 악기로써 공경·공양하고 인간세계로 따라 내려와 태어났다.

불자야, 보살이 도솔천에서 장차 내려올 때 만卍자를 심장 가운데 굳세게 장엄하고 큰 광명을 놓으니, 어느 누구도 이를 능가할 수 없는 깃발이라. 시방세계에 있는 금강역사에게 비추니 백억 금강역사들이 모두 모여들어 호위하되 보살이 탄생에서부터 열반에 들 때까지 호위했다.

청량소에 이르기를 승만경에서 "유위생사有爲生死와 무위생사無爲生死가 현실에선 다르게 보이지만, 근본에서는 둘이 아니다. 세간을 떠났다는 것에도 두 가지 뜻이 있으니, 하나는 성품이 공했기 때문에 떠남이란 곧 출세간을 뜻하고, 두 번째는 일체 행에 물듦이 없기 때문이다." 라고 했습니다.

보살은 연꽃과 같아
자비가 뿌리 되고 안온함은 줄기 되며
지혜는 수많은 꽃술이고
계의 품성은 깨끗한 향기와 같구나.
菩薩如蓮華　慈根安隱莖　智慧爲衆蘂　戒品爲香潔

보살의 묘한 보리수가
저 곧은 마음 땅에 자라나니
믿음은 종자 자비는 뿌리 되고
지혜는 몸이 되었다.
菩薩妙法樹　生於直心地　信種慈悲根　智慧以爲身

보살의 지혜로운 마음은

청정하기가 허공과 같아
바탕도 없고 의지할 것도 없어
일체를 얻을 것이 없도다.

菩薩智慧心 淸淨如虛空　無性無依處 一切不可得

비유하건데 물건을 다루는 환술사가
가지가지 모양을 나타내지만
저 모든 환幻 가운데에서는
모양도 없고 모양 아님도 없다.

譬如工幻師 示現種種色　於彼幻中求 無色無非色

보살은 시방세계에 있는
장엄된 모든 국토를
한 개 털구멍 속에 두기도 하고
진실로 그것을 알고 보기도 한다.

菩薩以一切 種種莊嚴刹　置於一毛孔 眞實悉令見

또 한 개 털구멍 속에
넓은 바다를 수용하되
큰 바다가 일찍이 줄거나 늘어나지 않으며
중생들도 방해를 받지 않느니라.

復以一毛孔 普納一切海　大海無增減 衆生不嬈害

지난 과거의 모든 시간을
미래와 현재에 갖다 두며
미래와 현재의 모든 세월을

돌이켜 과거 세상으로 둘 수 있도다.

過去一切劫 安置未來今 未來現在劫 廻置過去世

일체 부처님께 공양 올리고
일체 국토를 단정하게 맑히며
널리 일체 중생으로 하여금
일체 지혜에 안주하게 하도다.

供養一切佛 嚴淨一切刹 普令一切衆 安住一切智

[이세간품의 주 내용]

본 품에서는 주로 세간을 초월한 십주十住의 보살과 십지十地보살의
원력과 공덕과 거룩한 행을 설했습니다. 특히 석가모니부처님이 도
솔천의 일생보처 보살로 계시다가 내려오신 본래 뜻과 일을 말했
습니다.

이 품에서는 우리가 부처님이 아닌 보살의 청정한 행과 원력을 살
펴보고, 우리도 그와 같은 삶으로 나아가고자 하는 발심을 일
으키게 합니다. 산승은 본 장에서 너무나 거룩한 원력과 끝없
는 보살행에 깊은 감명을 받았으며 불, 보살의 원력과 무궁한
보현행에 한없는 불심과 지극한 신심이 생기는 것을 느낄 수
있었습니다.

특히 불자님들은 본 장을 여러 번 읽다 보면 저절로 보살의 원력
과 신심을 다시 충전하는 계기가 될 수 있을 것입니다.

(화엄경 제39품)

❀ 입법계품 요점해설 1

선재동자의 구도정신 1

일찍이 선재는 복과지혜를 닦아
공덕은 하늘에 닿고 땅을 덮나니
처음 문수의 설법 듣고 보리심 냈고
보살행을 이루고자 끝없는 순례를 했다.
깊은 숲 속 고행자 덕운비구 만나
염불삼매 무애자재해탈법을 배웠고
법성의 바다에서 해운비구 만나
큰 바다와 같은 보살행을 배웠으며
허공 속을 경행하는 선주비구 만나
보살의 자비로 중생을 교화하고
평등하고 걸림없는 지계해탈문을 배웠다.
선재동자의 간절한 구도심이여!
걸림 없는 지혜는 보살가운데 으뜸이고
끝없는 보살행은 무정까지 감동했도다.
거룩한 보살도는 모든 성자의 표상이며
모든 수행자가 걸어 가야할 길이로다.

[입법계품의 요점]
세존께서 실라벌국 시달림 급고독원에서 보살 500인과 함께 했으며, 이때에 보현보살과 문수보살이 상수上首(우두머리)가 되어 화엄경 입법계품 법회를 열었다.

청량국사가 이르기를, 입법계라 할 때 입入이란 법계의 이치에 증득해 들어간다는 말이고, 법계라는 말에 두 가지가 있으니 하나는 상相을 따르는 문으로써 오온 십팔계 등을 법계라 하고, 하나는 무애문이다. 일심법계에 두 문이 있으니 진여문과 생멸문이다. 비록 이 두 문이 다 각각 일체 모든 법을 총섭하지만, 물과 파도처럼 움직인다.

(선재동자의 내력)

선재동자가 처음 입태할 때 집안에 자연스럽게 일곱 가지 보배로 된 누각과 온갖 보배가 나왔기 때문에 이름을 선재善財(좋은 재물)라고 했다. 이 동자는 일찍이 과거 모든 부처님께 공양 올렸으며, 선근을 심었고 믿음과 이해가 깊으며, 항상 선지식을 가까이 하고 몸과 입과 뜻이 청정하여 허물이 없으며, 항상 보살도를 행하고 일체 지혜를 구하므로 성불의 법기法器가 되고, 마음이 청정하여 허공과 같으며 보리에 회향하므로 장애가 없었다.

어느날 선재가 문수보살을 만나 질문하기를, "보살은 어떻게 보살행을 배우며 어떻게 보살행을 닦고 어떻게 보살행으로 나아갈 수 있으며 어떻게 보살행을 성취하고 어떻게 보살행을 기억하며 보현행을 원만하게 갖출 수 있습니까?" 이에 문수보살은 게송을 읊었다.

만약 모든 보살이
나고 죽음을 싫어하지 않으면
곧 보현보살의 도를 갖추게 되고
항상 복과 깨끗한 복의 바다로
일체 중생을 위하여
널리 보현행을 닦아
보리도를 성취할지니
너는 무량한 국토에서
무수한 세월동안 보현행을 닦아
모든 큰 원을 성취하리라.
무량한 중생이
너의 원을 들으면 환희하고
다 바른 깨달음의 뜻을 내어
보현행을 배우게 되리라.

若有諸菩薩　不厭生死苦　則具普賢道　福處福淨海　汝爲諸衆生
修行普賢行　成就菩提道　汝於無量刹　無邊諸劫海　修行普賢行
成滿諸大願　此無量衆生　聞汝願歡喜　皆發菩提意　願學普賢乘

이어 문수는 말했다.

"선재여, 너는 남쪽으로 나아가되 묘하게 생긴 봉우리가 있고 그 산중에 한 비구가 있으니 덕운이라는 비구다. 너는 거기에 가서 질문하기를 '보살은 어떻게 보살행을 배우며 어떻게 보살행을 닦으며 어떻게 보현행을 원만히 갖출 수 있는지' 물어 보아라. 이에 선재는 문수의 지시로 어렵게 숲속에 있는 덕운 비구를 만나 소중한 법문을 듣는다. 무상정각의 마음을 낸 보살은 유위·무위를 관찰할 때 마음에 어떤 집착도 없어야 하느니라.

　　(덕운 비구의 소중한 염불삼매 법문)
선남자여! 모든 보살이 끝없는 지혜와 청정한 수행을 하고자 하면 이른바 지혜로운 광명이 널리 비추는 염불문이 있으니, 이는 항상 일체 불국토의 가지가지 궁전과 엄정한 모습을 보기 때문이다. 일체 중생의 염불문이니 모든 중생이 부처님을 보고 청정을 얻는 연고니라. 편안하게 머무는 염불문이니 부처님의 열 가지 힘 가운데로 들어가기 때문이며,

일체시에 항상 염불문에 머무름이니 항상 여래를 보되 떠나지 않기 때문이며, 일체 국토 염불문이며, 일체 세상 염불문에 머무르며, 일체 경계 염불문에 머무르며, 적멸 염불문에 머무름이니 일념 중에 일체 부처님을 보기 때문이며, 장엄염불문에 머무름이니 일념 중에 일체 국토의 모든 부처님이 정각을 이루고 신통을 나투기 때문이며, 자기 마음따라 하는 염불문이며, 허공 염불문에 머무름이니 여래의 몸이 허공법계를 장엄함을 관찰하기 때문이니라.

　　(선재동자의 세 번째 선지식인 해운 비구의 말씀요지)
해운 비구가 선재에게 묻되 "너는 아뇩다라삼먁삼보리심을 내었느냐?" "네 저는 이미 아뇩다라삼먁삼보리심을 내었습니다." "보리심을 낸 자는 중생을 가엾이 여기는 대비심을 내야 하나니 일체 중생을 구제해야 하기 때문이며, 큰 자비심을 내야

하나니 일체 세간을 구해야 하기 때문이며, 안락심을 내야 하나니 일체 중생의 모든 괴로움을 없애야 하기 때문이며, 요익심을 내야 하나니 중생들의 악법을 떠나게 하기 위함이며, 애민심을 내야 하나니 두려워하는 자를 보호하기 위함이며, 무애심을 내야 하나니 일체 장애를 떠나게 하기 위함이며, 광대한 원력심을 내야 하나니 온 법계에 충만하기 위함이다.

선남자야 나는 항상 이렇게 바다에서 12년 동안 큰 바다를 경계삼아 사유하는데, 바다의 광대한 뜻과 바다의 불가사의함을 사유하느니라. 이와 같이 바다사유를 할 때 바다 아래에서 홀연히 큰 연화가 출현했으니 수승한 다라니가 줄기 되고 유리보배를 감추고 금으로 잎이 되어 광명으로 빛났다. 이 큰 연화는 여래가 세상에 출현하므로 인해 나온 것이다. 이때 연꽃 위에 한 부처님이 결가부좌 하셨는데, 그 몸이 하늘 꼭대기까지 이르렀다.”

　　(모든 하늘이 받드는 선주 비구)
선주 비구는 허공 중에 왕래하며 무수한 하늘대중에게 에워싸여 있으며, 하늘 대중이 하늘꽃과 향기와 음악으로 공양 올리고 모든 용왕들과 팔부신장들이 합장하면서 향기구름과 향기광명을 공양 올리고 있다. 이때에 선주비구가 말씀하셨다. “선남자여, 나는 오직 제불에게 공양 올리고 중생들의 소원을 성취케하는 무애 해탈문을 알거니와, 모든 보살들은 대비大悲계와 바라밀계와 대승계와 보살도상응相應계와 무장애계와 불퇴타不退墮계와 불사不捨보리심계와 항상 부처님법과 인연 맺는

계와 허공계와 무잡無雜계와 무탁無濁계와 무회無悔계와 청정계와 이진離塵계와 이구離垢계 등을 가질지니라."

[입법계품의 요지要旨]

본 품의 주 내용은 선재동자가 문수보살의 지시로 남쪽으로 53선지식을 찾아뵙고 "어떻게 보살행을 닦아 배우고 실천할 수 있는지?" 이 한 가지 질문을 가지고 53선지식의 가르침을 듣는 내용인데, 본 장에서는 선재동자가 문수 다음 두 번째 선지식인 덕운 비구를 찾아 보살행에 관해 질문하니, 수많은 염불문을 설했습니다. 그러나 덕운 비구의 각종 염불문은 결국 일심염불로 돌아가야 하므로 '나무아미타불' 이 여섯 자를 지극하게 염송하면 덕운 비구가 설한 수많은 염불문을 모두 성취하게 될 것입니다.

선재가 문수 덕운 다음 세 번째 선지식인 해운 비구를 찾아 보살도를 물으니 해운 비구는 보살도를 행하려면 먼저 보리심을 내야 하고 다음 중생을 향한 대비심(大悲心) 즉 크게 불쌍하게 생각하는 마음을 가져야 한다고 했습니다. 중생들의 괴로움을 보고 슬퍼하지 않는 자가 보살도를 행할 수 없기 때문입니다.
해운 비구는 늘 바다를 상대로 보살도를 닦는 수행자로서 바다의 부증불감하고 절대평등한 이치를 닦는다는 뜻이 있습니다.

53선지식 가운데 네 번째 선지식인 선주 비구는 허공 속에서 수행하는 비구인데 보살도를 행함에 어떠한 집착도 아상도 내지 말고 무념 무심 속에 일체 보살행을 닦으라는 뜻이 있습니다.

앞서 덕운 비구는 높고 깊은 산봉우리 속에서 수행하니 대지(땅)를 뜻하는데 이것은 보살도와 보살행은 두 발로 실천수행해야 한다는 것을 의미했고, 해운 비구에게는 진리의 바다(海)는 절대성 평등이라 보살행에 어떠한 차별도 두지 말고 행하라는 뜻이 있으며, 선주 비구에게는 텅 빈 허공(空)처럼 보살행에 어떤 집착도 아상도 두지 말라는 뜻이 있습니다.

이렇게 하여 육, 해, 공에서 수행하는 비구를 차례로 찾아 보살도와 보살행을 어떻게 닦아야 하는지 물었던 것입니다.

(화엄경 제39품)

❀ 입법계품 요점해설 2

선재동자의 구도정신 2

삼라만상과 일체 묘법이여!
있는 그대로 참 모습이요
나타난 그대로 진실하구나.
보살도 찾아 구법 여행하는 동자여!
초목와석과 유정·무정이 모두 스승 되니
모든 존재 그대로 선지식 아님 없도다.
위대한 가르침 거룩한 행이여!
선재동자의 순수한 구도심 속에
이미 보살도와 보현행이 있도다.

[입법계품의 핵심 경문]

(7번째 선지식인 해당 비구의 가르침)
보살은 지혜의 바다에 들어가 법계를 깨끗이 하며 일체를 통
달하고 무량국토에서 자재하고 삼매가 청정하여 잘 설법하고
중생들의 의지가 되어야 한다.
❀ 여기에서 청량국사는 여기에 대해 이렇게 말했다. "얻을 바가 없으
므로 얻지 아니할 것도 없느니라. 보살은 얻음이 없기에 마음에 걸림이
없고 모든 부처님도 얻음이 없기에 보리를 얻는다." 라고 했습니다.

(8번째 선지식인 휴사休捨 우바이(여성불자)의 가르침)

"선재동자여, 보살은 완전하게 중생을 교화하기 위해 보리심을 냈으며, 일체 모든 부처님께 완전하게 공양 올리기 위해 보리심을 내었으며, 완전하게 일체 중생이 번뇌에서 벗어나게 해주고자 보리심을 냈느니라."

이에 선재동자가 게송(시)을 읊었다.

청정하게 계를 잘 지키고
크고 큰 진리를 닦으며
정진하되 물러섬이 없나니
광명은 세상을 두루 비추네.

守護淸淨戒 修行廣大忍 精進不退轉 光明照世間

(25번째 선지식인 사자빈신 비구니의 가르침)

"선남자여, 나는 일체 중생을 보되 중생이라는 상을 내지 않나니 지혜로운 눈으로 밝게 보기 때문이며, 일체 말을 들을 때 언어라는 상을 분별하지 않나니 마음에 집착이 없는 까닭이며, 일체 여래를 보되 부처님이라는 상을 내지 않나니 법신을 증득했기 때문이며, 법을 잘 가지되 법이라는 상이 없나니 자성을 깨달았기 때문이며, 한 생각에 일체법을 두루 알지만 법상을 짓지 않나니 법이란 환과 같음을 알기 때문이니라."

(28번째 선지식 관자재보살(관세음보살)의 가르침)

"잘 왔구나! 너는 대승의 뜻을 내어 널리 중생을 구제하고 정직한 마음으로 불법을 구해야 하며 중생을 크게 가엾이 여기는 마음을 내어 일체 중생을 구호하라. 보현의 보살행이 항상 이어져야 하며 지혜가 청정하기를 허공처럼 해야 된다. 선남자야, 나는 중생을 크게 가엾이 여기는 수행문으로 일체 중생을 구호하느니라. 일체 중생이 모든 고뇌와 공포와 어려울 때 일심으로 내 이름을 부르면 내가 방편으로 그를 구호하고 마침내 보리도에서 물러나지 않게 하느니라.

 (32번째 선지식인 바산바연주야신의 게송)
나의 이 해탈문은
깨끗한 법 광명을 나오게 하고
능히 어리석음의 어둠을 파하나니
때에 맞추어 잘 연설할지어다.

我此解脫門 生淨法光明 能破愚癡暗 待時而演說

나도 옛적 무량겁 전에
부지런히 큰 자비를 행하되
널리 세상에 두루 했나니
불자들은 마땅히 배울지니라.

我昔無邊劫 勤行廣大慈 普覆諸世間 佛子應修學

고요하고 깊은 큰 연민의 바다에서
삼세의 부처님이 나와
능히 중생의 괴로움을 없애주나니
너는 응당히 이 문으로 들어올지니라.

寂靜大悲海 出生三世佛 能滅衆生苦 汝應入此門

 (33번째 선지식으로 보덕정광주야신의 가르침)

"선남자여, 온다는 것이 없나니 체성이 무생인 까닭이며, 생겨남이 없나니 법신은 평등하기 때문이며, 소멸함이 없나니 생겨남이 없는 까닭이며, 실다움이 없나니 환과 같음에 머무르기 때문이며, 상이 없나니 성상性相이 본래 공했기 때문이니라."

❀ 청량국사가 이르기를, 체성에 남(生)이 없으므로 생겨남이 아니며, 법신은 평등하므로 소멸하지 않는다. 생겨나는 상이 아니므로 실다움이 없다. 환과 같은 법에 머무르므로 허망하지 않다. 중생을 이익되게 하므로 변천하지 않으며, 생사를 넘어섰기에 무너짐이 없으며, 성품은 항상하여 변하지 않으므로 한 가지 상相이며, 언어를 다 여의었기에 상이 없고 성상性相은 본래 공한 까닭이다. 여래청정선이란 곧 적정한 가운데 있는 작용이고, 다음 현법낙주現法樂住(현재 머무는 그 자리에서 선정삼매에 있는 것)선이란 선정에서 일어나는 작용이다.

부처님 몸 불가사의 하나니
법계에 다 충만하여
널리 일체 국토에 나타나나니
일체 만유가 보지 못할 것 없다.
佛身不思議　法界悉充滿　普現一切刹　一切無不見

부처님 몸의 광명은
항상 일체 국토에 비추나니
가지가지 청정한 색이
생각생각 법계에 두루하도다.
佛身常光明　一切刹塵等　種種淸淨色　念念徧法界

(제34 선지식 희목관찰중생신의 가르침)

보시바라밀을 행하므로 버리기 어려운 것을 능히 버리며, 지계바라밀을 행하므로 모든 이익을 떠나며, 인욕바라밀을 행하므로 능히 세간의 모든 괴로운 일과 보살이 닦는 고행을 능히 참아 정법을 지키고, 마음이 부동하여 모든 인욕행을 잘 지녀야 하며 정진바라밀을 잘 행해서 지혜로써 일체 부처님 법을 잘 이뤄야 하고 선정바라밀을 통해서 청정한 마음으로 삼매와 신통을 갖추어야 한다.

반야바라밀을 통해서 청정한 지혜의 해와 지혜의 문을 나타내고, 방편바라밀을 통해서 체성과 이치와 청정과 서로 근기에 응해주는 일을 나타내며 원願바라밀로서 그 체성과 성취와 수습과 상응하는 일을 다 나타내고, 역力(힘)바라밀을 통해서 인연과 이치와 연설과 상응되는 일을 다 나타내야 한다.

선남자여, 착한 친구를 가까이하여 모든 부처님을 받들고, 정법을 수지하여 보살행을 닦고, 삼매에 들어가 모든 부처님을 친견하며, 깊이 법계에 들어가 중생을 관찰하고, 해탈바다에 들어가 보살의 자재함을 얻고, 보살의 용맹을 얻어 보살도에서 놀며, 보살의 생각에 머무르며 보살도에 들어가 공덕과 지혜로 연설하여 중생을 키워주느니라. 이때에 선재동자가 이러한 해탈의 경계를 듣고 환희심을 낸 뒤 희목관찰주야신에게 합장하며 게송으로 찬탄했다.

무량하고 무수한 세월동안

부처님의 깊은 법을 배워서
장소에 따라 교화하고 응대하여
묘한 육신 나타내 보여주도다.

無量無數劫 學佛甚深法 隨其所應化 顯現妙色身

법신은 항상 고요하고
청정하여 두 가지 모양이 아니지만
중생을 교화하기 위하여
가지가지 형상을 보여준다.

法身恒寂靜 淸淨無二相 爲化衆生故 示現種種形

연꽃 가운데 홀연히
금색광명 몸이 태어나
허공에서 사방을 두루 비추니
널리 이 세상에 두루 영향을 준다.

蓮華中化生 金色光明身 騰空照遠近 普及閻浮界

(제37선지식인 수호일체성주야신에 대한 선재동자의 게송)

법성이 허공 같음을 요달하니
널리 삼세가 다 걸림 없다.
생각생각 일체 경계를 반연하지만
마음에 분별함이 없다.

了達法性如虛空 普入三世皆無礙 念念攀緣一切境 心心永斷諸分別

중생에게 따로 성품 없음을 요달했으나

중생을 크게 연민하여
깊이 여래의 해탈문에 들어가
미혹한 중생을 제도한다.

了達衆生無有性　而於衆生起大悲　深入如來解脫門　廣度群迷無量衆

(제38 선지식 개부일체수화주야신의 가르침)

마음이 깨끗하여 분별함이 없고
마치 큰 허공과 같아
지혜로써 모든 어둠 밝히니
이것이 그의 경계니라.

心淨無分別　猶如太虛空　慧燈破諸暗　是彼之境界

큰 자비의 마음으로
널리 세간을 덮어주나니
일체가 다 평등한 것이
그의 경계가 되느니라.

以大慈悲意　普覆諸世間　一切皆平等　是彼之境界

그 마음이 고요하여 삼매에 머물며
끝까지 청량하여 번뇌가 없다.
이미 일체지혜 근본을 닦았나니
이것을 증득한 자를 해탈이라 한다.

其心寂靜住三昧　究竟清凉無熱惱　已修一切智海因　此證悟者之解脫

(제41번째 선지식 구바녀의 가르침)

일체 모든 부처님의 가피력으로
미래세와 끝없는 세월이 다하도록
곳곳에서 보현행을 닦나니
이것이 보살의 몸을 나누는 행이다.

一切諸佛所加持　盡未來際無邊劫　處處修行普賢道　此是菩薩分身行

불자야, 모든 부처님께 공양 올리고, 일체 부처님가르침을 보
호하고 가지며, 일체 불국토를 엄정하게 하며, 일체 여래의 종
성種性을 끊기지 않게 하며, 일체 중생의 생사고를 없애주고,
일체 보살행을 닦아야 하느니라.

중생을 애민하게 여기는 까닭에
내가 보리심을 내나니
마땅히 무량한 세월동안
일체지혜를 익히고 행할 것이네.

哀愍衆生故　我發菩提心　當於無量劫　習行一切智

삼세 모든 부처님처소에서
육바라밀을 배우고
방편행(보살행)을 갖추어
보리도를 이루리라.

三世諸佛所　學六波羅蜜　具足方便行　成就菩提道

이때에 한 동녀가 가르침을 받고 게송을 읊기를

무량한 세월 중에
지옥의 불이 몸을 태워도
만약 나를 원한다면
기꺼이 이 괴로움도 받겠습니다.

無量劫海中 地獄火焚身 若能眷納我 甘心受此苦

무수한 몸 받을 동안
몸을 부수어 가루가 되더라도
만약 능히 나를 원한다면
달게 이 괴로움을 받겠나이다.

無量受生處 碎身如微塵 若能眷納我 甘心受此苦

오랜 세월 나고 죽는 바다에서
나의 이 몸을 보시하더라도
이 공덕으로 네가 만일 법왕(부처님)이 된다면
원컨대 나또한 당연히 그렇게 하겠습니다.

無量生死海 以我身肉施 汝得法王處 願令我亦然

[입법계품의 요지]

본장에서는 선재동자가 7번째 선지식인 해당 비구부터 보살도란 얻을 바 없는 법이기에 보리를 얻는다는 가르침 받았고, 8번째 휴사라는 여성불자에게 보리심이란 중생을 교화하기 위함이며 부처님께 공양 올리기 위함이며 번뇌에서 벗어나게 해주기 위해 보리심을 내야 한다는 법문을 들었습니다. 사자빈신 비구니를 만나서는 아상을 두지 말고 중생을 대해야 하고, 부처님이나 법을 대할 때도 법상을 내지 말고 보면 법신을 증득하고 자성을 깨닫게 된다는 가르침을 받았습니다.

28번째 선지식인 관세음보살을 만나서는 항상 자비심을 가지고 정직한 마음으로 중생을 제도하되, 누구든 어려울 때 관세음보살을 부르면 고통에서 벗어나 해탈을 얻는다고 했습니다. 33번째 선지식은 보살십지 가운데 제2지에 들어간 보덕정광이라는 밤을 주관하는 신을 만나 불생불멸의 가르침을 받았고, 34번째 희목관찰중생신이라는 신은 보살 십지 가운데 제3발광지라는 높은 경지에 들어간 신인데, 그에게서 열 가지 바라밀의 가르침을 들었습니다. 제41번째 선지식인 구바녀라는 여자는 어느 임금의 태자비인데 그에게서 지장보살의 원력을 배웠습니다.

이렇게 선재동자는 실라벌국 시달림급고독원에서 문수보살의 가르침에 따라 보살도가 무엇인지, 그리고 어떻게 보살행을 할 수 있는지에 대해 여러 선지식을 찾아다니며 배웠고, 법을 들으면 감탄하고 게송(시)을 지어 선지식을 찬탄하면서 끊임없이 구법여행을 했으니, 이 얼마나 장하고 아름다운 모습 아닌가요. 우리들도 이렇게 순수하고 지혜로우며 자비로운 선재동자처럼 이러한 마음을 보고 배워야 하며 거룩한 보살행을 따라 실천해야 한다는 것입니다.

(화엄경 제39품)

❀ 입법계품 요점해설 3

선재동자의 구도정신 3

지극하게 착하고 지혜로운 선재동자
보살도와 행을 실현하기 위해
아름다운 구법여행 길을 떠났다.
문수의 지혜로 길을 찾았고
관음의 자비로 청정한 회향 배웠으며
변우동자에게 말 떠난 법을 보았고
미륵은 자세하게 보리심을 가르쳤으며
보현의 원력으로 보살도를 증득했다.
몸을 바친 선재의 지극한 구도심에
보살도와 보살행을 완성했도다.
화엄의 꽃이여! 보살의 꽃이여!
이로써 부처님의 참된 뜻 실현했도다.

[입법계품의 핵심 경문]

(제42번째 선지식 마야부인(부처님 생모)의 가르침)
이때에 선재가 그 가르침을 받으니 곧 큰 보배연꽃이 땅에서
부터 솟아올랐다. 이 연꽃은 금강으로 줄기가 되고 묘한 보배
를 감추었으며 마니로 잎이 되고 광명스러운 보배왕이 누대가
되었다.

이때에 선재가 이와 같이 한량없는 자리에 둘러있는 가운데 마야부인이 저 자리에서 일체 중생 앞에 깨끗한 색신을 나타내니, 이것은 삼계를 초월한 몸이니 이미 모든 중생의 경계를 벗어났으며, 일체 세간에 집착이 없는 까닭이며, 색신이 두루하여 일체 중생의 수와 같은 까닭이며, 일체 색신이 변화했으니 중생에 따라 응해 나타난 까닭이며, 나지 않는 색신이니 생겨남이 없는 까닭이며,

소멸하지 않는 색신이니 언어를 떠났기 때문이며, 실답지 않는 색신이니 실다움을 얻은 연고이며, 무너지지 않는 색신이니 법성은 무너지지 않기 때문이며, 상이 없는 색신이니 언어의 길이 끊어졌기 때문이며, 한 가지 모양 색신이니 무상無相으로 상이 되기 때문이며, 법계색신이니 성품의 청정함이 허공과 같기 때문이며, 머무름 없는 색신이니 일체 세간을 제도하길 원하기 때문이니라.

마야부인이 선재동자에게 이르기를, "불자야, 나는 이미 보살의 큰 원력과 지혜로운 환幻 해탈문을 얻었기 때문에 항상 모든 일생보처에 오른 보살의 어머니가 되었구나. 선남자야, 너는 이 사바세계뿐만 아니라 삼천대천세계에 있는 모든 보살의 어머니가 되었느니라. 그리고 현재 현겁 일천 부처님의 어머니가 되나니 과거 구류손불과 구나함모니불, 가섭불, 석가모니불 그리고 미래에 오실 미륵불 등 이와 같이 차례대로 사자불 법당불 ~ 현겁천불의 마지막 부처인 루지불에 이르기까지 다

그의 어머니가 되느니라.

❀ 청량국사께서 이르기를, "모든 법은 성상性相이 없으니 언어 문자로 얻을 수 없다. 성상性相을 함께 잊으므로 의지할 바가 없고 주와 객을 함께 잊으므로 이것을 최상의 진리(無上)라고 한다. 일체법은 얻지도 잃지도 않으며 오지도 가지도 않나니 법은 본래 생겨나지 않기 때문이다. 본래청정이란 물들 것도 끄달림도 없으니 '나'와 '나의 대상'에 분별하는 상相을 떠났다."

　(제44번째 선지식 변우동자)
선재동자가 변우동자의 처소에 이르러 변우동자의 발에 예를 올리고 합장한 후 여쭙기를 "성자여, 나는 이미 아뇩다라삼먁삼보리의 마음을 냈으니 저에게 보살행을 가르쳐주시고 보살도를 닦을 수 있도록 가르쳐 주십시오."
변우동자가 답하기를 "선남자여 여기 중예라는 동자가 있으니 그에게 보살이라는 글자의 뜻과 지혜에 대하여 질문하라. 그가 너를 위해 잘 설해 줄 것이다."

　(제51번째 선지식인 덕생동자와 유덕동녀의 가르침)
일체세계가 다 환에 머물고 있나니 무명과 애욕 등 인연따라 태어나기 때문이며, 일체 삼세와 국토가 다 환으로 머무나니 아상에 의해 잘못된 견해가 생겨났기 때문이며, 성문·연각도 다 환에 머무나니 지혜로써 분별심을 끊었기 때문이며, 일체 보살이 다 환에 머무나니 능히 스스로 조복하여 중생을 교화하고 모든 보살행과 원을 이루었기 때문이다. 이와 같이 성문과 보살의 환의 경계자성이 불가사의 하느니라.

선남자여, 선지식은 모든 선근을 키워주나니 비유하건대 큰 산에 약초가 잘 자라는 것과 같다. 선지식은 세상에 물들지 않나니 마치 연꽃이 물에 젖지 않는 것과 같다. 또 선지식은 부모가 자식을 잘 양육하는 것과 같느니라.

(제52번째 선지식인 미륵보살의 가르침)
모든 업보는 업으로 쫓아 일어나며 일체 과보도 다 인연을 쫓아 일어난다. 일체 업은 다 습성에 의지해 생기고, 일체 부처님 법은 선근을 쫓아 일어난다. 일체 화신은 방편으로 나오며 일체 불사는 원력으로부터 나온다.

선남자여, 보리심이란 종자와 같아 일체 모든 부처님 법을 나오게 하며, 보리심은 좋은 밭과 같아 중생들을 키워주며, 보리심은 큰 땅과 같아 일체 세상을 다 거두어주느니라. 보리심은 깨끗한 물과 같아 번뇌를 씻어주며, 보리심은 광명과 같아 일체 지혜의 빛을 낸다. 보리심은 큰 바다 같아 일체 강을 받아드리듯 모든 공덕이 모인다. 보리심은 연꽃과 같아 일체 세간법에 물들지 않느니라. 보리심은 아가타약과 같아 모든 병을 낫게 하여 영원히 안락하게 해준다.

선재동자가 미륵보살을 향해 말하기를, "대성인께서는 어디로부터 오셨습니까?" 미륵보살이 말하기를 "선남자야 모든 보살은 오고 감이 없이 이렇게 오며, 움직이거나 머무름 없이 오느니라. 선남자야, 보살은 오직 크게 가엾이 여기는 마음 때문에 오나니, 모든 중생이 번뇌로부터 벗어나게 하기 위함이며,

큰 자비심으로부터 오나니 일체 중생을 제도하기 위함이며, 청정한 계율을 쫓아오나니 그 즐거움을 따라 태어나기 때문이며, 큰 원력에 따라 오나니 과거세에 세운 원력을 가지고 있기 때문이니라." 선재동자가 다시 말하기를 "성인이시여, 무엇이 보살이 태어나는 곳입니까?"

답하시기를 "선남자야, 보살은 열 가지 태어나는 곳이 있나니 1, 보리심이며 2, 깊은 마음이며 3, 보살의 모든 경지이며 4, 큰 원력이며 5, 크게 가엾이 여기는 마음이며 6, 이치대로 보는 곳이며 7, 대승방편이며 중생교화를 위함이며 8, 지혜방편이며 9, 무생법인의 집에 태어나며 10, 일체법을 닦는 것이 보살의 태어나는 곳이니, 이것이 과거 현재 미래 모든 부처님 집에 태어나는 것이니라.

    (제53번째 마지막 선지식 보현보살의 가르침)
보현보살이 오른 손을 펴서 선재동자의 이마를 만지시니 선재는 곧 바로 일체 불국토의 수많은 삼매문을 얻고, 그 수많은 삼매문으로 권속을 삼아 낱낱 삼매에서 일찍이 보지 못했던 일체 부처님의 진리의 바다를 보았으며, 그 진리에 들어가 그 진리에 머물며 그 진리를 닦아 그 진리의 광명을 얻었다.

이렇게 비로자나부처님 처소에서 보현보살이 선재의 이마를 만지니, 시방세계 모든 부처님 처소에 보현보살도 그와 같이 선재의 이마를 만졌으며, 선재가 얻은 바 법문도 다 이와 같았다. 이때 보현보살이 다시 게송을 읊으셨다.

너희들은 마땅히 모든 의혹의 때를 제거하고
일심으로 나의 법을 들으라.
내가 설한 부처님의 모든 법은
일체가 해탈의 길이며 진실한 진리니라.

汝等應除諸惑垢　一心不亂而諦聽　我說如來具諸度　一切解脫眞實道

부처님 지혜가 광대하여 허공과 같고
일체 중생의 마음속에 두루하여
세간의 모든 일을 다 알지만
가지가지 별다른 분별심을 내지 않는다.

佛智廣大同虛空　普徧一切衆生心　悉了世間諸妄想　不起種種異分別

만일 청정한 대보살이
삼천대천세계에 충만함을 본다면
다 이미 보현행을 구족했나니
여래는 그 가운데 엄연히 앉았도다.

或見淸淨大菩薩　充滿三千大千界　皆已具足普賢行　如來於中儼然坐

부처님은 지혜를 통달하여 걸림이 없어
한 생각 속에 삼세의 법이
다 마음 따라 인연에 의해 일어남을 아나니
생멸이 무상하나 거기 자성은 없다.

佛智通達淨無礙　一念普知三世法　皆從心識因緣起　生滅無常無自性

부처님 몸은 공덕의 바다이니

거기 혼탁함이 없고 끝도 없도다.
우주 법계에 모든 중생이
그 가운데 그림자 나타나지 않음 없구나.

佛身功德海亦爾　無垢無濁無邊際　乃至法界諸衆生　靡不於中現其影

비유하건대, 하늘의 해가 무량한 빛을 비출 때
본래 자리에서 움직이지 않고 시방을 비추듯
부처님의 광명도 이와 같아
가고 옴이 없지만 세간의 어둠을 없앤다.

譬如淨日放千光　不動本處照十方　佛日光明亦如是　無去無來除世暗

여래의 청정하고 묘한 법신이
모든 삼계 안에 짝이 없다.
세상 언어의 길에서 나왔으니
그 성품은 있음도 아니고 없음도 아니다.

如來清淨妙法身　一切三界無倫匹　以出世間言語道　其性非有非無故

(화엄경에서 유명한 게송)
온 세상 티끌처럼 많은 숫자 모두 알고
큰 바다에 모든 물 다 마셔 바닥내며
허공을 알아내고 바람을 묶는다고 해도
능히 부처님의 공덕은 다 말할 수 없다.

찰진심염가수지刹塵心念可數知　대해중수가음진大海中水可飲盡
허공가량풍가계虛空可量風可繫　무능진설불공덕無能盡說佛功德

❀ 중국 당나라 때 청량징관국사(738~839)는 불경 중 가장 난해하다

는 80권본 화엄경을 후세인들의 이해를 위해 장대한 화엄해설서(청량국사 화엄경 소疏와 초鈔)를 쓰셨는데 80화엄 마지막에 소초를 다 쓰시고 다음과 같이 원을 세우셨는데, 그 어려운 글을 끝내고 난 깊은 심정 그 마음 그대로 쓴 청량의 사구게가 산승의 마음에 깊이 와 닿아 여기 한 번 옮겨 놓았으니 다 함께 감상하시길 바랍니다.

법성의 바다는 깊고 광대하여 생각으론 알 수 없는데
나는 이미 분에 따라 간략하게 해설하였네.
이 공덕으로 법신과 하나 되어
널리 모든 중생들이 다 함께 성불하여지이다.

法性深廣難思議　我已隨分略開解　願斯功德同實際　普令含識證菩提

[입법계품의 내용해설]

화엄경의 대의이며 입법계품의 핵심이라고 할 수 있는 보살도와 보살행이라는 주제를 가지고 법을 배우기 위해 남쪽으로 또 남쪽으로 기나긴 구법여행을 떠난 선재동자! 그 구법기에 해당하는 입법계품은 특이한 체제와 다양한 내용으로 대방광불화엄경의 꽃이 되어 수많은 사람들의 마음을 울려주었고 희망이 되었으며 또한 우리 모두의 이상이 되었습니다.

화엄경 입법계품에서 선재동자의 구법순례 이후 불교에서는 구법순례가 또 하나 전통이 되어 중국 초기불교에서 수많은 인도 구법순례 행렬이 이어졌으며, 대표적인 구법순례승으로 구마라습, 서유기로 유명한 현장법사, 해로로 갔다 온 법현법사 신라 사문 혜초, 신라의 자장 · 의상 등 많은 구법승이 나왔습니다.
이들은 중국 돈황과 하서회랑을 거쳐 가도가도 끝이 없는 타클

라마칸 사막을 종단했으며 해발 5,000미터가 넘는 파미르고원과 총령고개를 넘어 무수한 산적과 맹수들의 위험을 넘기며 마침내 인도에 들어가서 불경을 배웠으며, 다시 본국에 돌아온 사람은 1,000명 중 하나 둘 밖에 되지 않았으니, 이 어찌 목숨 건 구법순례가 아니겠습니까. 또 어떤 경우에는 해로海路 길을 따라 구법순례 가다가 풍랑을 만나 천신만고 끝에 경전을 가지고 돌아온 구법승도 있었습니다.

이렇게 우리는 금강경 한역으로 유명한 구마라습과 현장법사, 법현법사, 원효·의상대사 등 큰스님들의 노력 덕분에 2,500년이 넘는 세월동안 법이 전해져, 오늘도 우리는 편안하게 법을 배울 수 있으니, 이 얼마나 과거 도인스님들의 구법순례의 은혜를 느끼지 않을 수 있겠습니까. 그런데 요즈음 선재동자의 53선지식 구법순례를 본 따 53선지식성지순례단, 108성지순례단이 성행하는 것을 보면 근본은 같지 않지만 흉내라도 내는 모습을 볼 수 있습니다.

본론으로 들어가서 본 품의 핵심은 보살도란 무엇이며 어떻게 보살행을 실천할 수 있는지, 여기에 대한 답을 구하는 가르침이라고 볼 수 있습니다. 이 간단한 질문에 불교철학과 불교정신이 총 동원되는 이 엄청난 답변에 감탄하지 않을 수 없습니다. 현재 한국불교의 사찰 주련은 화엄경에 나오는 게송이 대부분이며, "일모공중구억충一毛孔中九億蟲"이라는 글은 현대과학에서도 어느 정도 따라가고 있는 초과학적 가르침이 화엄경에 있습니다. 이제 우리는 이 위대한 화엄정신이라는 보살도와 보살행을 잘 실현하도록 노력해야 하겠습니다.

화엄경 입법계품 변상도

(화엄경 제40품)

✵ 보현행원품 요점해설

보살의 정신

하늘보다 높고 바다보다 깊으며
허공보다 크고 태양보다 밝도다.
우주보다 넓으니 그 끝을 알 수 없고
태양보다 밝으니 부사의한 빛이로다.
보살의 끝없는 원력과 행行이여!
이 보다 더한 공덕 어디 있으며
이 보다 위대한 법 어디 있으랴.
거룩한 보현행 영원한 불모佛母여!
안으로는 한 법도 두지 않지만
밖으로 열 가지 보살도가 있구나.
그대, 보현의 뜻 알고자 하는가.
바람 없는데 풍랑이 일어나니
대천세계 그대로 적멸에 든다.

[보현행원품의 핵심 경문]

이때에 보현보살이 여래의 공덕을 찬탄하고 난 뒤 선재에게 말하기를 "선남자야, 여래의 공덕은 시방제불이 티끌 수 같이 많은 세월동안 상속적으로 연설해도 끝낼 수 없다. 만일 이러한 공덕문을 성취하려면 널리 열 가지 광대한 행원行願을 닦을 지니라.

1, 모든 부처님께 예경함이요.

2, 부처님을 찬탄함이요.

3, 널리 공양(재보시 법보시 중생들의 괴로움을 대신 받아주는 보시 선근을 키워주고 보살도와 보리심을 잃지 않게 하는 보시 등) 올림이요.

4, 모든 업장을 참회하고 소멸함이요.

5, 모든 공덕을 따라 기뻐함이요.

6, 부처님법 전하기를 청함이요.

7, 부처님(삼보)이 오래 세상에 머무시길 청함이요.

8, 항상 부처님을 따라 배움이요.

9, 항상 중생을 이익되도록 함이요.(일체 중생은 나무의 뿌리, 모든 불 보살은 나무의 꽃과 열매, 대자대비의 물로 중생을 이롭게 하면 곧 모든 불보 살의 지혜의 꽃과 열매를 성취한다)

10, 널리 모두에게 회향함이니라.

이때에 보현보살이 이 뜻을 펴고자 게송을 읊으시되

끝이 없는 시방세계 그 가운데
과거 현재 미래의 모든 부처님들께
맑고 맑은 몸과 말과 뜻을 기울여
빠짐없이 두루두루 예경합니다.

所有十方世界中　三世一切人師子　我以淸淨身語意　一切徧禮盡無餘

보현보살 행과 원과 위신력으로
널리 일체 여래 전에 몸을 나투고
한 몸 다시 수많은 몸을 나투어
하나하나 빠짐없이 수많은 부처님께 예경합니다.

普賢行願威神力　普現一切如來前　一身復現刹塵身　一一徧禮刹塵佛

(모든 업장을 참제하는 뜻)
아득한 옛적부터 제가 지은 모든 악업은
시작 없는 탐욕 성냄 아만으로 말미암아
몸과 말과 생각으로 한량없이 지었기에
제가 이제 모든 죄업 남김없이 참회합니다.

我昔所造諸惡業　皆由無始貪恚癡　從身語意之所生　一切我今皆懺悔

(모든 공덕을 함께 기뻐함)
시방세계 여러 종류 모든 중생과
성문연각 유학무학 여러 근기와
일체 부처님과 모든 보살의
있는 공덕 빠짐없이 다 기뻐합니다.

十方一切諸衆生　二乘有學及無學　一切如來與菩薩　所有功德皆隨喜

(화엄경 마지막 정토회향 게송)
원하건대 내가 만일 이 목숨 마칠 때
모든 장애 받지 않고
맑고 맑은 정신으로 아미타불 친견한 뒤
순식간에 서방정토 극락세계 왕생하여지이다.

願我臨欲命終時　盡除一切諸障礙　面見彼佛阿彌陀　卽得往生安樂刹

내가 만일 극락세계에 태어난다면
바로 여기에서 이 원을 성취하고
모든 것이 원만하여 부족함이 없어져

일체 중생을 이롭고 즐겁게 하겠나이다.

我旣往生彼國已　現前成就此大願　一切圓滿盡無餘　利樂一切衆生界

극락세계에 모인 대중 모두 청정하니
나도 수승한 연꽃 위에 화생하여
아미타부처님의 무량한 광명을 보고
부처님 앞에서 보리의 수기를 받게 하여주옵소서.

彼佛衆會咸淸淨　我時於勝蓮華生　親覩如來無量光　現前授我菩提記

저 부처님의 수기를 받은 뒤에
한량없는 분신을 나투어
큰 지혜로 시방세계 어디에서나
널리 일체 중생을 제도하겠나이다.

蒙彼如來授記已　化身無數百俱胝　智力廣大徧十方　普利一切衆生界

(화엄경 보현행원품 최종 게송)

나는 이제 보현보살 거룩하신 행원력과
끝없는 큰 복을 다 회향하여서
괴로움에 빠진 모든 중생들이
속히 아미타불 극락세계 왕생하여지이다.

아차보현수승행　我此普賢殊勝行　무변승복개회향　無邊勝福皆廻向
보원침익제중생　普願沈溺諸衆生　속왕무량광불찰　速往無量光佛刹

[보현행원품 내용정리]

화엄경 보현행원품은 본래 60권 화엄경에 있기 때문에, 80권본 화엄경 제40품에 편입하기도 합니다. 보현행원품은 우리나라에 널리 알려져 있어 우리에게는 매우 친숙한 가르침입니다. 보현행원품의 핵심인 보현보살십대원은 모든 승가의 공통발원문으로서, 여기에 의지하여 수행한다면 바로 보살지위로 올라가는 선근이 될 것입니다. 근래 성철스님께서 광덕스님을 시켜 번역한 한글 보현행원품은 없는 사람이 없을 정도로 많이 보급되어 있지만 다시 보기 좋도록 정리하면 다음과 같습니다.

❀ 보현보살普賢菩薩 십대행원十大行願

1. **예경제불원禮敬諸佛願**: 일체 제불께 공경예배 올리기를 서원합니다. (다른 사람의 인격을 존중해 주는 생활을 실천)
2. **칭찬여래원稱讚如來願**: 일체 제불의 공덕을 찬탄하기를 서원합니다. (다른 사람의 좋은 점을 칭찬해 주는 생활)
3. **광수공양원廣修供養願**: 널리 배우고 닦으며 보시의 생활화하기를 서원합니다.(물질적, 정신적으로 이웃과 나누는 생활)
4. **참회업장원懺悔業障願**: 모든 죄업 참회할 것을 서원합니다. (자신의 허물을 늘 반성하는 생활)
5. **수희공덕원隨喜功德願**: 모든 중생의 공덕을 함께 기뻐하길 서원합니다. (남의 장점과 선행을 인정하고 기뻐하는 생활)
6. **청전법륜원請轉法輪願**: 부처님의 고귀한 가르침을 설하길 청합니다. (훌륭한 스승에게 법을 청하는 생활)
7. **청불주세원請佛住世願**: 부처님께서 세상에 함께 하길 서원합니다.(훌륭한 스승들이 세상에 오래 계시도록 청원하는 것)

8. **상수불학원常隨佛學願:** 항상 부처님을 따라 배울 것을 서원합니다. (부처님의 가르침을 부지런히 배우고 실천하는 생활)

9. **항순중생원恒順衆生願:** 항상 중생을 잘 보살펴주는 생활을 서원합니다.(남의 생각을 이해하고 공감하며 도와주는 생활)

10. **보개회향원普皆廻向願:** 지은 바 모든 공덕을 중생과 일체 존재들에게 회향하고 마침내 성불하기를 서원합니다.(정신적, 물질적 이익을 혼자 수용하지 않고 사회에 돌려주는 생활)

이와 같은 보현행원은 선재동자가 추구했던 보살도와 보살행의 실천덕목이 되어 모든 중생의 이상향인 불국토를 장엄하고 마침내 깨달음의 정토세계를 성취하게 됩니다.

본 품 마지막에는 '나무아미타불' 염불게송으로 정토발원을 권장하고 있는데, 이것은 중생이 업력을 이겨내지 못해 다른 수행이 불가능할 때 염불수행을 통해 부처님의 가피를 입고 인간세계가 아닌 정토세계로 인도하기 위함입니다.

본래 부처님이 정토삼부경을 통해 염불정토수행법을 가르친 시기는 석가모니부처님 말년에 해당하지만 화엄경을 설한 7처 9회 법회에서도 중간 중간 염불법문이 있으며 경 마지막에는 염불로 회향을 했습니다.

화엄경에서 염불법문은 선재동자가 처음 문수보살의 지시로 덕운비구를 만나 각종 염불수행문을 접했으며 그 이후 53선지식을 참문하며 차례대로 순례를 하게 됩니다. 그럼 **왜 화엄경에서 처음에 보살도를 강조하다가 마지막에는 염불문을 권장했을까요.** 그것은 말세 중생을 위한 자비심입니다. 정토삼부경에 보면 석가 세존께서는 "말세가 되면 모든 가르침이 없어지지만 나의 도력으로 '나무아미타불'이 여섯자 염불수행은 다시 100년을 더 머물게 하여 말세 중생을 구제할 것이다" 했습니다.

이렇게 본다면 화엄경의 전체적인 흐름은 처음 불・보살의 원력과 장엄을 설하다가, 일심의 미묘한 도리를 설했고, 보살도를 설하다가 보현행으로 마무리하고, 정토회향 염불수행을 권장했습니다. 부처님의 도를 깨달아 조사祖師의 법위法位를 받은 용수보살은 제2의 석가로 존중 받았으며 용수보살은 삼매 속에서 부처님의 뜻을 받들어 이렇게 화엄경 체제를 만들었습니다.

오늘날 같은 이기주의 시대에 나아갈 길은 오직 보현보살의 10대 행원만이 복잡한 현대인의 문제를 해결하고 평화로운 미래세상을 이뤄나갈 수 있을 것입니다.

이 인연 공덕으로 삼계육도 일체중생들이 화엄의 이사원융무애정신으로 온갖 고뇌에서 벗어나 영원한 진리의 세계에서 진정한 해탈 성취하기를 축원합니다. 성불하십시오.

원인스님의 영주 대승사 화엄경 강설법회 법문 모습.

화엄경 요점해설

1판 1쇄 펴낸 날 2020년 11월 13일

저자 원인스님
발행인 김재경   **편집** 허서
디자인 김성우   **제작** 경희정보인쇄
펴낸곳 도서출판 비움과소통(blog.daum.net/kudoyukjung)
　　　　경기 파주시 하우고개길 151-17 예일아트빌 103동 102호
　　　　전화 031-945-8739 팩스 0505-115-2068
홈페이지 blog.daum.net/kudoyukjung   **이메일** buddhapia5@daum.net
출판등록 2010년 6월 18일 제318-2010-000092호